21 世纪物流管理系列规划教材

现代物流管理导论
（第 2 版）

曹海鸥　编著

电子工业出版社
Publishing House of Electronics Industry
北京·BEIJING

内 容 简 介

本书在第 1 版的基础上，结合近年来物流行业及物流技术的发展，对部分内容进行了更新和修正。

本书共 13 章，第 1、2 章主要介绍物流管理的基础知识，包括物流活动及物流管理出现的原因、物流管理的内容、物流系统等；第 3～8 章主要介绍运输、仓储、库存管理、配送及配送中心、包装技术、流通加工、装卸搬运、物流信息技术等物流功能等；第 9～13 章主要介绍物流管理的基本理论、方法，包括物流战略管理、企业物流管理、第三方物流、物流成本管理及绿色物流等。在每章的章末还有与该章内容配套的习题及案例，可供读者课外学习之用。

未经许可，不得以任何方式复制或抄袭本书之部分或全部内容。
版权所有，侵权必究。

图书在版编目（CIP）数据

现代物流管理导论 / 曹海鸥编著．—2 版．—北京：电子工业出版社，2018.1
21 世纪物流管理系列规划教材
ISBN 978-7-121-33229-6

Ⅰ. ①现… Ⅱ. ①曹… Ⅲ. ①物流管理－高等学校－教材 Ⅳ. ①F252

中国版本图书馆 CIP 数据核字（2017）第 306158 号

策划编辑：姜淑晶
责任编辑：张　京
印　　刷：北京捷迅佳彩印刷有限公司
装　　订：北京捷迅佳彩印刷有限公司
出版发行：电子工业出版社
　　　　　北京市海淀区万寿路 173 信箱　邮编：100036
开　　本：787×1092　1/16　印张：16　字数：410 千字
版　　次：2013 年 1 月第 1 版
　　　　　2018 年 1 月第 2 版
印　　次：2021 年 1 月第 4 次印刷
定　　价：49.00 元

凡所购买电子工业出版社图书有缺损问题，请向购买书店调换。若书店售缺，请与本社发行部联系，联系及邮购电话：(010) 88254888，88258888。
质量投诉请发邮件至 zlts@phei.com.cn，盗版侵权举报请发邮件至 dbqq@phei.com.cn。
本书咨询联系方式：(010) 88254199，sjb@phei.com.cn。

前　言

在我国，现代物流的发展已经有近30年的历史，在这30年中，无论是企业的实践还是各院校的物流教育都发生了巨大的变化，但是由于我国对于物流管理的实践及教育起步较晚，所以在物流理念、手段、技术及物流人才的培养等方面都与国外还存在一定的差距。对物流教育者而言，我们感觉任重道远，这也正是本书的一个成因。

"现代物流管理导论"是物流管理专业的入门课程，也是其他相关专业的选修课程，本书力求将物流管理的实践与理论相结合，主要阐述了物流管理中的基本理论、物流的基本功能及物流管理的基本方法。从传统、经典的理论到现代物流管理理论，本书都有所涉及，从过去到现在，由浅入深、循序渐进地进行阐述，力求让读者通过本书能够比较系统地了解物流管理的全貌。

本书是物流管理及其他相关专业本科生的教材及参考书，也可供企事业单位人员、研究人员参考使用。本书在编写过程中查阅了大量文献，都在书后的参考文献中列出，在此向这些为中国物流教育做出贡献的专家、学者表示诚挚的谢意。同时，也感谢在本书写作过程中，关心、支持我们的领导、专家及朋友。

虽然本书酝酿已久，但由于时间仓促，水平有限，因此难免有错误及不妥之处，恳请各位专家和读者批评指止，你们的指点是我们最大的收获。

编　者

目 录

第1章 现代物流概述 ··············· 1
1.1 物流的起源 ················· 1
1.1.1 物流活动的产生 ············ 1
1.1.2 物流概念出现的原因 ········· 2
1.2 物流与流通的关系 ············ 2
1.2.1 商品流通中的商流与物流 ····· 2
1.2.2 商流与物流的分离 ·········· 3
1.3 物流管理的发展、演变与概念 ··· 4
1.3.1 国外物流概念的演变 ········· 4
1.3.2 我国物流概念的引入 ········· 5
1.3.3 物流管理发展的四个阶段 ····· 6
1.3.4 现代物流管理的概念 ········· 7
1.4 现代物流管理的特征 ·········· 8
1.5 物流学的学科构成与研究对象 ··· 9
1.5.1 物流学的学科构成 ··········· 9
1.5.2 物流学的研究对象 ··········· 9
本章小结 ······················· 12
复习思考题 ····················· 12

第2章 系统与物流系统概述 ······· 16
2.1 系统的含义与特征 ············ 16
2.1.1 系统的含义 ················ 16
2.1.2 系统的特征 ················ 17
2.2 物流系统概述 ················ 17
2.2.1 物流系统的含义与特征 ······· 17
2.2.2 物流系统的目标 ············ 18
2.2.3 物流系统的一般模式 ········· 18
2.2.4 物流系统的"三化" ········· 20
2.2.5 物流系统工程研究的内容 ····· 20
2.3 物流系统中的目标冲突与效益背反现象 ······················· 21
2.3.1 物流系统中的目标冲突 ······· 21
2.3.2 物流系统中的效益背反现象 ··· 22
2.4 物流系统的构成 ··············· 23
2.4.1 按功能分类 ················· 23
2.4.2 按企业运营的不同阶段分类 ··· 25
2.4.3 按物流系统的层次分类 ······· 27
2.4.4 按物流系统包含的诸要素分类 ··· 27
2.5 物流系统标准化 ··············· 28
2.5.1 物流系统标准化的含义及特征 ··· 28
2.5.2 物流系统标准化的作用 ······· 29
2.5.3 物流系统标准化的内容 ······· 30
本章小结 ······················· 31
复习思考题 ····················· 32

第3章 运输管理 ················· 35
3.1 运输管理概述 ················ 35
3.1.1 运输的含义 ················ 35
3.1.2 现代运输的发展 ············ 35
3.1.3 运输管理的两个原则 ········ 36
3.2 运输活动的特点 ·············· 37
3.3 运输的作用 ··················· 37

3.4 运输活动的参与者 39
3.5 各种运输方式的比较 40
 3.5.1 公路运输 40
 3.5.2 铁路运输 41
 3.5.3 航空运输 41
 3.5.4 水路运输 42
 3.5.5 管道运输 43
 3.5.6 多式联运 44
3.6 运输管理的方法 46
 3.6.1 运输业务的一般流程 46
 3.6.2 运输方式的选择 47
 3.6.3 运输成本的管理 48
 3.6.4 合理化运输决策 49
本章小结 54
复习思考题 54

第4章 仓储管理与库存管理 58

4.1 仓储管理概述 58
 4.1.1 仓储及仓储管理的含义 58
 4.1.2 仓储的作用 59
 4.1.3 仓储合理化的标志 60
4.2 仓库的分类与仓储类型的选择 61
 4.2.1 仓库的分类 61
 4.2.2 仓储类型的选择 63
4.3 仓库规划布局 65
 4.3.1 仓库数量的确定 65
 4.3.2 仓库的布局 66
 4.3.3 仓库选址 67
 4.3.4 仓库规模的确定 68
 4.3.5 库区规划与设计 68
4.4 仓储作业流程 71
 4.4.1 入库阶段 72
 4.4.2 保管阶段 73
 4.4.3 出库阶段 74

4.5 库存管理概述 74
 4.5.1 库存及库存管理的含义 74
 4.5.2 库存物资的分类 75
 4.5.3 库存成本的构成 76
4.6 库存管理的主要方法 77
 4.6.1 ABC 分类法 77
 4.6.2 CVA 法 78
 4.6.3 EOQ 模型 79
 4.6.4 定量订货法 81
 4.6.5 定期订货法 81
本章小结 82
复习思考题 82

第5章 配送与配送中心管理 85

5.1 配送概述 85
 5.1.1 配送的含义 85
 5.1.2 配送的作用 86
 5.1.3 配送与运输的区别 87
5.2 配送的基本环节与工作流程 88
 5.2.1 配送的基本环节 88
 5.2.2 配送的工作流程 88
5.3 配送的组织形式 89
 5.3.1 按服务的对象分类 89
 5.3.2 按配送物资种类及数量分类 90
 5.3.3 按时间和数量分类 90
5.4 共同配送 91
 5.4.1 共同配送的定义 91
 5.4.2 共同配送的组织形式 91
 5.4.3 共同配送的优势 92
 5.4.4 实施共同配送的障碍 92
5.5 配送中心管理 93
 5.5.1 配送中心的含义 93
 5.5.2 配送中心的分类 93
 5.5.3 配送中心的内部布局 95

5.5.4 配送中心的功能 ················ 96
5.5.5 配送中心的作业流程 ········ 97
5.5.6 配送中心分拣作业 ············ 100
5.5.7 配送中心的设置方法 ········ 101
5.6 物流系统中的其他物流节点 ······ 103
5.6.1 物流中心 ·························· 103
5.6.2 物流园区 ·························· 103
5.6.3 配送中心、物流中心与
物流园区的比较 ·············· 104
本章小结 ·· 105
复习思考题 ·· 105

第6章 现代包装与流通加工技术 ······ 108

6.1 包装概述 ·································· 108
6.1.1 包装的含义 ······················ 108
6.1.2 包装的功能 ······················ 109
6.1.3 包装的分类 ······················ 109
6.2 现代包装技术 ·························· 110
6.2.1 包装材料的选择 ·············· 110
6.2.2 包装容器的选择 ·············· 111
6.2.3 特种包装技术 ·················· 112
6.2.4 智能包装技术 ·················· 113
6.2.5 包装标志 ·························· 114
6.3 集合化包装技术 ······················ 116
6.3.1 集合化包装概述 ·············· 116
6.3.2 托盘集装化 ······················ 117
6.3.3 集装箱 ······························ 120
6.4 流通加工技术 ·························· 121
6.4.1 流通加工概述 ·················· 121
6.4.2 流通加工的形式 ·············· 121
本章小结 ·· 122
复习思考题 ·· 123

第7章 装卸搬运技术 ······················ 125

7.1 装卸搬运概述 ·························· 125

7.1.1 装卸搬运的含义 ·············· 125
7.1.2 装卸搬运的特点 ·············· 126
7.1.3 装卸搬运作业合理化 ······ 126
7.2 装卸搬运的方法 ······················ 129
7.2.1 按作业对象分类 ·············· 129
7.2.2 按装卸设备的特点分类 ···· 131
7.2.3 按作业手段分类 ·············· 132
7.2.4 按作业方式分类 ·············· 132
本章小结 ·· 133
复习思考题 ·· 134

第8章 物流信息技术 ······················ 136

8.1 物流信息技术概述 ·················· 136
8.1.1 物流信息技术的含义 ······ 136
8.1.2 物流信息的特征 ·············· 137
8.1.3 物流信息的作用与类型 ···· 137
8.2 物流领域常用的信息技术 ······ 140
8.2.1 条形码技术 ······················ 140
8.2.2 射频识别技术 ·················· 142
8.2.3 电子数据交换技术 ·········· 146
8.2.4 销售时点信息系统 ·········· 149
8.2.5 电子订货系统 ·················· 151
8.2.6 全球卫星定位系统与
地理信息系统 ·················· 152
8.3 电子商务与物流管理 ·············· 153
8.3.1 电子商务概述 ·················· 153
8.3.2 电子商务对物流各
作业环节的影响 ·············· 155
8.3.3 电子商务环境下物流的
运作流程 ·························· 156
本章小结 ·· 159
复习思考题 ·· 159

第9章 物流战略管理 ………… 163

9.1 物流战略概述 ………… 163
9.1.1 物流战略的含义与特征 ……… 163
9.1.2 物流战略与企业总体战略 ……… 164

9.2 物流战略管理的内容 ………… 166
9.2.1 物流战略环境分析 ……… 166
9.2.2 物流战略定位 ……… 167
9.2.3 物流战略设计 ……… 168
9.2.4 物流战略实施 ……… 170
9.2.5 物流战略的主要形式 ……… 171

9.3 物流企业战略管理 ………… 173
9.3.1 物流企业战略管理的含义 ……… 173
9.3.2 物流企业的分类 ……… 173
9.3.3 物流企业战略的主要形式 ……… 174

本章小结 ………… 176
复习思考题 ………… 176

第10章 企业物流管理 ………… 180

10.1 企业物流管理概述 ………… 180
10.1.1 企业物流的含义 ……… 180
10.1.2 企业物流管理的范畴 ……… 181

10.2 企业物流管理中的活动 ………… 181
10.2.1 供应物流 ……… 181
10.2.2 生产物流 ……… 183
10.2.3 销售物流 ……… 185
10.2.4 逆向物流 ……… 187

10.3 企业物流管理的主要方法 ………… 188
10.3.1 物料需求计划 ……… 188
10.3.2 分销需求计划 ……… 191
10.3.3 准时制生产 ……… 193

10.4 物流管理与供应链管理 ………… 196
10.4.1 供应链管理概述 ……… 196
10.4.2 供应链的特征 ……… 197
10.4.3 供应链的类型 ……… 197
10.4.4 物流管理与供应链管理的关系 ……… 198

本章小结 ………… 199
复习思考题 ………… 199

第11章 第三方物流 ………… 203

11.1 第三方物流概述 ………… 203
11.1.1 第三方物流产生的背景与原因 ……… 203
11.1.2 第三方物流的含义与特征 ……… 204
11.1.3 第三方物流的优势 ……… 205

11.2 第三方物流的运作 ………… 206
11.2.1 第三方物流的运作模式 ……… 206
11.2.2 第三方物流业务开发的一般程序 ……… 207

11.3 企业使用第三方物流的方法 ………… 209
11.3.1 企业选择第三方物流的程序 ……… 209
11.3.2 企业物流业务自营与外包决策 ……… 210

11.4 第三方物流的发展情况 ………… 212
11.4.1 第三方物流在国外的发展情况 ……… 212
11.4.2 第三方物流在我国的发展情况 ……… 213

11.5 从第三方物流到第四方物流 ………… 213
11.5.1 第四方物流产生的背景 ……… 213
11.5.2 第四方物流的含义 ……… 213
11.5.3 第四方物流服务的层次划分 ……… 214
11.5.4 第四方物流的运作模式 ……… 215

本章小结 ………… 216
复习思考题 ………… 216

第12章 物流成本管理 ··············· 219

12.1 物流成本概述 ················ 219
- 12.1.1 物流成本的含义 ········· 219
- 12.1.2 与物流成本相关的两大理论 220

12.2 物流成本的构成 ············· 221
- 12.2.1 物流成本的计算范围 ····· 221
- 12.2.2 我国对物流成本的划分标准 · 222
- 12.2.3 物流成本的其他划分标准 ··· 224

12.3 物流成本控制 ················ 225
- 12.3.1 物流成本控制的含义 ······ 225
- 12.3.2 影响物流成本控制的主要因素 ··············· 225
- 12.3.3 物流成本控制的方法 ······· 227
- 12.3.4 企业降低物流成本的主要方法 ··············· 227

本章小结 ····························· 228
复习思考题 ·························· 228

第13章 绿色物流 ··················· 232

13.1 绿色物流概述 ················ 232
- 13.1.1 绿色物流的含义 ·········· 232
- 13.1.2 绿色物流出现的背景 ······ 232
- 13.1.3 绿色物流的理论基础 ······ 233
- 13.1.4 绿色物流的特征 ·········· 234
- 13.1.5 发展绿色物流的意义 ······ 235

13.2 绿色物流系统的构成与模式 ···· 236
- 13.2.1 绿色物流系统的构成 ······ 236
- 13.2.2 绿色物流系统的模式 ······ 239

本章小结 ····························· 241
复习思考题 ·························· 241

参考文献 ··························· 243

第 1 章

现代物流概述

本章学习目标

1. 了解物流的起源。
2. 掌握物流与流通之间的关系。
3. 掌握商流与物流分离的模式。
4. 熟悉物流管理的含义及特征。
5. 了解物流管理发展的四个阶段。
6. 熟悉物流管理的学科构成及研究内容。

1.1 物流的起源

1.1.1 物流活动的产生

物流是伴随着人类文明的诞生而产生的。古代的"物流"仅仅包含"物"和"流"两个简单的要素,而不包括增值服务、信息技术、现代物流设备等现代要素,更没有将这些要素及活动系统化、一体化的观念。

最初的物流理论起源于美国,其借鉴了第二次世界大战期间大量的后勤管理经验,随后物流理论传入日本,而我国则是在20世纪80年代改革开放后才真正开始了物流理论和实践的研究。

随着零售业、电子商务等新兴业态的发展,重视物流活动成为大势所趋,同时由于经济全球化、大数据、智能制造、智慧物流、最后一公里、O2O等新经济、新技术和新理念的出现,也直接促进了物流行业规模及技术方面的飞速发展。

1.1.2 物流概念出现的原因

从广义上讲，物流（Logistics）作为一种社会经济活动，早在"物流"这个名词出现之前就已经存在了。而比较成熟的物流概念直到20世纪20年代才真正出现，最初物流概念出现的原因可以归结为两点。

1. 经济动因说

美国市场营销学家阿奇·W. 萧（Arch W. Shaw）于1915年在他的一本名为《市场分销中的若干问题》（*Some Problems in Market Distribution*）的书中指出，在市场分销过程中，存在两种活动：一种是创造需求活动；另一种是实物分销（Physical Distribution）活动，即怎样更经济、更及时地将客户订购的产品送到客户手中。实际上，第一种活动就是我们所说的商流活动，而第二种活动就是指物流活动。两种活动虽然不同，但是在市场分销中相互平衡、互相依赖。

2. 军事动因说

1905年，美国少校琼西·贝克（Chauncey B. Baker）在他的《军队和军需品运输》一书中指出："那个与军备的移动与供应相关的战争艺术的分支就叫作物流。"战争开始前，军事后勤部门要为参战人员准备弹药及装备；战争开始后，军事物资和装备必须保持可以随时供应的状态，所以必须对军备物资的运输、储存与供应进行管理。第二次世界大战期间，美国和英国积累了大量军事后勤保障理论、经验，形成了丰富的运筹学（Operation Research）理论与方法，战后广泛运用于民用领域，应用于现代物流学领域。

1.2 物流与流通的关系

1.2.1 商品流通中的商流与物流

关于物流，首先从流通谈起，流通又离不开经济活动。所谓经济活动，基本上由生产和消费两项基本活动构成，而在生产与消费之间存在三种间隔：社会间隔、空间间隔、时间间隔。

在原始社会，人们是自给自足的，每个人既是生产者也是消费者，所以不存在商品交换。人类社会开始商品生产之后，生产和消费便逐渐分离，这就产生了联结生产和消费的中间环节——流通。随后，生产和消费规模越来越大，大规模生产方式、专业化分工使生产和消费分离的趋势不断扩大，流通对生产的反作用越来越突出。这时，流通的地位不断上升，而且，在一定条件下对生产表现出决定作用。由于生产和消费分离的现象十分普遍，所以将两者以最有效的方式联结起来的难度也越来越大。正是流通将生产和消费之间的社会间隔、场所间隔和时间间隔联系起来。

在流通过程中，沟通生产与消费之间社会间隔的是商业或贸易的流通，也称商流。它是指商品从生产者到消费者之间不断转卖的价值形态转化过程，即由若干次买卖所组成的序列，这是商品所有权在不同的所有者之间转移的过程。它在生产者和消费者之间为所有权的转移架设桥梁，产生所有权的功效，如商品买卖活动。此外，联结空间间隔和时间间隔的是物流活动，它是指由商流所带动的商品实体从生产者手中向消费者手中的转移过程，即流通领域的物质运动，可以创造空间价值和时间价值。

1.2.2 商流与物流的分离

商流与物流是商品流通的两大组成部分，它们之间既相互联系，又具有各自的相对独立性和运行规律。商流与物流分离是指商流、物流在时间、空间、规模上的分离，在实务上，是指物流不再依附于商流的路径，而是以满足商流的需求为前提，按自己的运行规律实现直线化的物质运动。

以一个销售商为例，销售商的组织结构一般为：总公司—分公司—经销商，其商流是总公司与经销商结算或分公司与经销商结算后再与总公司结算，而随之发生的物流也是根据商流来运行的，货物先由总公司发到分公司，再由分公司发给经销商，如图1-1所示。

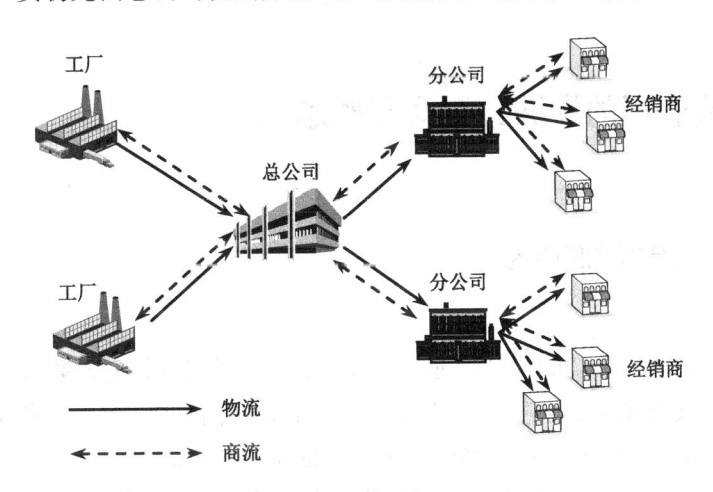

图1-1 传统模式下的商流与物流

在商流与物流分离模式下，总公司拥有存货和物流费用的统一管理权，存货从分公司剥离，总公司和分公司之间不存在实物的转移，不管商流怎样运行，物流都由配送中心直接发给客户。这种情况下，分公司不存在物流过程，只有商流和资金流，如图1-2所示。

商流与物流分离可给销售商带来如下优势。

（1）商流与物流分离后，取消了总公司仓库和营业仓库分散库存方式而代以配送中心集中库存，利用风险共担原理，可以有效降低库存。

（2）原先是工厂仓库到总公司仓库，再到分公司仓库，最后是经销商仓库，是三段运输。现在是工厂到配送中心，配送中心到分公司，甚至直接到经销商，减少了运输和配送的中间环节。

（3）订货工作与配送相分离，把自备卡车与委托运输或共同运输联系在一起，减少了运输费用和固定资产投资。

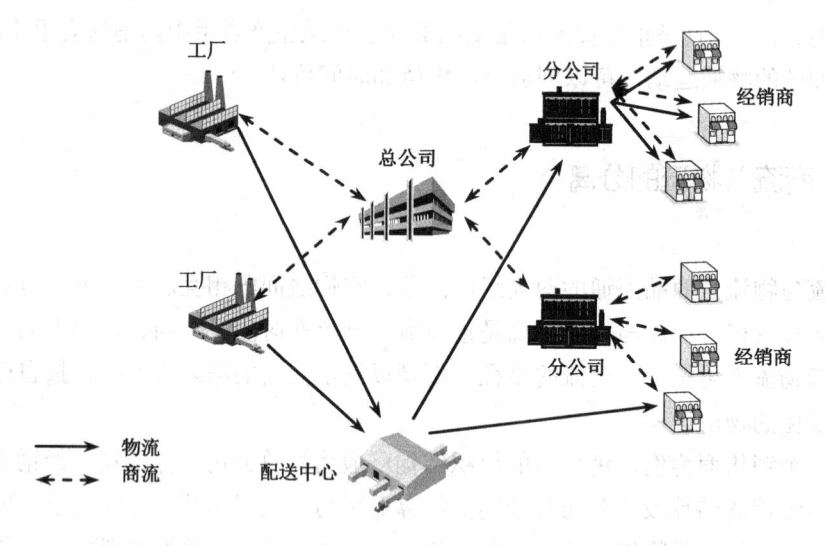

图 1-2　商流与物流分离模式

1.3　物流管理的发展、演变与概念

1.3.1　国外物流概念的演变

随着物流管理从最初的后勤管理阶段过渡到现在的供应链管理阶段，学术界及行业协会对物流的定义也在不断地演变，我们将各个时期典型的物流定义列举如下，从中也可以看出企业管理重心的转移，以及物流管理范围的不断扩大。

在 20 世纪 80 年代之前，各国给物流管理下的定义都是基于实物分销（Physical Distribution，PD）做出的。例如，1935 年，美国销售协会对物流进行了定义："实物配送是包含于销售之中的物资和服务从产地到消费地点流动过程中伴随的种种活动。"

在第二次世界大战期间，美国在军用物资战时供应中首先采用了 Logistics 一词，后来被引入到商业部门，称为"商业物流"（Business Logistics），并且定义为："包括原材料的流通、产品分配、运输、购买与库存控制、储存、用户服务等业务活动。"

1963年，日本对物流的定义为："在连续生产和消费间对物质履行保管、运输、装卸、包装、加工及信息等功能，它在物质销售中起到了桥梁作用。"

20世纪80年代之后，人们认识到，物流已经不再是"物"和"流"的简单组合，它应是以满足客户需求为目的，把制造、运输、销售等市场情况统一起来思考的一种战略措施。

1985年，美国对物流的定义为："以满足客户需求为目的，以高效和经济的手段来组织原料、在制品、制成品及相关信息，从供应到消费的运动和存储的计划、执行和控制的过程。"

1986年，美国物流管理协会的英文名称从"National Council of Physical Distribution Management"改为"the Council of Logistics Management"，并把物流重新定义为："以满足客户的要求为目的，对原材料、在制品、制成品及与其关联的信息，从生产地到消费地之间的流通与仓储，为求有效率且最大的'对费用的相对效果'而进行的计划、执行、控制的过程"。

这个时期，企业追求的是资源的整合及合理利用，讲究从原材料开始到最终到达消费者手中每个环节的协调、控制，以达到总过程的最优及总成本最低。

1998年，美国物流管理协会将物流定义为"物流是供应链过程的一部分，针对物品、服务及相关信息的流通与存储，从起源点到消费点进行有效率及有效果的计划、执行与控制，以达成客户的要求"。至此，物流已经彻底突破了传统商品流通中实物分销的范围，把物流活动扩大到生产领域。物流不仅从产品出厂开始，还包括从原材料采购、加工生产到产品销售、售后服务，直到废旧物品回收等整个物理性的流通过程。

1.3.2 我国物流概念的引入

日本在20世纪50年代以后，经济已基本恢复到第二次世界大战前的水平。企业进行大规模设备投资和更新改造，技术水平不断提高，生产力大幅上升。但物流尚未被人们所认识，运输、储存、包装等物流环节在流通过程中基本上是分散管理的，而生产过程中的物流活动更未能引起人们的重视，仅被认为是生产的辅助活动。

1955年日本成立了生产性本部，该团体为了改进流通领域的生产效率，组织了"流通技术专业考察团"，于1956年对美国进行考察。日本考察团在美国发现，原来日本被称为流通技术的运输、包装等活动，美国称为PD。日本考察团回国后便向政府提出了重视物流的建议，并在产业界掀起了PD启蒙运动，举办PD研讨会等。经过8年的努力，1964年日本政府终于开始关注PD。

我国在1978年由国家物资总局组成考察团，考察日本，从而将物流概念引进国内。直到20世纪90年代后期，随着中国经济的发展和对外开放的深入，尤其是流通体制的改革、流通领域连锁经营的发展，以及电子商务的发展，国内落后的物流状况引起了国内外企业的广泛关注，物流研究更加受到重视。

1.3.3 物流管理发展的四个阶段

从逻辑上看，物流管理的发展大致经历了四个阶段，即后勤管理阶段、物流管理阶段、现代物流阶段和供应链管理阶段。

1．后勤管理阶段

后勤管理阶段从第二次世界大战时期开始一直到20世纪60年代。在这个阶段，战后的一些技术被广泛应用于商业领域，极大地提高了企业的运作效率。但是，由于生产社会化、专业化程度不高，在这个阶段，在企业中还没有一个独立的物流管理部门，只是把物流活动当作生产活动的一部分，更没有人把物流活动当作整体看待。生产与流通之间的联系较为简单，企业的精力主要集中在如何提高生产效率上，"重生产、轻流通"是这一阶段的主要特征。

随着社会经济的不断发展，生产和生活消费对物质产品的需求数量不断增加，作为克服生产与消费之间间隔的物流，与生产的矛盾日益暴露出来，这直接影响了经济的发展，并迫使人们逐渐重视物流的研究和加强物流管理工作。

2．物流管理阶段

从20世纪60年代到70年代，经济学界和实业界对物流的重要性有了较为深刻的认识，并推动了整个社会经济的物流开发。

随着生产社会化的迅速发展，单纯依靠技术革新、扩大生产规模提高生产率来获得利润的难度越来越大，这就促使人们开始寻求新的途径，如通过改进和加强流通管理、降低流通费用比较容易获得较高的利润。因此，改进流通、加强物流管理就成为现代企业获得利润的新的重要源泉之一。

在产业界，设立了物流部、物流管理部、物流对策室、流通服务部等机构。物流革命之所以如此急速发展，是因为人们认识到它是降低产品成本、提高经济效益的有力武器。这一时期改进物流的工作主要在各企业内部进行。尽管在包装、装卸、保管、运输、信息方面实现了局部的合理化，但由于缺乏从整体上研究和设计物流系统，各部门、行业、企业之间缺乏紧密配合，因此从整个社会来看，物流费用并没有明显地下降，总体上经济效益不高。

3．现代物流阶段

20世纪70年代中后期到80年代末，人们发现利用跨职能的管理方式去分析解决经营中的问题似乎更加有效，通过分析物料从原产地运到工厂，经过生产线，变成成品再运到配送中心，最后交付给客户这样一个过程，企业可以消除很多看似高效率但实际上却降低了整体效率的环节，由此出现了一体化物流（Integrated Logistics）的概念。

在这个阶段，物流管理的范围也扩展到运输以外的一些功能，如需求预测、采购、生产计划、客户管理等，其精髓就是从流程的角度来进行物流管理，也就在这时，物流代替了 PD。

4．供应链管理阶段

20 世纪 90 年代至今，企业之间的分工越来越细，各大生产企业纷纷外包零部件生产，把低技术、劳动密集型的制造零部件工作转移到了那些劳动力成本低的国家。

这样一种生产模式也给企业提出了新课题，即如何在维持库存成本最低的情况下，保证生产不中断，也就是保证所有零部件都能按时、按量、以最低的成本供应给装配厂。这已经超出了一家企业的管理范围，它要求与各级供应商、分销商建立一种紧密的合作伙伴关系，信息共享、精确配合，才能保证整个流程的顺畅。由此诞生了供应链（Supply Chain）管理思想，企业也从重视内部经营转向重视外部合作，企业之间的竞争也转化为不同供应链之间的竞争。

1.3.4 现代物流管理的概念

2001 年美国物流管理协会对物流管理的定义为："物流管理是供应链运作中，以满足客户要求为目的，对货物、服务及相关信息在生产地与消费地之间实现高效率、低成本的正向及反向流动与存储所进行的计划、实施与控制的过程。"

对这个定义可以从以下几个方面来理解。

（1）物流管理注重全过程的管理，强调跨部门的横向协作，通过打破垂直构架下部门之间的壁垒，达到企业总成本的最小化。

（2）物流管理的客体包括有形产品、无形产品和相关信息。其中，信息是物流过程的神经中枢，也是现代物流与传统储运的根本区别所在。物流管理所追求的供应链的透明化，就是要求信息在供应链各节点企业之间的及时、同步、无障碍传递。

（3）除了从生产地向消费地的正向流动以外，从消费地到生产地的反向流动也是物流管理活动的一部分。

我国国家标准《物流术语》指出，物流是"物品从供应地到接收地的实体流动过程，根据实际需要，将运输、储存、装卸、搬运、包装、流通加工、配送、信息处理等基本功能实施有机结合。"

1.4 现代物流管理的特征

物流管理主要是对运输、仓储、配送、流通加工、包装、装卸搬运、信息处理七项活动的管理，其具有以下特征。

1．系统化

现代物流具有系统综合和总成本控制的思想。可以把各种物流活动看作相互作用的一个系统，我们关心的是整个系统的运行效能与费用。从系统的观点来研究各种物流活动，就要求管理者以整体优化为目标去选择方案，制定政策。关于物流管理的系统性我们会在第2章更详细地论述。

2．专业化

专业化表现为现代技术在物流活动中的广泛应用，如条形码技术、EDI技术、自动化技术、网络技术、智能化和柔性化技术等。运输、装卸、仓储等也普遍采用专业化、标准化、智能化的物流设施、设备。这些现代技术和设施、设备的应用大大提高了物流活动的效率，扩大了物流活动的领域。

3．信息化

物流信息化是整个社会信息化的必然需求。现代物流高度依赖于对大量数据、信息的采集、分析、处理和更新。在信息技术、网络技术高度发达的现代社会，从客户资料的取得和订单处理的数据库化、代码化，物流信息处理的电子化和计算机化，到信息传递的实时化和标准化，信息化渗透至物流的每个领域。

4．社会化

随着社会分工的深化和市场需求的日益复杂，生产经营对物流技术和物流管理的要求也越来越高。众多工商企业更倾向于采用资源外包的方式，将本企业不擅长的物流环节交由专业物流公司，或者在企业内部设立相对独立的物流专业部门，而将有限的资源集中于自己真正擅长的领域。

5．国际化

在产业全球化的浪潮中，跨国公司普遍采取全球战略，在全世界范围内选择原材料、零部件的来源，选择产品和服务的销售市场。因此，其物流的选择和配置也超出国界，着眼于全球大市场。大型跨国公司普遍的做法是，选择一个适应全球分配的分配中心及关键供应物的集散仓库；在获得原材料及分配新产品时使用当地现存的物流网络，并且把这种先进的物流技术推广到新的地区市场。

6．综合化

在物流管理中，既要考虑成本、费用、经济效益等经济学问题，又要用到运筹学、企业管理等理论和方法，另外，还要用到系统科学、计算机科学、信息技术等工程学的理论和方法，所以物流管理是由多个学科构成的综合性学科。

1.5 物流学的学科构成与研究对象

1.5.1 物流学的学科构成

物流学是研究物流管理的学科，它的主要研究内容是关于实体流动的理论、规律、技术和方法，物流企业和企业物流的管理活动、物流理论，以及物流操作中所涉及的技术，从综合物流到专业物流都是物流学的研究对象。

物流学属于典型的交叉学科，其学科构成可以分为四个层次，如图1-3所示。

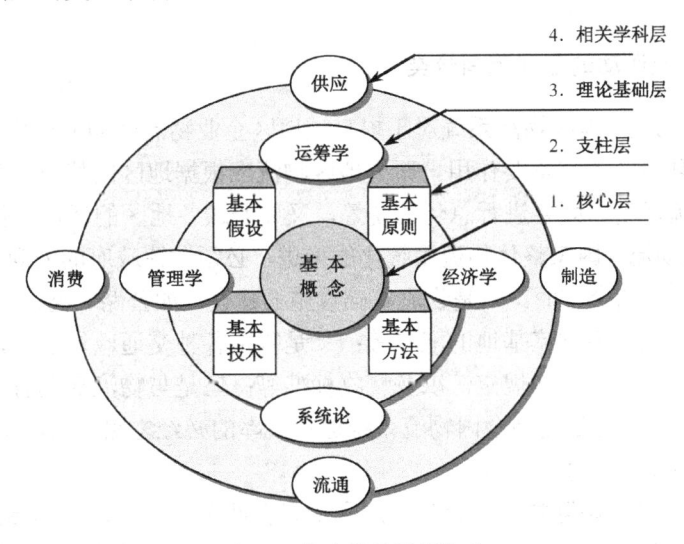

图1-3 物流学的学科构成

1.5.2 物流学的研究对象

1．按照业务领域分类

（1）物流管理。物流管理是指从管理职能角度研究物流活动，主要包括物流的概念、范围及一般物流管理的理论、原理和方法，可以说物流管理是企业管理的一部分。

（2）物流技术。物流技术是指研究各种专业物流技术、设备和作业方法。物流技术更强调应用，它又可分为运输技术、仓储技术、流通加工技术、包装技术、装卸搬运技术、物流信息技术等。

2. 按照物流研究范围大小分类

（1）宏观物流。宏观物流又叫大物流，是指社会再生产总体的物流活动，从社会再生产总体角度认识和研究的物流活动。这种物流活动的参与者既包括构成社会总体的大产业、大集团，也包括国家及地方政府机构。因此，宏观物流也可以说是研究社会再生产总体物流、研究产业或集团的物流活动和物流行为。

（2）中观物流。中观物流又叫中物流，是指区域性社会再生产过程中的区域性物流，它从区域中的经济社会来认识和研究物流。从空间位置来看，一般是较大的空间。例如，一个国家经济区的物流，称为特定经济区域物流；一个国家城市经济的物流，称为城市物流。

（3）微观物流。微观物流又叫小物流，包括消费者、生产者企业所从事的实际的、具体的物流活动，也包括在整个物流活动中的一个局部、一个环节的具体物流活动。在一个小地域空间发生的具体的物流活动也属于微观物流。微观物流的最大特点表现为具体性、实务性和局部性。

3. 按照物流活动的空间范围分类

（1）地区物流。地区物流系统对于提高该地区企业物流活动的效率，以及保障当地居民的生活福利环境，具有重要作用。研究地区物流应根据地区的特点，从本地区的利益出发，组织好物流活动，既要进行总体的统筹，又要兼顾各地区的环境保护。

（2）国内物流。国家整体物流系统化的推进，必须发挥政府的宏观调控作用，具体来说，国内物流涉及四个方面：一是物流基础设施的建设，如公路、高速公路、港口、机场、铁道的建设，以及大型物流基地的配置等；二是制定各种交通政策法规，如铁道运输、卡车运输、海运、空运的价格规定，以及税收标准；三是与物流活动有关的各种设施、装置、机械的标准化，这是提高全国物流系统运行效率的必经之路；四是物流新技术的开发、引进和物流技术专业人才的培养。

（3）国际物流。国际物流是指当生产和消费在两个或两个以上的国家（或地区）独立进行时，为了克服生产和消费之间的空间距离和时间距离，而对物资（货物）所进行的物理性移动。国际物流是国际贸易的必然组成部分，各国之间的贸易最终通过国际物流来实现。国际物流是现代物流系统中重要的物流领域，也是一种新的物流形态，近十几年发展迅猛。

4. 按照物流业务的主体分类

（1）自营物流。自营物流是指生产或销售企业自己组建物流配送公司，如美国的沃尔玛公司。

（2）第三方物流。第三方物流（Third Party Logistics，TPL）通常是指供需双方之外的第三方来完成物流运作的方式，因其有助于服务对象减少库存、降低成本而被广为推崇，并呈现出蓬勃的生命力。第三方物流的出现和发展是物流专业化的重要体现。

5．按照物流企业所承担的物流功能分类

（1）综合性物流。综合性物流企业能够完成和承担多项甚至所有的物流功能。综合性物流企业一般规模较大，资金雄厚，并且有着良好的物流服务信誉和较高的物流管理水平。

（2）功能性物流。功能性物流企业又称单一型物流企业，仅仅承担和完成某一项或几项物流功能，按照其主要从事的物流功能的不同，可将其进一步分为运输企业、仓储企业、流通加工企业等。

6．按照物流集成化程度的不同分类

（1）集成化物流。集成化物流又称一体化物流，属于现代物流的范畴，其基本含义是指不同职能部门之间或不同企业之间在物流管理和运作上进行合作，以达到物流系统的整体效率最佳化和总体成本最小化的效果。

（2）非集成化物流。非集成化物流是相对于集成化物流而言的，是一种以孤立的观点对物流进行管理的物流方式，属于传统物流的范畴。

7．按照物流涉及的行业分类

（1）铁路运输业。铁路运输业包括与铁路运输有关的装卸、储运、搬运等，在物流概念中属于运输范畴的活动。铁道运输业从事的业务有整车运输业务、集装箱运输业务、零担货运业务和行李货运业务四类。

（2）汽车运输业。汽车运输业有特殊汽车货运和一般汽车货运两个行业领域。特殊汽车货运是专门运输长、大、重或危险品、特殊物品的货运业；一般汽车货运从事长途或区域内货运。汽车运输业在许多领域是附属于其他行业的，而不自成行业或非独立核算。例如，为配合仓储进发货的汽车运输，为实现配送的汽车运输，为增加铁道、航空、水运等服务功能的汽车运输等，都各自隶属于主体行业。

（3）远洋货运业。远洋货运业是从事海上长途运输的行业，就是一般所说的海运业。这种行业的业务活动以船舶为运输中心，还包括港口装卸和运输、保管等，这种运输往往是国际物流的一个领域。远洋运输业从事的业务内容有船舶运输、船舶租赁和租让、运输代办等。

（4）沿海船运业。沿海船运业主要从事近海沿海的货物运输。

（5）内河船运业。内河船运业是在内河水道从事船舶货运的行业。

（6）航空货运业。航空货运业分为航空货运业和航空货运代理业，前者直接接收货运委托；后者是中间人行业，受货主委托，代办航空货运。航空货运业的主要业务有国际航空货运、国内航空货运、快运、包机运输等。

（7）集装箱联运业。集装箱联运业是专门办理集装箱"一票到底"联运的集装箱运输办理业，可以代货主委托完成各种运输方式的联合运输，并组织集装箱"门到门"运输、集装箱回运等业务。

（8）仓库业、仓储业与储运业。仓库业是以出租仓库为主体的行业，包括代存、代储、自营自储等；以储存为主体的兼有多种职能的运输业是仓储业；包含若干小行业，也包括某些和储存联系密切的运输业被称作储运业。

（9）托运业。托运业是以代办各种小量、零担运输、袋包装为主体的行业。

（10）货代业。货代业是以代办大规模、大批量货物承运代理、通关、保管、运输为主体的行业。

（11）起重装卸业。起重装卸业是以大件、笨重货物装卸、安装及搬运为主体的行业。

（12）快递业。快递业是以承接并组织快运和送货到门快运服务为主体的行业。

（13）拆船业。拆船业是以拆船加工为主体的"再生物流"行业。

（14）拆车业。拆车业是以拆解汽车为主体的行业。

（15）集装箱租赁业。集装箱租赁业是专门从事集装箱出租业务的行业。

（16）托盘联营业。托盘联营业是组织托盘出租、交换等业务的行业。

（17）配送业。配送业是以配送为主体的行业，这个行业要从事大量商流活动，是商流、物流一体化的行业。

本章小结

物流活动作为人类生产及消费中的必要活动，已经有很长的历史，它最早起源于军事及市场营销中的一些研究，随后，物流逐渐成为企业中的一个独立职能。商流与物流的分离是社会分工的必然结果，同时，"商物分离"也给企业的经营和物流的运作带来很大的便利性。现代物流的发展可以分为后勤管理、物流管理、现代物流和供应链管理四个阶段，物流活动的范围及物流管理的概念也随着四个阶段的演变而不断扩大。物流学属于交叉学科，这也决定了它所涉及知识的广泛性和复杂性。从不同的角度划分，可以将物流学的研究对象划分为多种类型。

复习思考题

一、名词解释

1．物流　　　　2．物流管理　　　3．宏观物流

4．微观物流　　　　5．综合性物流

二、选择题

1．物流与流通的关系是（　　）。
　A．对立关系　　　　　　　　　　B．两者没有关系
　C．物流是流通的一部分　　　　　D．流通是物流的一部分
2．我国最早是从（　　）引入的物流概念。
　A．美国　　　　B．日本　　　　C．德国　　　　D．英国
3．下列属于宏观物流范畴的是（　　）。
　A．企业物流　　　B．生产物流　　C．社会物流　　D．销售物流
4．下列属于微观物流范畴的是（　　）。
　A．企业物流　　　B．生产物流　　C．社会物流　　D．销售物流
5．储存是为了克服生产与消费之间的（　　）而进行的活动。
　A．空间间隔　　　B．时间间隔　　C．所有权间隔　　D．流通间隔

三、判断题

1．物流管理追求的是某一环节的最优化表现。（　　）
2．将产品运输到消费地进行销售实现的是物流的时间价值。（　　）
3．供应链管理的范畴比物流管理更大。（　　）
4．区域性社会再生产过程中的物流被称为宏观物流。（　　）
5．按照物流业务的主体分类，可将物流分为自营物流和第三方物流。（　　）

四、简答题

1．物流的概念最初是如何出现的？
2．物流与流通有什么关系？商流与物流的分离有哪些优势？
3．物流管理的概念是如何演变的？物流管理的特征是什么？
4．请配合各国经济的发展，简述物流管理发展的四个阶段。
5．物流学是由哪些学科构成的？它的研究内容有哪些？

课后案例

案例：雅芳公司的"商物"分离模式

雅芳是全美500强企业之一，已有110多年的历史，已发展成为世界上最大的美容化妆品公司之一。雅芳中国有限公司成立于1990年，总部设在广州，经营护肤品、化妆品、个人护理品、香品、流行饰品、内衣、健康食品等。目前中国雅芳在大中城市设有

75个分公司，拥有5000家雅芳产品专卖店，在各大商场开设了近2000个雅芳专柜和100多个仓储式的雅芳专柜，并已开通网上购物服务。2002年雅芳中国的销售额是12亿元，2003年为24亿元。

2001年之前，雅芳的物流运作是商流物流合一的。除总部工厂仓库外，75个分公司各有一个仓库，物流运作是由工厂仓库—分公司仓库—经销商自提，即雅芳通过长途陆运或空运的方式，将货物从广州工厂仓库运到全国75个分公司的仓库，然后由经销商到所属区域的各个分公司提取货物，并在专卖店或专柜向顾客出售。然而，随着销售额的增长，这种方式的弊端也日益显现出来。一方面，随着销售品种、销售额的增加，库存额高居不下，库存周转天数越来越多，而分散在各地的75个仓库需要投入大量的人力来从事仓储、打单等工作；另一方面，物流不畅导致经销商满意度低，流失率高。从1999年到2002年年初，雅芳的经销商流失率高达20%。站在十字路口的雅芳感到必须对物流进行重新整合，只有构建高效的供应链体系才能有效支撑业务，达到提高满意度、降低成本的目标。

经过近一年的考察和研究，雅芳推出了一套叫作"直达配送"的物流解决方案。其实质是商流物流的分离，即取消75个大大小小的分公司仓库，成立区域物流中心，经销商的订货直接由总部安排区域物流中心向其配送。雅芳重新进行了物流网络规划，并借助IT来支撑网络运作。

1. 物流网络重新规划

雅芳公司从其战略角度考虑，取消了分公司仓库，在广州、北京、上海、重庆、武汉、郑州、沈阳、西安、乌鲁木齐建立九大物流中心，并将仓储、运输（配送）等物流服务外包，通过第三方物流服务商（中国邮政物流、大通国际运输有限公司、共速达和心盟物流运输）将雅芳产品直接配送至专卖店。物流运作方式改变为"总部工厂—区域物流中心—送达经销商"。雅芳生产出的货物由工厂运送到各物流中心，订货方式转变为经销商在网上向总部订货，总部将订货信息处理后传给区域物流中心，区域物流中心根据订货信息拣货、包装，并由第三方物流在48小时内提供"门到门"的送货服务。

在将物流外包给物流公司以后，雅芳开始专注于企业产品的生产和销售方面的业务，各分公司也从过去的烦琐事务当中摆脱了出来，专注于市场开拓，一年间产品销售量平均提高了45%，北京地区达到70%，市场份额不断扩大。

2. IT系统支撑

雅芳自行开发了综合信息系统和经销商关系管理系统等来支撑业务管理和"直达配送"物流模式。其中经销商关系管理系统作为中国雅芳业务支持的核心系统，是基于互联网运作的，它作为一个公用的平台，将中国雅芳总部、厂部、分公司、销售网点和顾客服务中心及第三方物流企业有效地整合在了一起。

有了基于Web的经销商关系管理系统，经销商只需要在网上下订单，在线通过银联、招商银行或邮政银行付款，就可以坐等第三方物流企业将货物送到店里，最后在网上签收就可以了。更为重要的是，雅芳总部可以通过信息系统及时了解市场信息，掌握客户库存，做出及时的预测和执行指令，保证物流服务的时效性、准确性，也有效地控制了库存成本、运输成本。

3. 组织结构变化

物流模式转变后，以前75个分公司共有600名员工负责收费、仓库、管理、打单等营运工作，现在分公司只专注于市场开发和销售业务，营运工作由8个区域服务中心负责，原有负责物流工作的员工组织结构发生变化，不再属于分公司，而是划归区域服务中心管理，员工数量也锐减至182人。

4. 流程再造

雅芳对物流运营流程进行了再造，客户订货流程、内部管理流程、运输配送流程等均发生了很大的变化。在客户订货上，由原来的分公司处理转为总部统一处理，下订单的方式转为网上订货；仓储运输被剥离出来由第三方物流公司来做，自己则专注于研发和销售。

雅芳通过以上几项变革的配套进行，顺利完成了商流和物流的分离，成功地实现了其物流重构。

第 2 章

系统与物流系统概述

本章学习目标

1. 掌握系统的含义及特征。
2. 掌握物流系统的目标。
3. 掌握物流系统的一般模式。
4. 了解物流系统的研究内容。
5. 了解物流系统的构成。
6. 掌握效益背反的原理及克服效益背反的方法。
7. 掌握物流系统标准化的内容与作用。

2.1 系统的含义与特征

2.1.1 系统的含义

系统是指为达成某种共同的目的，由两个以上既相互联系又相互区别的单元组成的有机结合体。每个单元可以称为一个子系统，每个子系统又可分为更小的子系统，系统本身又处于更大的系统之中。

系统一词来源于古希腊语，是由部分组成整体的意思。系统思想源远流长，但作为一门科学的系统论，人们公认其是美籍奥地利人、理论生物学家 L. V. 贝塔朗菲（L. Von. Bertalanffy）创立的。他在 1952 年发表"抗体系统论"，提出了系统论的思想。1973 年提出了一般系统论原理，奠定了这门科学的理论基础。

今天人们从各种角度研究系统，对系统下的定义不下几十种。例如，"系统是诸元素及其顺常行为的给定集合","系统是有组织的和被组织化的全体","系统是有联系的物质和过程的集合","系统是许多要素保持有机的秩序,向同一目的行动的东西",等等。

系统论的核心思想是系统的整体观念。任何系统都是一个有机的整体,它不是各个部分的机械组合或简单相加,系统的整体功能是各要素在孤立状态下所没有的新性质。系统中各要素不是孤立地存在的,每个要素在系统中都处于一定的位置上,起着特定的作用。要素之间相互关联,构成了一个不可分割的整体。

2.1.2 系统的特征

1. 整体性

系统是由两个以上的单元组合起来的有机整体,追求整体效率最大化,系统的整体功能不是各个子系统功能的简单加总。

2. 相关性

任何一个系统的各个单元之间都是按照一定相互关系联结起来的层次等级结构。这些相互关系可以表现为:各单元之间的关系;各层次之间的等级关系;单元与系统之间的关系;单元、系统与环境之间的关系。

3. 目的性

任何一个系统都有一个特定的功能,完成这个特定功能就是整个系统的目的。系统的目的决定了系统的功能与结构。

4. 适应性

任何系统都处在特定的环境中,系统所处环境属于外部条件,系统与环境之间必然要进行物质、能量、人员和信息的交换。一方面,系统必须适应环境才能生存;另一方面,系统也不能只消极地适应环境,可以采取某些手段在一定程度上改造环境。

2.2 物流系统概述

2.2.1 物流系统的含义与特征

物流系统是由多个既互相区别又互相联系的单元结合起来,以货物为工作对象,以完成货物实体流动为目的的有机结合体。最基本的物流系统由包装、装卸、运输、储存、加工及信息处理等子系统中的一个或几个有机结合而成；每个子系统又可以细分为更小的子系统；物流系统本身则处在更大的系统之中。物流系统具有以下特征：

（1）物流系统是一个大跨度系统；
（2）物流系统是动态系统；
（3）物流系统本身具有可分性；
（4）物流系统追求的是总体优化。

2.2.2 物流系统的目标

物流系统的特点决定了在物流管理中，应从整体出发，把物流和信息流融为一体看作一个系统，把生产、流通和消费全过程看作一个整体，运用系统工程的理论和方法进行物流系统的规划、管理和控制，选择最优方案，以最低的物流费用、较高的物流效率、好的客户服务，达到提高社会经济效益和企业经济效益的目的。具体来讲，一个优秀的物流系统应该达到以下目标。

（1）服务目标。物流系统是流通系统的一部分，它负责沟通生产与消费活动，因此要求有很强的服务性。近年来出现的O2O、落地配等，都是其服务性的表现。而且物流系统并不是设计完成就一成不变的。产品的销售特征会随着时间的推移而变化，物流系统的运作方式也会随着时间的推移而变化。物流系统应表现出高度的灵活性，一个在产品生命周期的各个阶段都能实施与销售特征相吻合的物流策略的物流系统才能称为一个成功的物流系统。

（2）快速、及时目标。快速、及时既是一个传统目标，更是一个现代目标。在物流领域采取的诸如直达物流、联合一贯运输、高速公路、时间表系统等管理和技术，就是这一目标的体现。

（3）节约目标。有效利用面积和空间，实现节约是经济领域的重要规律，在物流领域中除流通时间的节约外，由于流通过程消耗大，而且基本上不增加或提高商品使用价值，所以利用节约来降低投入是提高相对产出的重要手段。

（4）规模化目标。生产领域的规模生产是早已为社会所承认的。由于物流系统比生产系统的稳定性差，因而难以形成标准的规模化。在物流领域以分散或集中等不同方式建立物流系统，研究物流集约化的程度，就是规模优化这一目标的体现。

（5）库存调节目标。在物流领域中正确确定库存方式、库存数量、库存结构、库存分布就是这一目标的体现。

2.2.3 物流系统的一般模式

物流系统一般由输入、转换、输出、外部环境和反馈几个部分组成，如图2-1所示。

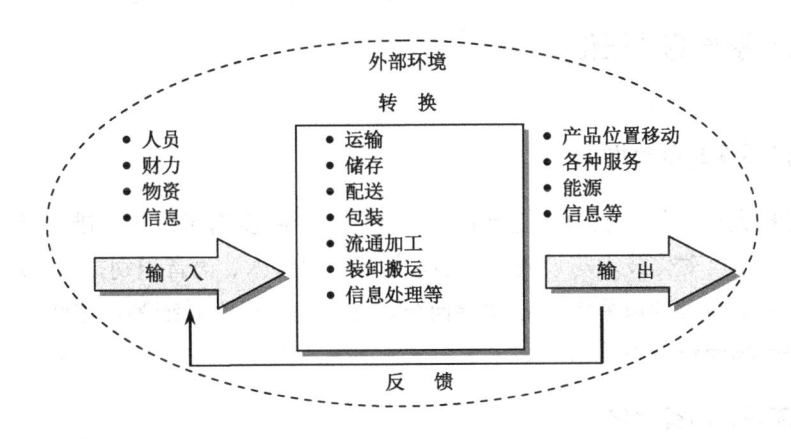

图 2-1 物流系统的一般模式

1．输入

输入包括人、财、物、信息等。通过提供资源、能源、设备、劳动力等手段对某一系统发生作用，统称为外部环境对物流系统的输入。

2．转换

转换是指从输入到输出之间所进行的生产、供应、销售、服务等活动中的物流业务活动。具体包括：物流设施设备的建设；物流业务活动，如运输、储存、包装、装卸搬运等；信息处理及管理工作等。

3．输出

物流系统的输出是指物流系统与其本身所具有的各种手段和功能对环境的输入进行各种处理后所提供的物流服务。具体包括：产品位置与场所的转移；各种劳务，如合同的履行及其他服务等；能源与信息。

4．外部环境

外部环境对物流系统施加的一定的约束称为外部环境对物流系统的限制和干扰。具体包括资源条件、能源限制、资金与生产能力的限制、价格影响、需求变化、仓库容量、装卸与运输的能力、政策的变化等。

5．反馈

物流系统在把输入转换为输出的过程中，由于受系统各种因素的限制，不能按原计划实现，需要把输出结果返回给输入，进行调整，即使按原计划实现，也要把信息返回，以对工作做出评价，这称为信息反馈。信息反馈的活动包括：各种物流活动分析报告；各种统计报告数据；典型调查；国内外市场信息与有关动态等。

2.2.4 物流系统的"三化"

1．物流系统的自动化

要实现扩大物流作业能力、提高物流作业效率、减少物流作业差错，就需要物流设施的自动化。物流自动化技术与设施非常多，如条形码技术、语音识别技术、射频识别技术、自动分拣系统、自动存取系统、自动导向车、货物自动跟踪系统等。这些技术与设施的运用将大大提高物流作业系统效率。

2．物流系统的智能化

物流作业过程中存在的大量运筹和决策问题，如库存水平的确定、运输与搬运路径的选择、自动导向车的运行轨迹和作业控制、自动分拣机的运行、物流配送中心经营管理的决策支持等，都是不可回避的技术难题。这些问题的解决在相当程度上依赖于物流智能化技术的应用。另外，近些年来的大数据、工业 4.0 等新技术的出现也促进了物流智能化的发展。

3．物流系统的柔性化

企业根据消费需求变化，灵活调节生产工艺，即柔性化，是企业提升核心竞争力的重要途径。柔性化生产需要配套的柔性化物流系统。柔性制造系统、计算机集成制造系统、物料需求计划、企业资源计划和供应链管理等管理理念与技术，其实质是将生产、流通进行集成，根据消费需求组织生产，安排物流活动。柔性物流系统适应生产、流通与消费的需求，要求企业根据消费需求多品种、小批量、多批次、短周期的特点，灵活组织和实施物流作业。

2.2.5 物流系统工程研究的内容

物流系统工程是指在物流管理中，从物流系统整体出发，把物流和信息流融为一体，看作一个系统，把生产、流通和消费全过程看作一个整体，运用系统工程的理论和方法进行物流系统的规划、管理和控制，选择最优方案，以最低的物流成本、较高的物流效率、更好的客户服务，达到提高社会经济效益和企业经济效益目的的综合性组织管理活动。

物流系统工程主要运用工业工程和系统工程的理论和方法，从整体上对物流进行分析、设计、优化和控制，主要研究以下内容。

1．物流系统的规划与设计

物流系统的规划与设计是指在一定区域范围内（国际或国内）物流设施布局网络的最

优化处理。例如，港口、码头的布局设置，工厂厂址的选择，作为物资储备或中转的大型仓库的布局设置等；对于微观物流系统（企业物流），规划设计的核心内容是工厂、车间内部的设计和平面布置、设备的布局。

2．企业内部物流运输与仓储的控制和管理

当企业内部物流网络布局形成时，就必须采用物流管理手段，优化和控制物流流程，主要包括运输、搬运和仓储，使企业内部物流实现低成本、快速度、准确无误的作业过程，达到规划阶段所设定的目标，相关研究内容如下：

（1）生产批量最优化的研究；
（2）工位储备与仓库储存的研究；
（3）在制品的管理；
（4）搬运车辆的计划与组织方法；
（5）信息流的组织方法、信息流对物流的作用问题等。

3．运输与搬运设备容器及包装的设计和管理

可通过改进搬运设备、改进流动器具来提高物流效益、产品质量等。例如，社会物流中的集装箱、罐、散料包装，工厂企业中的工位器具、料箱、料架及搬运设备的选择与管理等。相关研究内容如下：

（1）仓库及仓库搬运设备的研究；
（2）各种搬运车辆和设备的研究；
（3）流动和搬运器具的研究。

2.3 物流系统中的目标冲突与效益背反现象

2.3.1 物流系统中的目标冲突

物流系统是由众多要素组成的复杂系统，各要素之间由于追求的目标不同，必然存在冲突，总体来看，物流系统中的目标冲突可以分为三大类。

1．各物流要素之间的目标冲突

由于没有实现物流一体化运作，物流系统中各要素独立运行时，各自的目标有互相冲突的地方。例如，运输功能要素追求的目标一般是及时、准确、安全、经济。为达到这样的目标，企业通常会采用最优的运输方案，但是在降低运输费用、提高运输效率的同时，可能导致存储成本的增加。从储存的角度来看，为了达到降低库存水平的目的，企业可能

会降低每次收货的数量，增加收货次数，缩短收货周期，但这样就无法达到运输的规模经济，导致运输成本增加。运输与储存是物流系统的两个重要组成部分，运输与储存的冲突是运输要素与储存要素的一种联系，在物流系统还没有形成时，它们都在追求着各自的目标。显然，解决此类问题必须通过物流系统集成来达成系统总体最优的目标。

2. 物流要素内部的目标冲突

如果将物流系统内部功能要素之间的目标冲突应用于任何一个功能要素，物流系统要素内部也存在着目标冲突。以运输功能为例，各种运输方式都存在各自的优劣势。例如，采用铁路运输成本比较低，但不够灵活；采用公路运输灵活性强，可提供"门到门"的服务，但长距离运输运费较高，且易污染和发生事故；采用航空运输速度快，不受地形的限制，但成本高。因此，如果追求速度快、灵活性强，就要付出成本高的代价，各目标之间存在冲突。

3. 物流要素与外部系统之间存在冲突

当物流系统本身也是一个更大系统中的一个子系统时，物流系统就要与外部系统发生关系，而构成物流系统环境的就是这些与物流系统处在同一层次的子系统。与物流系统一样，环境中其他系统都有着特定的目标，这些目标之间的冲突也是普遍存在的，物流系统要素之间的目标冲突不能在要素这个层次得到协调，必须在比要素高一个层次的系统中才能解决。

2.3.2 物流系统中的效益背反现象

1. 效益背反的含义

"效益背反"是物流领域中很普遍的现象，是由物流系统中各要素之间的目标冲突引起的。具体来讲，效益背反是指物流的若干功能要素之间存在着损益的矛盾，即某一个功能要素的优化和利益发生的同时，往往会导致另一个或另几个功能要素的利益损失，反之也如此。效益背反的原理如图 2-2 所示。

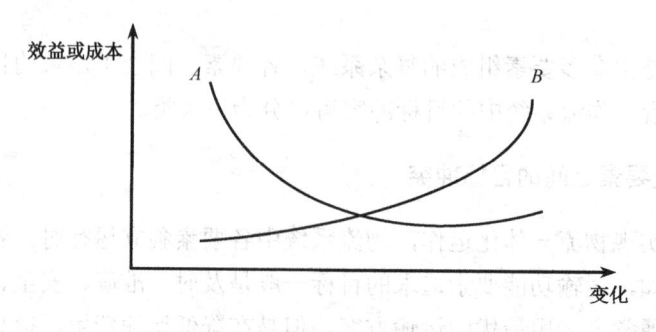

图 2-2 物流系统中效益背反的原理

2. 效益背反的表现

效益背反现象在工业、农业、商贸等许多经济领域中都存在，在物流领域尤其突出。例如，运输、仓储、包装、装卸搬运、流通加工、信息处理等功能，这些功能的目标相互冲突，如表 2-1 所示。

表 2-1 典型的物流各功能之间的目标冲突

功能	目标	采取的方法	可能导致的结果	对其他功能的影响
运输	降低运费	批量运输、整车运输、铁路干线运输	交货期集中，交货批量大，待运期长，运费降低	在途库存增加，平均库存增加，末端加工费用高，包装费用高
仓储	降低仓储费用	缩短进货周期，降低每次进货量，增加进货次数，在接近消费者的地方建仓库，加强信息沟通	紧急进货增加，送货更加零星，储存地点分散，库存量降低甚至达到零库存，库存费用降低	无计划配送增加，配送规模更小，配送地点更分散，配送、装卸搬运、流通加工、物流信息成本增加
包装	破损最少，包装成本最小	物流包装材料强度高，扩大内装容量，按照特定商品需要确定包装材料和方式，物流包装容器功能更多	包装容器占用过多空间和重量，包装材料费增加，包装容器的回收费用增加，包装容器不通用，商品破损率降低，但包装费增加	包装容器耗用的运费和仓储费用增加，运输车辆和仓库的利用率下降，装卸搬运费用增加
装卸搬运	降低装卸搬运费用，加快装卸搬运作业速度	使用人力降低装卸搬运成本，提高装卸搬运速度，抢装抢卸	装卸搬运效率低，商品破损率高，不按要求堆放，节省装卸搬运费用	待运期延长，运输工具和仓库的利用率降低，商品在途和在库损耗增加，包装费用增加，重新加工增加流通加工成本
流通加工	满足销售要求，降低物流费用	流通加工作业越来越多，为节约加工成本采用简陋设备	在途储存和在库储存增加，增加装卸环节，商品重复包装	商品库存费增加，装卸搬运费增加，商品包装费增加
信息处理	方便业务处理，提高流程透明度	建设计算机网络，增加信息处理设备，如手持终端、采用条形码、增加信息采集点	增加信息处理费用，方便业务运作，提高客户服务质量，信息安全性和可靠性影响系统运作安全	与其他要素的目标没有冲突

2.4 物流系统的构成

2.4.1 按功能分类

一般来说，一个完整的物流系统按其功能来说由运输、仓储、包装、装卸搬运、流通加工、配送、信息处理七个子系统组成。

1. 运输

运输是物流各环节中最主要的部分，是物流的关键。物流的其他许多功能是伴随着运输功能而存在的，如装卸搬运功能。运输的作用是使物资产生空间上的转移，没有运输，物品只存在价值，没有使用价值，即生产出来的产品，如果不通过运输送至消费者进行消费，等于该产品没有被利用，因而也就没有产生使用价值。没有运输连接生产和消费，生产也就失去了意义。运输包括企业内部的运输及城市之间、农村与城市之间、国与国之间的运输。运输研究的问题主要有：运输方式及运输工具的选择，运输路线的确定，以及为了实现运输安全、迅速、及时、低成本等目标所实施的各项技术。

2. 仓储

仓储同样是物流活动各大环节中十分重要的组成部分，产品离开生产线后到最终消费之前，一般都要有存放、保养、维护和管理的过程，也是克服季节性、时间性间隔，创造时间价值的活动，因此，仓储的功能不仅不可缺少，而且，有时为了防止自然灾害、战争、地震、海啸等人类不可抗事件的发生，还需要进行战略性的储备。

有物质的仓储，就必然产生如何保持仓储物资的使用价值和价值的问题。为此，需要对物品进行以养护等为主要内容的一系列技术活动和保管作业活动，以及为了进行有效的保管，需要对保管设施的配置、构造、用途及合理使用、保管方法和保养技术的选择等做适当处理。仓储和运输是物流活动的两大主要子系统，在物流作业系统中处于中心地位，其他活动基本上都是围绕这两项活动进行的。

3. 包装

包装在生产、流通过程中具有保护物品、方便储存及方便运输和搬运处理的功能。包装存在于物流的各个环节，包括出厂包装、生产过程中的在制品包装、半成品包装等。

包装可以表现为各种形式，一般分为工业包装和商业包装。工业包装又叫运输包装，它的作用在于实现包装单元化，方便物流作业过程中的运输、装卸、堆码等作业。商业包装也叫销售包装，其目的主要是促进销售，包装精细、考究，以利于宣传、吸引消费者购买。包装研究的问题主要有：包装形式和包装方法的选择，包装单元的确定，包装形态、大小、材料、重量和包装标记、包装的设计等。

4. 装卸搬运

为了衔接仓储和运输等物流作业活动，需要将物品从载体上卸下，或者从发货地装上运输工具，有时还需要进行很短距离的搬运作业。在实际操作中，装卸与搬运是密不可分的，两者往往是伴随在一起发生的。在物流作业活动中，装卸搬运活动是不断出现和反复发生的，它出现的频率远高于其他各项物流作业活动，同时，装卸搬运总是伴随其他几项物流活动而存在的。

装卸搬运研究的问题主要有：专业搬运合理化，装卸搬运方式的选择，装卸搬运机械的选择，以及通过对装卸搬运物品灵活性的研究，提高装卸搬运的效率。

5．流通加工

流通加工是在物品从生产领域向消费领域流动的过程中，为了弥补生产加工的不足，向用户提供更有效的商品，或者为了合理利用资源而进行的加工活动。流通加工一般与生产加工在加工对象、加工内容、加工目的和加工所处的领域等方面都有所差异。在流通过程中对物品进行的加工实际上是生产过程在流通过程的延续。

6．配送

配送是物流系统中一种比较特殊的形式，几乎包括物流的所有功能，是物流的一个缩影或在某一范围内物流全部活动的体现。一般来讲，配送包括包装、装卸搬运、仓储、运输等一系列活动，并通过这些活动将物品送达目的地。配送研究的问题主要包括：配送方式的选择，不同物品配送模式的选择，配送活动绩效的考核，配送中心的选址、布局、内部设计、配送作业管理等问题。

7．信息处理

物流信息是连接运输、仓储、装卸、包装各环节的纽带，没有各物流环节信息的通畅和及时供给，就没有物流活动的时间效率和管理效率，也就失去了物流系统的整体效果。产品从生产到消费过程中的运输数量和品种、库存数量和品种、装卸质量和速度、包装形态和破损率等信息都是物流活动质量和效率的保证，所以需要不断收集、筛选、加工、研究、分析各类信息，制定企业经营战略。因此，物流信息功能是物流活动顺畅进行的保障，是物流活动取得高效益的前提，是企业管理和经营决策的依据。

2.4.2　按企业运营的不同阶段分类

按照企业运营的不同阶段，可将物流系统分为供应物流、生产物流、销售物流、逆向物流四个部分，如图 2-3 所示。

1．供应物流

生产企业、流通企业或消费者购入原材料、零部件或商品的物流过程称为供应物流，也就是物资的生产者、持有者至使用者之间的物流。工厂的供应物流是指生产活动所需要的原材料、备品备件等物资的采购、供应活动所产生的物流，包括原材料等一切生产资料的采购、进货、运输、仓储、库房管理和用料管理。流通领域的供应物流是指交易活动中从买方角度出发在交易中所发生的物流。

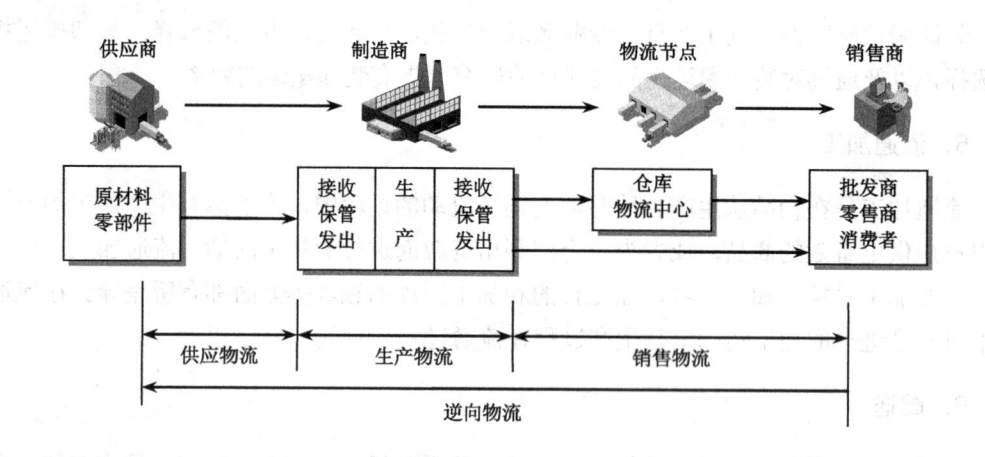

图 2-3 企业物流运营不同阶段的划分

供应物流不仅是为了保证供应，而且需要在最低成本、以最小消耗、在最大的保证条件下来组织供应物流活动，因此，供应物流的难度较大。企业竞争的关键就在于如何降低这一物流过程的成本，可以说这也是企业物流的最大难点。

2．生产物流

生产物流是生产过程中，原材料、在制品、半成品、产成品等在企业内部的实体流动过程。它从投入生产的第一道工序开始，到半成品、成品或可出售制品入库整个生产过程中的物流活动。

生产物流区别于其他物流的最显著特点是它与整个生产工艺过程是伴生的，生产物流构成了生产工艺过程的一部分。只有合理组织生产物流过程，才能使生产过程始终处于最佳状态。生产物流的重要性体现在：如果生产物流均衡稳定，可以保证在制品的顺畅流转，缩短生产周期；如果生产物流的管理和控制合理，也可以使在制品的库存得到压缩，使设备负荷均衡化。因此，生产物流的合理化对工厂的生产秩序和生产成本有很大影响。

3．销售物流

销售物流是指从企业成品库、流通仓库或工厂分发销售过程中所发生的物流活动，包括生产商的直接销售和流通企业的销售。活动内容包括产成品的库存管理、仓储发货运输、订货处理与客户服务等。销售物流活动带有极强的服务性，为满足买方的需求，销售往往以送达用户并经过售后服务才算终止。因此，销售物流的空间范围很大，这便是销售物流的难度所在。销售物流的特点是：通过包装、送货、配送等一系列物流实现销售。这就需要研究送货方式、包装水平、运输路线等并采取各种诸如少批量、多批次、定时、定量配送等特殊的物流方式达到目的。

4．逆向物流

逆向物流是指在生产和消费过程中，可再利用物品及废弃物在回收过程中所产生的物流活动。例如，货物运输和搬运中所使用的包装容器、废旧装载工具、工业生产中产生的边角余料、废旧钢材等在回收中所发生的物流活动。在一个企业中，回收物品处理不当，往往会影响整个生产环境，甚至影响产品质量，占用很大空间，造成浪费，同时如果没有及时将不合格物品进行返修或办理退货手续，还会影响企业声誉。

另外，在生产消费和生活消费过程中被淘汰的物资，一部分是可再利用的，称为废旧物，通过回收可形成一种新的资源；而把另一部分不可再利用的物资称为废弃物。

2.4.3 按物流系统的层次分类

按照物流系统的层次，企业物流在垂直方向上可分为物流管理层、物流控制层和物流作业层。这三个层次协调配合实现物流系统的整体功能。物流管理层对物流系统统一规划、制定规则和系统评价。物流控制层是对物流作业的实时控制和作业调度。物流作业层则是指运输、仓储、搬运、包装、流通加工等要素，实现物品空间位移和时间调度。

与以上三个层次相配合的还有物流信息系统。企业中物流管理层和物流控制层的部分功能需要由物流信息系统实现。在物流作业系统中，物流信息系统在保证订货、进货、库存、出货、配送等信息通畅的基础上，使通信据点、通信线路、通信手段网络化，提高物流作业系统的效率，如图2-4所示。

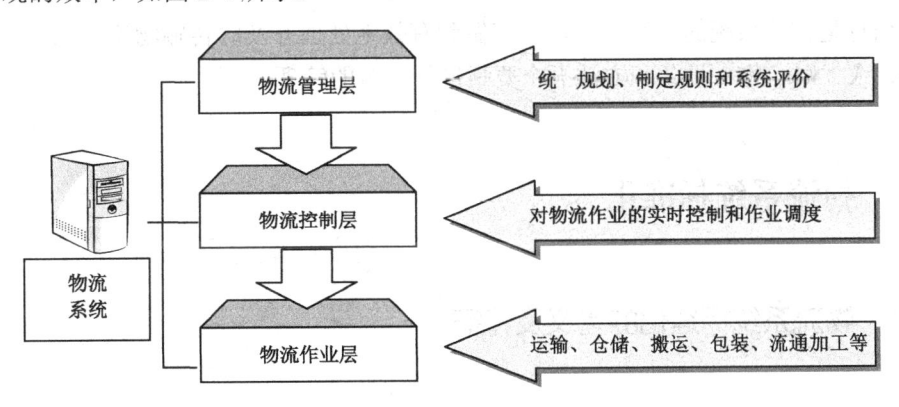

图2-4 物流系统的层次划分

2.4.4 按物流系统包含的诸要素分类

1．人的管理

"人"是物流系统和物流活动中最活跃的因素。对人的管理包括物流从业人员的选拔和录用、物流专业人才的培训与提高、物流教育和物流人才培养规划与措施的制定等。

2．物的管理

"物"是指物流活动的客体，即物质资料实体。物的管理贯穿于物流活动的始终。它涉及物流活动诸要素，即物的运输、仓储、包装、流通加工等。

3．财的管理

财的管理主要是指物流管理中有关降低物流成本、提高经济效益等方面的内容，它是物流管理的出发点，也是物流管理的归宿点。对财的管理包括物流成本的计算与控制、物流经济效益指标体系的建立、资金的筹措与运用、提高经济效益的方法等。

4．设备的管理

设备的管理是指对物流设备管理有关的各项内容。对设备的管理包括：各种物流设备的选型与优化配置；各种设备的合理使用和更新改造；各种设备的研制、开发与引进等。

5．方法的管理

对方法的管理包括：各种物流技术的研究、推广普及；物流科学研究工作的组织与开展；新技术的推广普及；现代管理方法的应用等。

6．信息的管理

信息是物流系统的神经中枢，只有做到有效地处理并及时传输物流信息，才能对系统内部的人、财、物、设备和方法五个要素进行有效的管理。

2.5 物流系统标准化

2.5.1 物流系统标准化的含义及特征

1．物流系统标准化的含义

标准化是对产品、工作、工程或服务等普遍的活动规定统一的标准，并且对这个标准进行贯彻实施的整个过程。标准化的内容，实际上就是经过优选之后的共同规则，为了推行这种共同规则，世界上大多数国家都有标准化组织，如我国的国家技术监督局、国际标准化组织等。

所谓物流系统标准化，是指把物流看作一个大系统，制定系统内部设施、机械装备、专用工具等的技术标准，包装、仓储、装卸搬运等各类作业标准及作为现代物流突出特征的物流信息标准，并形成全国及与国际接轨的标准化体系。

2. 物流系统标准化的特征

物流系统标准化的特征主要体现在以下几个方面。

（1）多样性。物流系统的标准化涉及面更为广泛，其对象包括机电、建筑、工具、工作方法等。虽然它们处于一个大系统中，但缺乏共性，从而造成标准种类繁多，标准内容复杂，这也给标准的统一性及配合性带来很大困难。

（2）适应性。由于现代物流管理思想诞生较晚，组成物流大系统的各个子系统，在没有归入物流系统之前，早已分别实现了各自的标准化，并且经多年的应用，不断发展和巩固，已很难改变。在推行物流标准化时，必须以此为依据，个别情况固然可将有关旧标准化体系推翻，但通常还是在各个子系统标准化基础上建立物流标准化系统。这就必然导致从适应及协调的角度建立新的物流标准化系统，而不可能全部创新。

（3）国际性。由于经济全球化的趋势所带来的国际交往活动大幅度增加，各个国家都很重视本国物流与国际物流的衔接，在本国物流管理发展初期就力求使本国物流标准与国际物流标准化体系一致。若不如此，不但会加大国际交往的技术难度，更重要的是，在本来就很高的关税及运费基础上又增加了因标准不统一所造成的效益损失，使外贸成本增加。因此，物流标准化的国际性也是其不同于一般产品标准的重要特点。

（4）安全性。物流安全问题也是近些年来非常突出的问题，往往一个安全事故会让一家公司损失殆尽，所以，物流标准化的另一个特点是在物流标准中为物流活动的安全性、可靠性而统一的技术标准、工作标准。另外，在国际物流中，很多手续、申报、文件等都有具体的标准化规定，保险费用等的计算也受标准规定的约束。

2.5.2 物流系统标准化的作用

物流系统的统一性、一致性和系统内部各环节的有机联系是系统生存的首要条件。物流标准为物流系统服务，是保证物流系统统一和协调的必要条件，只有加快实现物流标准化，才能有效地实施物流系统的科学管理，加快物流系统建设，促进物流系统与其他系统和国际系统的衔接，有效地降低物流费用，提高物流系统的经济效益和社会效益。物流系统标准化的作用概括如下。

（1）物流系统设计的前提。物流标准化是物流系统统一性、一致性的保证，是几个环节有机联系的必要前提。例如，集装箱标准化可以实现不同运输方式之间的无缝连接，对于发展广泛的水陆联运、提高物流作业效率都有重要意义。

（2）降低物流成本。实现物流标准化后，贯通了全系统，可以实现"一贯式"的物流，其效益由速度加快、中间装卸搬运、暂存费用降低、中间损失降低而获得，从而使物流成本大大降低，效益显著提高。

（3）加快物流管理的发展进程。物流标准化可以加快物流系统建设，是迅速推行现代物流管理的捷径。建立物流系统涉及面广，难度非常大，而推行物流标准化可以少走很多弯路，加快推行物流管理的进程。

（4）为物流系统与外系统的连接提供了接口。物流系统不是孤立的，为了使物流外系统与物流系统更好地衔接，通过物流标准化统一衔接点是非常重要的。

2.5.3 物流系统标准化的内容

物流标准可具体分为物流软件标准和物流硬件标准，如图2-5所示。

```
                          ┌── 物流用语标准化
                          ├── 单据、票证标准化
              ┌─ 软件标准化 ─┼── 标志、图示标准化
              │           ├── 计量单位标准化
物流系统       │           └── 基础编码标准化
标准化 ───────┤
              │           ┌── 物流基础模数标准化
              └─ 硬件标准化 ─┼── 物流建筑基础模数标准化
                          └── 物流设备设施标准化
```

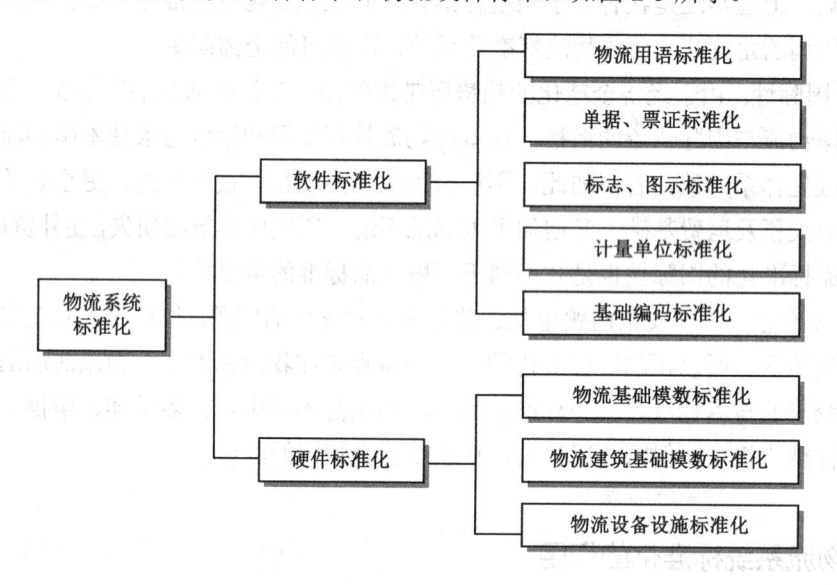

图2-5 物流系统标准化的分类

1．软件标准化

（1）物流用语标准化。为了使各系统有效地配合和统一，尤其在建立系统的情报信息网络之后，要求信息传递异常准确，这首先便要求专用语言及其所代表的含义实现标准化。如果同一个指令，在不同环节有不同的理解，不仅会造成工作的混乱，而且容易出现大的损失。物流专业名词标准不仅包括物流用语的统一化及定义的统一解释，还包括专业名词的统一编码。

（2）单据、票证标准化。物流单据、票证的标准化，可以实现信息的录入和采集，将管理工作规范化和标准化，也是应用计算机和通信网络进行数据交换和传递的基础标准。

它可用于物流核算、统计的规范化,是建立系统情报网、对系统进行统一管理的重要前提,也是对系统进行宏观控制与微观监测的必要前提。

(3)标志、图示标准化。物流中的物品、工具、机具都是在不断运动之中的,因此,识别和区分便十分重要。对于物流中的对象,需要有易于识别且易于区分的标识。如果采用自动识别,就可以克服用肉眼识别标志效率低的问题。

(4)计量单位标准化。除国家公布的统一计量标准外,物流系统还有许多专业的计量问题,必须在国家及国际标准基础上,确定自身专门的标准。同时,由于物流的国际性,专业计量标准还需考虑国际计量方式的不一致性,还要考虑国际习惯用法,不能完全以国家统一计量标准作为唯一依据。

(5)基础编码标准化。这是对物流对象编码,并且按物流过程的要求转化成条形码,是物流系统能够实现衔接、配合的最基本的标准,也是采用信息技术对物流进行管理、组织和控制的技术标准。在这个标准之上,才有可能实现电子信息传递、远程数据交换、统计、核算等物流活动。

2. 硬件标准化

(1)物流基础模数标准化。物流基础模数尺寸是标准化的共同单位尺寸,或者系统各标准尺寸的最小公约尺寸。在基础模数尺寸确定之后,各个具体的尺寸标准,都要以基础模数尺寸为依据,选取其整数倍数为规定的尺寸标准。由于基础模数尺寸已确定,只需在倍数系列进行标准尺寸选择,这就大大减少了尺寸的复杂性。物流基础模数尺寸的确定不但要考虑国内物流系统,而且要考虑与国际物流系统的衔接,具有一定的难度和复杂性。

(2)物流建筑基础模数标准化。这主要是物流系统中各种建筑物所使用的基础模数,是以物流基础模数尺寸为依据确定的,也可选择共同的模数尺寸。该尺寸是设计建筑物长、宽、高尺寸,门窗尺寸,建筑物支柱间距,跨度及进深等尺寸的依据。

(3)物流设备设施标准化。具体包括:运输车船标准,作业车辆标准传输机具标准,仓库技术标准,包装、托盘、集装系列尺寸标准,包装物标准,货架储罐标准等。

本章小结

用系统的观点看待物流活动有助于我们掌握物流活动运行的一般规律。系统具有整体性、目的性、相关性、适应性等特征。物流系统作为系统的一种,也具有输入、转换和输出三个过程。在物流系统中,由于各功能要素之间的目标冲突,所以存在效益背反现象,这就要求物流管理应是一种整体的优化。物流系统中包括的要素按照不同的分类标准会有不同的结果。物流系统标准化可分为软件标准化和硬件标准化两类,它是物流管理的前提。

复习思考题

一、名词解释

1．系统　　2．物流系统　　3．效益背反　　4．物流系统标准化

二、选择题

1．物流系统是由（　　）几部分组成的。
A．输入　　　　　B．转换　　　　　C．输出
D．反馈　　　　　E．环境

2．系统的特征包括（　　）。
A．整体性　　　　B．相关性　　　　C．目的性　　　　D．适应性

3．按企业运营的不同阶段，物流系统分为（　　）。
A．供应物流　　　B．生产物流　　　C．销售物流　　　D．逆向物流

4．（　　）属于物流系统软件标准化。
A．物流用语标准化　　　　　　　　B．物流基础模数标准化
C．标志、图示标准化　　　　　　　D．计量单位标准化

5．物流系统标准化的特征包括（　　）。
A．多样性　　　　B．适应性　　　　C．国际性　　　　D．安全性

三、判断题

1．包装、托盘、集装箱规格尺寸的标准化属于硬件标准化。（　　）
2．一般来说，物流系统的外部环境比内部环境更容易控制。（　　）
3．按物流系统的层次划分，物流系统可分为管理层和作业层。（　　）
4．只要能降低仓储费用，就肯定能降低企业的物流总成本。（　　）

四、简答题

1．系统具有哪些特征？
2．物流系统的目标有哪些？实现的方法是什么？
3．请描述物流系统的一般模式。
4．物流系统是由哪些要素构成的？
5．"效益背反"现象出现的根源是什么？试列举几个效益背反的例子。
6．物流系统标准化是指什么？它有什么重要作用？

课后案例

耐克公司的物流系统设计

耐克公司在20世纪70年代初成立后，在短短的10年内便一跃成为美国最大的鞋业公司，其产品除运动鞋外，还包括童鞋、非运动休闲鞋、旅游鞋、工作鞋和运动服装等一系列产品，建立了拥有自己品牌的运动商品王国，成为一家运动商品国际性大公司。耐克的成功，除了依赖其营销策略、广告宣传外，先进、高效的物流系统也是必不可少的因素之一。

耐克经营的运动鞋及服装是季节性很强的产品，如果没有良好的物流服务，就不能保持其竞争优势，因此耐克公司非常注重其物流系统的建设，跟踪国际先进的物流技术的发展，及时对系统进行改进，可以说其物流系统是一个国际领先的、高效的货物配送系统。

首先，耐克在全球布局物流网络，以快速响应市场需求。公司在美国有三个配送中心，其中在孟菲斯有两个。位于田纳西州孟菲斯市的耐克配送中心运行于1983年，是当地最大的自有配送中心。作为扩张的一部分，耐克建立了三层货架的仓库，并安装了新的自动补货系统，使得耐克能够保证在用户发出订单后的48小时内发出货物。耐克公司在亚太地区生产出的产品，通过海运经西海岸送达美国本土，再利用火车经其铁路专用线运到孟菲斯，最后运抵耐克的配送中心。所有的帽子、衬衫等产品都从孟菲斯发送到美国各地。每天都要发送35万~50万单位的衣物。当销量进一步增加时，耐克迅速对其物流管理进行了改变，采用了实时的仓库管理系统，并使用手持式和车载式无线数据交换器，使得无纸化分拣作业成为可能，增强了吞吐能力和库存控制能力，同时还尽力从自动化中获取效益而不会产生废弃物。设备升级后配送中心吞吐能力提高了一倍多，从每8小时10万件提高到25万件，设计最高日工作量为75万件。而且，这套系统能非常容易地处理任何尺寸和形状的货物。随着效率的提高，全部生产力从每小时40~45装运单位提高到了每小时73装运单位，订单精确率也提高到99.8%。

除在美国外，耐克在欧洲也加强了其物流系统建设。耐克在欧洲原有20多个仓库，分别位于20多个国家。这些仓库之间是相互独立的，这使得耐克的客户服务无法做到非常细致。另外，各国家的仓库只为本国的消费进行准备，也使得其供货灵活性大打折扣。经过分析，耐克决定关闭其所有的仓库，只在比利时的Meerhout建造一个配送中心，负责整个欧洲和中东地区的配送供给。因为Meerhout是一个港口城市，交通比较便利，并且在地理位置上位于欧洲中心。Meerhout配送中心于1994年开始运营，该配送中心有着一流的物流设施、物流软件及RF数据通信，从而使其能将产品迅速地运往欧洲各地。

在亚洲，耐克巩固其在日本的配送基础，设计了世界上最先进的高密度配送中心，这种设施可以满足未来七年销售量增长的需要。耐克在中国的运输方式主要是公路运输，在中国境内生产的产品委托第三方物流公司以公路货运的方式运往设在中国主要城市的耐克公司办事处的仓库。各个代理公司自备车辆，到耐克公司当地的办事处仓库提货，运往自己的仓库，再运往代理公司的各个店铺。

其次，使用电子商务物流方案，部分物流业务外包。耐克在选择物流合作伙伴时总是选择有经验的、国际专业性的、可以信任的服务商。在2000年年初，耐克开始在其电子商务网站www.nike.com上进行直接到消费者的产品销售，并且扩展了提供产品详细信息和店铺位置的功能，这部分销售的物流业务，由UPS环球物流给予实现。UPS环球物流除及时送货外，还附加进行存货管理、回程管理和一个客户呼叫中心的管理。消费者在呼叫耐克客户服务中心的时候，实际上是在同UPS电话中心的职员通话，这些职员将这些订单以电子数据方式转移到UPS的配送中心，配送中心存储了大量的耐克鞋及其他体育用品，每隔一小时完成一批订货，并将这些货品装上卡车运到航空枢纽。这样，耐克公司不仅省下了人员开支，而且加速了资金周转。

耐克在美国的另一个物流合作伙伴是MENLO公司。该公司是一家从事全方位合同物流服务的大型公司，其业务范围包括货物运输、仓储、分拨及综合物流的策划与管理。该公司年运输批次达到200万，运量相当于110亿磅，并拥有800万平方英尺的仓储设施，业务活动遍及美国50个州及加拿大、拉丁美洲、欧洲和太平洋周边地区，耐克在日本的合作伙伴岩井是一家综合性贸易公司，是全球500强企业之一，公司每年的贸易额高达715亿美元。它主要负责日本地区耐克商品的生产、销售和物流业务。这些大型的物流公司帮助耐克完成了迅捷的客户服务。

无论从工作效率还是服务水平来看，耐克的物流系统都是非常先进、高效的。其战略出发点就是一个消费地域由一个大型配送中心来服务，尽量取得规模化效益。耐克还非常注意物流技术的进步，积极采用新的、高效的科技，新的、科学的管理方法，来降低成本和提高工作效率。根据耐克1999年财政年度报告，耐克公司1999年总收入为87.8亿美元，净收入为45140万美元，比1998年增长了13%，毛利润占总收入的比例由1998年的36.5%上升到1999年的37.4%。公司1999年的货物存货在所有地区均有所降低，最明显的是亚太地区，下降了31%，欧洲下降了26%，美国则下降了4%。高效的物流管理降低了经营成本和库存管理费用，耐克打算在今后几年里每年继续削减约3600万美元的费用，具体措施包括裁减员工、降低包装费用、减少租赁费及清理没有用处的设备。

第 3 章

运输管理

本章学习目标
1. 掌握运输的含义与作用。
2. 掌握运输管理的两个原则。
3. 熟悉几种运输方式的特点。
4. 熟悉运输的一般流程及运输成本管理的内容。
5. 掌握不合理运输的几种方式及运输合理化的方法。

3.1 运输管理概述

3.1.1 运输的含义

运输（Transportation）是指用设备和工具，将物品从一个地点向另一个地点运送的物流活动，其中包括集货、分配、搬运、中转、装入、卸下、分散等一系列操作。具体来讲，运输就是通过各种不同的运输方式，使货物在物流节点之间流动，以实现运输对象空间位置变化的活动。运输和搬运的区别在于：运输是较大范围的活动，而搬运是在同一地点之内的活动。

3.1.2 现代运输的发展

现代运输的发展，一般可划分为五个阶段。

1．水运阶段

在18—19世纪，资本主义早期的工业发展，大多沿通航水道设立工厂，对水运的依赖性很大。

2．铁路运输阶段

从19世纪初铁路投入使用后，工业发达国家相继筑路。铁路运输现已成为占货运量比重最大的运输方式。

3．新运输方式的发展阶段

进入20世纪30年代，汽车、航空、管道运输相继崛起，发展迅速，至今方兴未艾。

4．综合运输阶段

对综合运输问题的认识始于20世纪50年代，其核心在于调整铁路、公路、内河水运、管道运输的分工配合，形成均衡、协调的现代化运输体系。

5．集装箱运输阶段

20世纪50年代中叶集装箱运输开始在海、陆出现并得到发展，特别是80年代后集装箱运输发展得尤为迅速，这种现代运输方式由公路、铁路、水路推及到航空领域，集装箱运输逐步形成了世界性的集装箱运输体系。

3.1.3 运输管理的两个原则

运输管理是按照运输的规律和规则，对整个运输过程的各个部门、各个环节，以及运输、发运、接运、中转等活动中的人力、运力、财力和运输设备进行合理组织、统一使用、平衡调整和监督实施，以求用同样的劳动消耗创造更多的价值，取得最好的经济效益。运输管理有两个基本原则：规模经济和距离经济。

1．规模经济

规模经济是指随着装运规模的增长，单位货物的运输成本会呈下降趋势。运输规模经济之所以存在，是因为相关的固定费用可以按整批的货物分摊。另外，通过规模运输还可以享受运价折扣，也可以使单位货物的运输成本下降。总之，规模经济使得货物的批量运输显得更合理。

2．距离经济

距离经济是指每单位距离的运输成本随运输距离的增加而减少。距离经济的合理性类似于规模经济，尤其体现在运输装卸费用的分摊上。距离越长，可使固定费用分摊后的值越小，使得每单位距离支付的总费用越小。

3.2 运输活动的特点

运输与其他行业相比，有着不同的特点。

1．运输是在流通过程中完成的

运输不断为企业生产提供原料、材料、燃料和半成品，以保证企业的生产供应，可以把运输看作生产或经营活动的延续，并且它充分发挥着加速资金流通的作用。

2．运输不产生新的实物形态产品

运输不改变产品的形态，只改变产品的位置。虽然运输是生产的延续，但是运输量不能改变社会产品量。

3．运输产品的计量比较特殊

运输产品的计量不是只看运输量的大小，还要看运输的距离，所以运输产品的计量是由两个因素决定的。

4．交通运输的对象十分庞杂

运输的货物非常复杂，这是运输单位本身无法选择的；运输部门对所要运输的产品没有支配的权利，这都增加了运输的复杂性。

3.3 运输的作用

运输是物流过程的主要职能之一，也是物流过程各项业务的中心活动。物流合理化，在很大程度上取决于运输合理化，可以说，在科学技术不断进步、生产的社会化和专业化程度不断提高的今天，一切物质产品的生产和消费都离不开运输。运输是整体物流过程中一个十分重要的环节，运输工作的作用可以体现在以下几个方面。

1．运输可以创造空间效用

物流可以创造物品的空间效用和时间效用。其中，时间效用主要由仓储活动来实现，而空间效用则是通过运输来实现的。运输使产品在整条价值链中来回移动，使产品从某一地点转移到规定的地点。

2. 运输可以实现短时储存

由于利用运输工具对产品进行临时存储是一项比较特殊的功能，因此，可将运输工具视为相当昂贵的储存设施。尽管用运输工具储存产品可能是昂贵的，但当需要考虑装卸成本、储存能力限制等因素时，从总成本或完成任务的角度看，这一选择往往是正确的。

3. 运输是物流网络的构成基础

物流系统是一个网络结构系统，如果将物流据点称为节点活动，那么运输就是连接各个节点之间的线路活动。如果没有线路活动，那么各节点将成为孤立的点。因此，运输在物流系统中起着举足轻重的作用，也是整个物流网络运行的重要基础条件。

4. 运输影响着物流的其他构成因素

在物流过程中，各个环节都是环环相扣的。不同的运输工具决定其配套使用的装卸搬运设备及接收和发运站台的设计；不同的运输方式决定着货物包装的种类；而运输的状况直接影响企业库存储存量的大小。发达的运输系统能比较适量、快速和可靠地补充库存，以降低必要的储存水平。

5. 降低运输费用对降低物流总费用起着重要作用

在物流过程中，直接耗费的活劳动和物化劳动所支付的直接费用主要包括运输费用、保管费用、包装费用、装卸搬运费用和物流过程中的损耗等。其中，运输费用所占的比重最大，是影响物流费用的一项重要因素。因此，组织合理运输，以最小的费用、较快的速度，及时、安全地将货物从其产地运到销售地，是降低物流费用和提高经济效益的重要途径之一。

6. 运输合理化是物流系统合理化的关键

物流合理化是指在各物流子系统合理化的基础上形成的最优物流系统总体功能，即系统以尽可能低的成本创造更多的空间效用和时间效用。从物流承担的主体来说，就是以最低的成本为用户提供更多优质的物流服务。

7. 运输可以扩大产品的市场范围

随着各种产品运输工具的发明，企业通过产品运输可以到很远的地方进行销售，从而使企业的市场范围得以扩展，并给企业带来更多的发展机会。

8. 运输可以保证产品价格的稳定性

由于各个地区的地理条件不同，拥有的资源也就各不相同。如果没有一个顺畅的产品运输体系，其他地区的产品就不能到达本地市场，这就会造成产品供给的不平衡性，使得市场价格出现波动。通过运输可以调整地区间资源的不平衡，达到稳定产品价格的目的。

3.4 运输活动的参与者

了解运输决策参与者的作用和影响有助于我们理解运输环境和运输决策机制的复杂性。一般的商品交易只涉及买方和卖方，运输作为一个特殊的商品形成了运输市场，在买方和卖方之外，必要的政府干预也使得政府成了一个重要的角色。此外，因为运输和环境密切相关，所以运输决策也常受到公众的影响。概括地说，运输交易往往受五方面的影响：托运人、收货人、承运人、政府和公众，如图3-1所示。

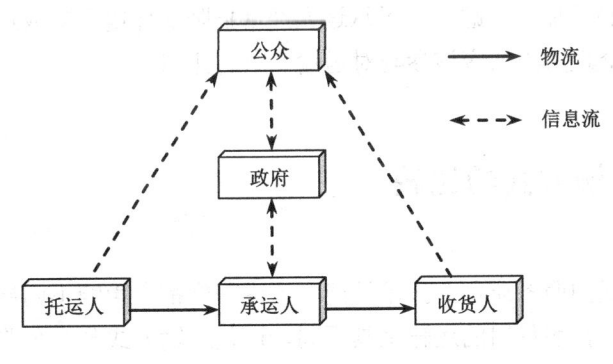

图 3-1 运输决策的参与者

1. 托运人和收货人

托运人一般是托运货物的卖方，收货人通常是买方。在规定的时间内以最低的成本将货物从起始地转移到目的地，是托运人和收货人的共同目的。运输服务应包括具体的提取货物和交付货物的时间、预计转移的时间、货物破损率及精确与适时地交换装运信息和签发单证等工作。

2. 承运人

承运人作为中间人，其目的与托运人和收货人多少有点差异。他们期望以最低成本完成所需的运输任务，同时获得最大的运输收入，所以承运人想要按托运人或收货人愿意支付的最高费率收取运费，并使运输货物所需的劳动、燃料和运输工具成本最低。为了这一目的，承运人期望在提取和交付的时间上具有灵活性，以便能将零担货物装运进行整合，形成经济运输批量。

3. 政府

由于运输对国家经济具有重要的影响，因此，政府期望建立一种稳定而有效率的运输环境来保证经济的持续增长。稳定而有效率的商品经济需要承运人提供有竞争力的服务，同时有利可图。因此，许多国家的政府会采取措施干预承运人的活动。例如，政府通过限制承运人所能服务的市场或规定所能收取的价格来规范承运人的行为；政府通过支持研究开发或提供诸如公路或航空交通控制系统之类的行政权来促进交通发展；另外，政府还可以通过标准化文件规范运输活动。

4. 公众

公众是最后的参与者。他们关注的是运输的可达性、费用和效果，以及环境上和安全上的标准。尽管最大限度地降低成本对消费者来说是重要的，但他们对环境和安全标准有关的交易代价也必须加以考虑。由于承运人经常把降低环境风险或运输事故的成本转嫁到消费者身上，公众理所当然应该参与对运输安全的评判。

3.5 各种运输方式的比较

不同运输方式的服务质量、技术性能、方便程度都会影响不同层次物流系统对运输方式的选择与管理。按照使用的运输工具不同，现代运输方式分为公路运输、铁路运输、航空运输、水路运输、管道运输和多式联运六种。

3.5.1 公路运输

1. 公路运输的优点

（1）机动、灵活，可实现门到门运输。
（2）货损货差小，安全性高，灵活性强。
（3）原始投资少，资金周转快，技术改造容易。
（4）适合中、短途运输，不适合长途运输。

2. 公路运输的缺点

（1）运输能力小，效率较低。每辆普通载重汽车每次只能运送5吨货物，长途客车可送50位旅客，仅相当于一列普通客车的1/36～1/30。
（2）运输成本高，其经济半径一般在200公里以内，但比航空运输成本低。
（3）运输能耗很高，分别是铁路运输能耗的10.6～15.1倍，沿海运输能耗的11.2～15.9

倍，内河运输能耗的 13.5～19.1 倍，管道运输能耗的 4.8～6.9 倍，但比航空运输能耗低，只有航空运输的 6%～87%。

（4）安全性较差，环境污染严重，事故率较高，时间不确定。

公路运输比较适宜承担中、短途客货运输，可以与铁路、水路联运，为铁路、港口集疏运旅客和物资，在远离铁路的区域从事干线运输，并且在运输体系中起补充和衔接作用。

3.5.2 铁路运输

1．铁路运输的优点

（1）速度快，时速一般为 80～120 公里/小时。
（2）运输能力大，通用性能好，既可运客又可运各类不同的货物。
（3）铁路运输过程受气候季节变化影响小，连续性强。
（4）火车客货运输到发时间准确性较高。
（5）火车运行比较平稳，安全、可靠。
（6）平均运距分别为公路运输的 25 倍，管道运输的 1.15 倍，但不足水路运输的 1/2，不到航空运输的 1/3。
（7）铁路运输成本及能耗较低。

2．铁路运输的缺点

（1）初始建设投资高，设备不易维修。
（2）建设周期较长，一条铁路干线要建设 5～10 年，而且占地太多，随着人口的增长，将给社会增加更多的负担。
（3）营运缺乏弹性。受线路、货站、编列、运行时刻等限制，不能适应客户的紧急需要。
（4）货损率比较高。受限于列车震动、装卸不当等原因，容易造成货物的损坏。

铁路运输适于中长距离、大运量、时间性强、可靠性要求高的一般货物和特种货物，它在联合运输中发挥着骨干和纽带作用。

3.5.3 航空运输

航空运输是 20 世纪新崛起的运输方式，是在具备航线和航空港的条件下，以飞机为运载工具的运输方式。

1．航空运输的优点

（1）运行速度快，机动性能好，不受地形的限制。
（2）对土地和环境污染较小。
（3）破损小，安全性高。
（4）国际性特征较强。
（5）建设周期短，回收快。

2．航空运输的缺点

（1）单位成本较高，技术复杂。
（2）运输能力小，对所运货物的重量、尺寸等都有严格要求。
（3）受气象条件影响较大。

综上所述，航空运输主要适宜运载体积小、价值高的物资。它还担负着政治、经济、文化中心，以及国际交往的快速旅客运输和报刊邮件、急迫的物资运输。

3.5.4 水路运输

水路运输是利用船舶运载工具在水路上进行货物运输，一般分为沿海运输、近海运输、远洋运输、内河运输四种形式。

1．水陆运输的优点

（1）在几种运输方式中，水路运输能力最大。
（2）运输成本低，航道投资少，能源消耗低，对环境的污染较轻。
（3）水路运输通用性能较高，可以运送各种货物，尤其是大件货物。
（4）不占用耕地面积。
（5）平均运距长。水陆运输平均运距分别是铁路运输的 2.3 倍，公路运输的 59 倍，管道运输的 2.7 倍。

2．水路运输的缺点

（1）运送速度慢，时间的准确性难保证。
（2）受自然条件及季节变化影响较大，难以保证连续通航。
（3）港口的装卸搬运费用高，不适合短途运输。

水路运输，尤其是海洋运输，主要适合于运距长、运量大、对时间性要求不高的各种大宗物资，在综合运输体系中承担补充及衔接大批量干线运输的任务。

3.5.5 管道运输

管道运输是随着石油和天然气产量的增长而发展起来的，是使用管道运送流体、粉末货物的一种运输方式，主要运输物品有油品、天然气、化学品、煤浆和其他矿浆。

1. 管道运输的优点

（1）运输量大，连续性强。
（2）占地面积小，只需要铺设管线，人员占用少，管理方便。
（3）成本及能耗小，在各种运输方式中是最低的。
（4）可以实现封闭运输，安全可靠，无污染且损耗少。
（5）受自然影响较小，可以全天候运输，送达货物的可靠性高。
（6）管道可以走捷径，运输距离短。

2. 管道运输的缺点

（1）适用范围小，专用性强，无法承担多种货物运输。
（2）管道运输量与最高运输量间的幅度小，尤其当运输量降低较多并超出其合理运行范围时，其优越性难以发挥。
（3）不够灵活，管道运输是单向封闭的运输系统。

管道运输不同于其他几种运输方式，管道设备是静止不动的，其运输形式是通过输送设备（如泵、压缩机）驱动货物，使物体在管道内顺着压力方向循环移动实现的，因此只适用于定点、量大、单向的流体运输。

以上五种运输方式的特点是企业选择运输方式时的参考指标。对企业来说，在选择运输方式时关注的主要是运输成本问题，而各种运输方式对运输成本影响显著的营运特性主要是运价、运输时间、货损情况和运输方式的可得性。各种运输方式的比较如表3-1所示。

表3-1 各种运输方式的比较

运输方式	铁路	公路	水路	航空	管道
成本	中	中	低	高	很低
速度快慢	快	快	慢	很快	很慢
速度（千米/小时）	100~300	50~100	海运22、河运10	500~1000	—
通用性	较好	较好	较好	较差	差
机动性	较差	很好	差	较好	很差
可靠性	很好	好	一般	好	很好
运距	长	中短	很长	很长	长
规模	大	小	大	小	大
运力	强	强	最强	弱	弱
劳动生产率	高	低	很高	低	高
时间连续性	强	强	弱	一般	强

3.5.6 多式联运

1．多式联运的特点

多式联运（Multi-modal Transport）也叫复合运输，是在集装箱运输的基础上产生和发展起来的。具体是指按照多式联运合同，以至少两种不同的运输方式，由多式联运经营人将货物从一国境内的接管地点运至另一国境内指定交付地点的货物运输。国际多式联运适用于水路、公路、铁路和航空多种运输方式。在国际贸易中，由于85%～90%的货物是通过海运完成的，故海运在国际多式联运中占据主导地位。多式联运具有以下特征。

（1）必须包括两种以上的运输方式，而且其中必须有海上运输方式。在我国由于国际海上运输与沿海运输、内河运输分别适用不同的法律，因此国际海上运输与国内沿海、内河运输可以视为不同的运输方式。

（2）多式联运虽涉及两种以上不同的运输方式，但托运人只和多式联运经营人订立一份合同，只从多式联运经营人处取得一种多式联运单证，只向多式联运经营人按一种费率缴纳运费。这就避免了单一运输方式多程运输手续多、易出错的缺点，为货主确定运输成本和货物在途时间提供了方便。

2．多式联运的组织形式

目前，有代表性的国际多式联运主要有远东/欧洲、远东/北美等海陆空联运，其组织形式包括以下几种。

（1）海陆联运。海陆联运是国际多式联运的主要组织形式，这种组织形式以航运公司为主体，签发联运提单，与航线两端的内陆运输部门开展联运业务，与陆桥运输展开竞争。

（2）陆桥运输。陆桥运输（Land Bridge Service）是指采用集装箱专用列车或卡车，把横贯大陆的铁路或公路作为中间"桥梁"，使大陆两端的集装箱海运航线与专用列车或卡车连接起来的一种连贯运输方式。严格地讲，陆桥运输也是一种海陆联运形式，只是因为其在国际多式联运中的独特地位，故单独作为一种运输组织形式。

（3）海空联运。海空联运又称为空桥运输（Air Bridge Service）。在运输组织方式上，海空联运与陆桥运输有所不同，陆桥运输在整个货运过程中使用的是同一个集装箱，不用换装；而海空联运的货物通常要在航空港换入航空集装箱。但两者的目标基本一致，都是以低费率提供快捷、可靠的运输服务。

3．多式联运的运行机制

（1）协作式多式联运。协作式多式联运是指两种或两种以上运输方式的运输企业，按照统一的规章或商定的协议，共同将货物从接管货物的地点运到指定交付货物的地点的运输。

协作式多式联运是目前国内货物联运的基本形式。在这种形式下，联运的组织者在各级政府主管部门协调下，由参加多式联运各种方式的运输企业和中转港站共同组成联运办公室，货物全程运输由该机构制定。全程运输组织是建立在统一计划、统一技术作业标准、统一运行图和统一考核标准基础上的，而且在接收货物运输、中转换装、货物交付等业务中使用的设施设备、衔接条件也需要在统一协调下同步建设或协调解决，并配套运行以保证全程运输的协同性。协作式多式联运的货物运输流程如图3-2所示。

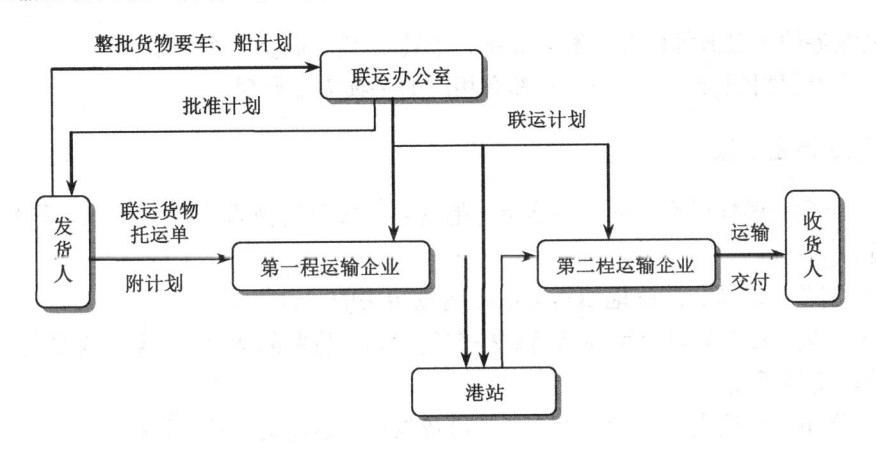

图 3-2 协作式多式联运的货物运输流程

（2）衔接式多式联运。衔接式多式联运是指由一个多式联运企业（多式联运经营人）综合组织两种或两种以上运输方式的运输企业，将货物从接管货物的地点运到指定交付货物的地点的运输。在实践中，多式联运经营人既可能由不拥有任何运输工具的国际货运代理、场站经营人、仓储经营人担任，也可能由从事某一区段的实际承运人担任。

衔接式多式联运的全程运输组织业务是由多式联运经营人完成的。在这种联运组织形式下，承担各区段运输的企业的业务与分段运输形式下完全相同，各区段的运输衔接工作由多式联运经营人负责，这与协作式体制下各区段运输企业还要承担运输衔接工作有很大不同。在国际货物的多式联运中多采用这种形式，其货物运输流程如图3-3所示。

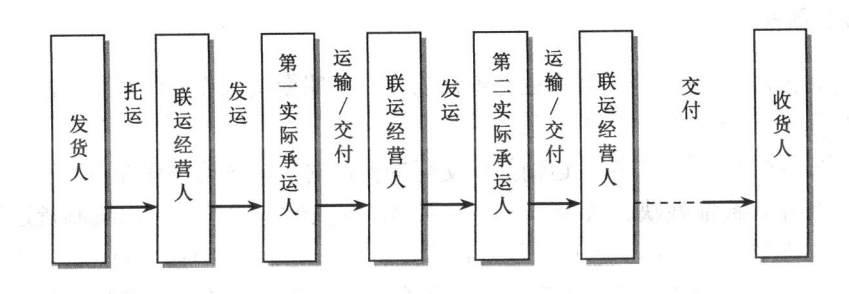

图 3-3 衔接式多式联运的货物运输流程

3.6 运输管理的方法

3.6.1 运输业务的一般流程

运输业务的一般流程可分为发运准备、中转/运送、收货三个阶段。

与上述流程相配合,在每个阶段都有相应的手续需要办理。

1. 发运准备阶段

(1) 组配。根据运输计划和铁路货运的规定,按照货物的品种、性质、重量、体积来组装装配。

(2) 制单。清楚、准确地填写与商品运输相关的各种凭证。

(3) 托运。按照规定日期向承运站提交货运单,将商品运至发货站,与货运员办理清点、检验、交接手续。

(4) 送单。托运人及时将领货凭证、付费收据、运输交接单、商品购销凭证等有关单据提交给收货人。

(5) 预先通知。商品发运后,托运人应立即向收货人核算和收取代垫运杂费及其他费用,并向收货人预报商品的到达时间。

2. 中转/运送阶段

(1) 接受中转商品。中转点接到中转商品时,应立即按货单核对验收,如有不符,要查明原由,更正后再进行转运。

(2) 发运中转商品。应尽量缩短停留时间,按商品到达的先后顺序进行发运,做到一批货一批清,发运时要注意单、货同行或单据先行。

(3) 沟通。密切与收、发货人联系。

3. 收货阶段

(1) 做好收货准备工作,联系业务部门安排车、船衔接工作。联系仓库准备入库,安排和组织好短途运力和搬运装卸力量。

(2) 办理接收手续。在接收运输部门交付的商品时,应按运单逐件清点验收。如发现商品外包装异常、商品残缺、散失、批次混乱等,应及时会同承运部门编制货运记录,并查清原因,以明确发运单位、承运单位、接收单位三者之间的责任,以便及时处置。

以上是运输的一般流程及相关运输业务的参与者所做的工作。对承担运输业务的物流企业来讲,它在运输流程中居于核心地位,其在运输过程中的工作流程如下。

(1) 运输信息录入。物流企业的客户服务人员接受货主的运输请求,将运输单据信息录入系统，如发货人、收货人、线路、货物细节、承运要求等信息，并进行确认。对于需要保险的货物，录入相关的保险信息，包括货物价值、保险单号、保险费等。

（2）制定运输计划。运输调度部门针对已确认的运输单，进行调度派车并打印派车单，司机据此上门装货。

（3）装车确认。根据实际装车情况，对装车进行确认，同时录入运输合同信息和预付款项，然后确认在途。

（4）在途跟踪。对在途车辆进行动态跟踪，了解车辆和货物所处的位置，并及时将信息反馈给客户。

（5）回单确认。在回单签收时，记录货物送达收货人时的有关情况，包括实收数量、有无货损情况、货损原因、签收人等信息。

（6）结算。运输业务结束后向发货人或收货人发出结算请求。

3.6.2 运输方式的选择

运输方式是由物流系统要求的服务水平和允许的物流成本两个方面的因素决定的。选择运输方式，应该在考虑众多具体条件的基础上，对下述五个方面进行认真研究考虑。

1．货物品种

货物本身的品种、性质、形状，应在包装项目中加以说明，然后，选择适合这些货物特性和形状的运输方式。另外，货物对运费的承担能力也要加以考虑。

2．运输时间

调查各种运输工具所需要的运输时间，使运输期限与交货日期相联系。运输的快慢顺序一般情况下依次为航空运输、公路运输、铁路运输、水路运输。各运输方式可以按照它的速度编组来安排日程，加上其两端及中转的作业时间，就可以算出所需的运输时间。在商品流通中，要研究这些运输方式的现状，进行有计划的运输，以满足客户的实际需求。

3．运输成本

运输成本因货物的种类、重量、容积、运距不同而不同，而且运输工具不同，运输成本也会不同。在考虑运输成本时，必须注意运费与其他物流子系统之间存在的矛盾关系，不能只考虑运输费用来决定运输方式，要由全部总成本来决定。

4．运输距离

从运输距离看，一般情况下可以依照以下原则：200公里以内，用汽车运输；200～500公里，用铁路运输；500公里以上，用水路运输。一般采取这样的选择是比较经济、合理的。

5．运输批量

大批量运输成本低，应尽可能使商品集中到最终消费者附近，选择合适的运输工具进行运输是降低成本的良策。一般来说，15～20 吨以下的商品用汽车运输；15～20 吨以上的商品用铁路运输；百吨以上的原材料之类的商品，应选择水路运输。

3.6.3 运输成本的管理

随着市场竞争的日益加剧，越来越多的企业开始把物流职能外包给专业的物流企业去做。在物流企业的全部物流成本中，运输成本所占的比重最大，因此对运输成本进行有效的管理和控制，将对物流企业自身优势的构建和发展起到重要作用。

1．物流企业运输成本构成

（1）变动成本。变动成本是指在一段时间内，由于运输工具投入使用所发生的费用。

（2）固定成本。固定成本是指在短期内不随运输水平的变化而变化的成本，也就是说是与每次运输无直接关系的运输费用，包括不受装运量直接影响的费用。

（3）联合成本。联合成本是指决定提供某种特定的运输服务而产生的不可避免的费用，如运输返回的空车费用等。

2．影响运输成本的因素

（1）运输质量。物流企业是专门为货主企业提供专业物流服务的企业，物流服务质量将直接影响物流企业的市场竞争力。运输质量与运输成本之间一般成背反关系。

（2）物流运输基本设施建设。运输车辆、搬运装卸机械、物流信息设备等基础设施不但在物流运输固定成本中占了相当的比重，而且这些基础设施作为组成部分又将对物流运输系统的实际运作效率产生一定影响。

（3）运输人员素质。运输人员的工作方法和态度，将直接或间接影响企业物流成本的大小。优秀的专业人才将有助于物流企业提高物流服务质量和物流效率，使物流企业向合理化方向发展。

3．运输成本控制的方法

（1）选择合理的运输工具和运输方式。目前，常用的运输工具包括汽车、船、飞机、火车、管道，相应的运输方式有公路、水路、航空、铁路和管道五种。运输工具和运输方式都具有各自的优缺点，其运输成本也有较明显的差异。物流企业在选择时，要根据运输货物的自身特点和时间安排等，综合分析选择合理的运输工具和运输方式。

（2）采用合理的装卸方式。合理的装卸方式可充分利用运输车辆的容积和额定载重量，降低单位运输成本。为此，物流企业可从以下几方面加以考虑：

首先，通过轻重配装变相增加运输平均产品密度。产品密度指产品的质量和体积之比。通常，密度小的产品每单位质量所花费的运输成本比密度大的产品要高。因此，将密度大的产品和密度小的产品进行组装运输可有效提高运输工具的使用率和装卸效率。

其次，通过解体运输和多样堆码充分提高运输工具的空间利用率。空间利用率指所运输产品的具体尺寸及其对运输工具的空间利用程度的影响。某些运输产品可能具有不规则的尺寸和形状，以及超重或超长等特征，通常不能很好地利用空间。物流企业可以根据运输工具的货位情况和所运输货物的形状，将体积大、笨重的货物，拆卸装卸后分别包装，以减小占用空间，方便搬运，提高运输效率。

最后，通过拼装整车运输，将小批量的装载整合成更大的装载量，每单位质量的运输成本将减少。

（3）充分利用现代物流技术。将最新的科学技术及时、充分地应用到物流领域将可以有力地降低运输成本。目前，在物流领域广泛采用的措施主要包括以下几种。

第一，托盘式运输。将托盘作为单位货载进行运输，可以缩短运输中转时间，加快中转速度，同时还可以提高实际操作的可靠性和机械化程度。

第二，集装箱运输。通过集装箱运输可以提高装卸效率，减轻劳动强度，节约大量商品包装费用和检验费用，并防止货物在运输途中可能发生的质量破损和数量差异。值得注意的是，物流企业在运输领域进行这些新技术推广的同时，还需配合相应的物流器械型号等的统一，以及运输人员的技能培训。

（4）借助数理方法进行精确优化。物流运输问题一直都是学术界研究的热点，这方面最经典的研究当属车辆路径问题（Vehicle Routing Problem，VRP）。VRP借鉴运筹学中线形/非线形规划、整数规划、图论等相关知识，通过建立数学模型并运用先进的软件进行求解模拟，可帮助物流企业确定有效的运输车辆的数量、运输人员的安排、具体的发车时间和运输路径等。借助这些研究成果，物流企业可以减少投入运输的车辆数量，实现运输人员的合理调派，节约运输固定成本；还可以为运输车辆确定高效的运输路径，避开交通易堵塞的路线，在提高服务质量的同时减少变动成本。

3.6.4 合理化运输决策

运输是实现物品空间位移的手段，也是物流活动的核心环节。如何合理地安排运输在整个物流环节至关重要。所谓合理运输，是指物品从生产地到消费地转移的过程中充分有效地运用各种运输工具的运输能力。

1．运输合理化的标准

（1）运输距离。运输距离是影响运输成本的主要因素，也是衡量运输是否合理的基本因素。缩短运距可以降低运输成本，提高运输效率。

（2）运输环节。每增加一次运输，必然使运输的附属活动费用增加，如装卸搬运等。

（3）运输方式。各种运输方式有其优势领域。在选择运输工具时，根据货物特点，最大限度地发挥运输方式的作用。

（4）运输时间。运输是物流过程中需要花费大量时间的环节，尤其是远程运输，所以尽量减少客户等待时间是物流工作及时满足客户需要、赢得客户满意度的一个重要因素。

（5）运输费用。运输费用在物流成本中占有很大比例，是衡量运输经济效益的重要指标，也是运输合理化的重要标志。

2．不合理运输的类型

不合理运输是指在现有条件下可以达到的运输水平而未达到，从而造成运力浪费、运费增加、货物流通速度降低、货物损耗增加的运输现象。

（1）返程或起程空驶。空车无货载行驶，可以说是不合理运输中最严重的形式。造成空驶的不合理运输主要有以下几点原因。

① 没有利用社会化的运输体系，依靠自备车送货提货。
② 由于计划不周等原因，导致货源不实，车辆空去空回。
③ 由于车辆过分专用，无法搭运回程货，形成单程回空周转。

（2）对流运输。对流运输也叫"相向运输"或"交错运输"，是指同一种货物，或者彼此间可以互相代用而又不影响管理、技术及效益的货物，在同一线路上或平行线路上作相对方向的运送，而与对方运程的全部或一部分发生重叠交错的运输。已经制定了合理流向图的产品，一般必须按合理流向的方向运输，如果与合理流向图指定的方向相反，也属对流运输。对流运输有"显性"和"隐性"两种。显性对流运输是指同类货物沿着同一线路相向运输，如图 3-4 所示。

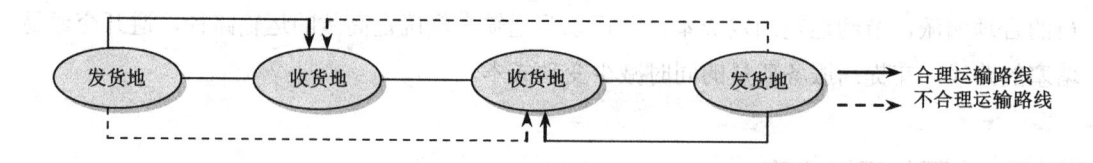

图 3-4　显性对流运输

隐性对流运输是指同类货物由不同运输方式在平行线路上进行的相反方向运输。例如，不同时间的相向运输，从发生运输的时间看，并未出现对流，可能做出错误的判断，所以要格外注意隐性对流运输。图 3-5 是一个隐性对流运输的例子。

在图 3-5 中，运输违反了近产近销原则，应由产地甲运往销地 B，产地乙运往销地 A。

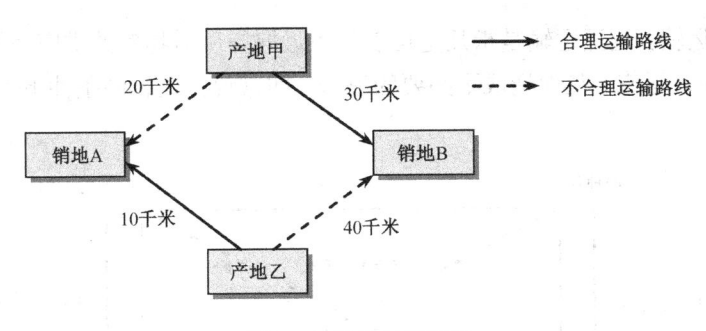

图 3-5　隐性对流运输

（3）迂回运输。迂回运输是指货物从发送地至目的地不按最短线路而绕道运输。一般，迂回运输是由于对路线不熟、计划不周、组织不当而引起的，如图 3-6 所示。

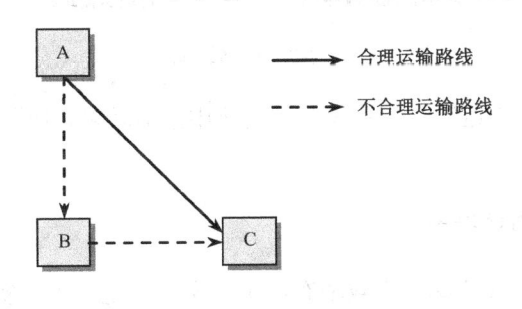

图 3-6　迂回运输

（4）倒流运输。倒流运输是指同一批货物或同一批中的一部分货物，由原产地站运至销售地站，又从销售地站往原产地方向运输，如图 3-7 所示。

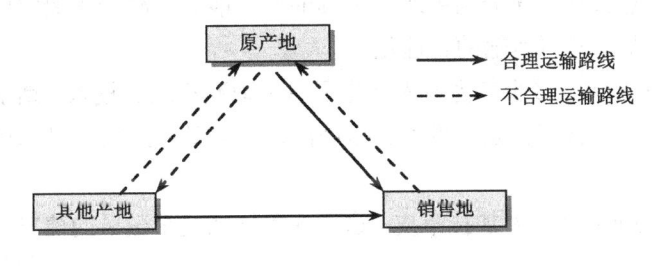

图 3-7　倒流运输

（5）重复运输。重复运输是指一种货物本来可以直达目的地，但因物流仓库设置不当或计划不周使其在中途卸下，导致增加运输环节、浪费运输设备和装卸搬运能力、延长运输时间的不合理运输方式，如图 3-8 所示。

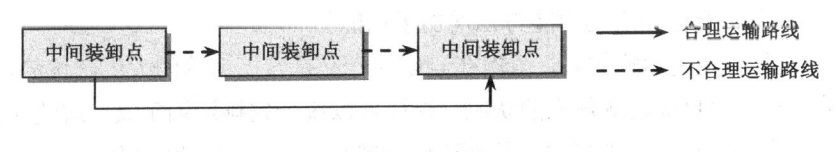

图 3-8　重复运输

（6）过远运输。过远运输是指凡是可以从附近取得所需物资的供应而不就近组织，相反却从较远的地方运来，从而造成不必要的浪费，即常说的在相同条件下"舍近求远"，如图 3-9 所示。

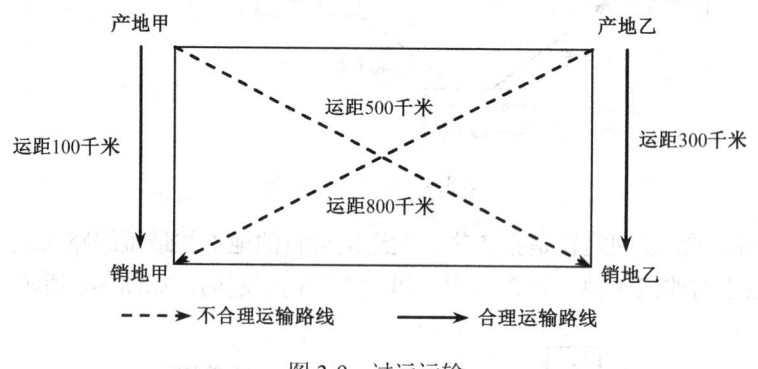

图 3-9 过远运输

（7）无效运输。无效运输是指被运输的货物中杂质较多，使运输能力浪费于不必要的物资运输。

3. 运输合理化的有效措施

（1）提高运输工具实载率。实载率有两个含义：一是"单车实际载重与运距之乘积"和"标定载重与行驶里程之乘积"的比率，这在安排单车、单船运输时，是判断装载合理与否的重要标志；二是车船的统计指标，即一定时期内车船实际完成的货物周转量占车船载重吨位与行驶公里之乘积的百分比。

提高实载率的意义在于充分利用运输工具的额定能力，减少车船空驶和不满载行驶的时间，减少浪费，从而求得运输的合理化。

（2）减少动力投入。减少动力投入是指通过采取减少动力投入、增加运输能力的有效措施求得合理化。这种合理化是少投入、多产出，走高效益之路。具体可以采用以下几种方式。

① 在机车能力允许下，多加挂车皮，这样在不增加机车数量的情况下能够有效地增加运输量。

② 水运拖排和拖带法。特指竹、木等物品的运输，利用其浮力的特点，采用拖带法，可以省去运输工具本身的动力消耗。

③ 顶推法。这是内河运输的一种有效方法，指将内河驳船编成一定队形，由机动船顶推前进的航行方法。

④ 汽车挂车。充分利用动力能力，增加运输能力。

（3）发展社会化的运输体系。运输社会化的含义是发挥运输的大生产优势，实现专业分工，打破一家一户自成运输体系的状况。这样可以统一安排运输工具，避免对流、倒流、空驶、运力不当等多种不合理形式，从而降低运输成本，提高运输效率。

（4）开展中短距离铁路公路分流。这一措施是在公路运输经济里程范围内而言的。一是可以缓解比较紧张的铁路运输，增加运输的通过能力；二是充分利用公路门到门的灵活机动的优势，实现公路运输的价值。

（5）直达与中转运输的合理选择。直达运输是追求运输合理化的重要形式，通过减少中转换载，提高运输速度，比较适用于大批量的需求。而中转运输是将小批量的货物集中于某一地点或配送中心，通过集中分配，再进行运输。直达运输与中转运输的运输路线如图 3-10 所示。

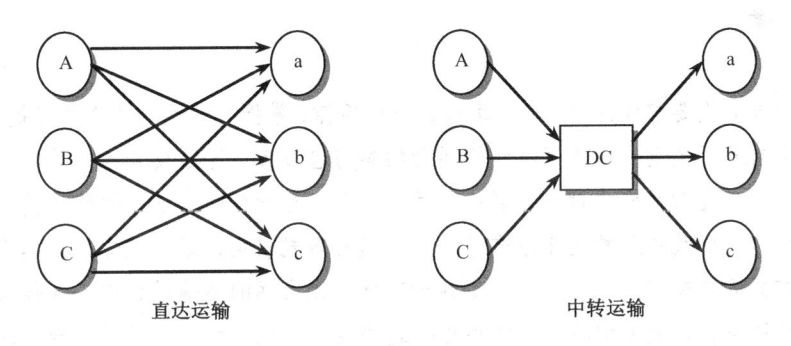

图 3-10　直达运输与中转运输的运输路线

（6）配载运输。配载运输是充分利用运输工具载重量和容积，合理安排装载的货物及载运方法以求得合理化的一种运输方式，它往往是轻重商品的混合配载。

（7)"四就"直拨运输。"四就"直拨运输是指物流企业在组织货物调运的过程中，对当地生产或外地到达的货物不进入批发站仓库或物流中心，而减少中转运输环节，力求以最少的中转次数，将货物直接分拨给基层批发或零售的一种运输方式。其具体形式如表 3-2 所示。

表 3-2　"四就"直拨运输的具体形式

运输形式	含　义	具体方式
就厂运输	物流企业接收货物后，不经过中间仓库和不必要的转运环节，直接送到零售商或客户处	制造型企业之间的直拨
		制造型企业到零售企业的直拨
就车站运输	物流企业对外地到达本地车站或其他物流据点的货物经验收合格后直接分拨给各收货方	直接运送到本地用户
		直接运往外埠用户
就仓库运输	越过逐级的层层转运，省略不必要的中间环节，直接从仓库分拨给零售商或用户	需要储存保管的货物就仓库直拨
		常年生产而季节销售的货物就仓库直拨
		季节生产而常年销售的货物就仓库直拨
就车船运输	外地运入的货物，验收后通过其他运输工具换装直接运到零售商或用户处	就火车换装汽车
		就船舶换装火车或汽车
		就大船过驳小船

53

（8）发展特殊运输技术和运输工具。依靠科技进步是运输合理化的重要途径。例如，罐车解决了液体物品、粉末状物品的运输问题，集装箱提高了船舶的运输速度等。这些都是通过采用先进的科学技术来实现合理化的。

（9）通过流通加工环节使运输合理化。由于产品本身的形态和特性，使得实现运输合理化比较困难，如果适当地进行加工，就能够有效解决运输不合理的问题。

本章小结

运输是物流的重要组成部分。熟悉运输的一般规律，掌握合理运输的方法对提高物流效率、降低物流成本有着至关重要的作用。运输活动的参与者较多，除了发货人、收货人和承运人以外，政府和公众也会对运输决策产生影响。运输的形式包括公路运输、铁路运输、水路运输、航空运输、管道运输及将几种运输方式结合到一起的多式联运，每种运输方式都具有自己的特性，对运输方式的选择也是运输管理重要的一部分。在实际的运输过程中，返程或起程空驶、对流运输、迂回运输、倒流运输、重复运输、过远运输和无效运输都属于不合理的运输形式，消除这些不合理的运输形式，建立合理的运输体系，是运输业务管理者的重要责任。

复习思考题

一、名词解释

1. 运输　　　　　　2. 多式联运　　　　　3. 迂回运输
4. 倒流运输　　　　5. 对流运输　　　　　6. 无效运输

二、选择题

1. 在运输活动中，作为中间环节参与者的是（　　）。
   A. 托运人　　　　　B. 承运人　　　　　C. 政府　　　　　D. 收货人
2. 下列几种运输方式中，不适合做短途运输的是（　　）。
   A. 铁路运输　　　　B. 公路运输　　　　C. 航空运输　　　D. 水路运输
3. 运输活动包括的两个原则是（　　）。
   A. 时间价值　　　　B. 空间价值　　　　C. 规模经济　　　D. 距离经济
4. 运输业务的一般流程可分为（　　）三个阶段。
   A. 发运准备　　　　B. 中转/运送　　　　C. 包装　　　　　D. 收货
5. 同一种货物在同一线路上或平行线路上作相对方向的运送，而与对方运程的全部或一部分发生重叠交错的运输称为（　　）。

A．无效运输　　　　　B．迂回运输　　　　　C．倒流运输　　　　　D．对流运输

三、判断题

1．运输活动可以产生新的实物形态。　　　　　　　　　　　　　　　　　　（　　）
2．运输可以创造时间价值。　　　　　　　　　　　　　　　　　　　　　　（　　）
3．社会公众也会对运输决策产生影响。　　　　　　　　　　　　　　　　　（　　）
4．产品存储也是运输的功能之一。　　　　　　　　　　　　　　　　　　　（　　）
5．航空运输虽然速度快，但受地形的限制较大。　　　　　　　　　　　　　（　　）
6．多式联运中必须根据承运人的不同订立多份合同。　　　　　　　　　　　（　　）
7．同一批货物或同一批中的一部分货物，由原产地站运至销售地站，又从销售地站往原产地方向运输的现象叫作迂回运输。　　　　　　　　　　　　　　　　　　　　　　（　　）

四、简答题

1．运输生产的特点是什么？
2．运输需遵循的两个原则是什么？
3．试着比较几种运输方式的优劣。
4．多式联运的特点与运作流程是什么？
5．运输的一般流程是什么？物流企业在运输过程中需要做哪些工作？
6．不合理运输的形式有哪些？怎样才能提高运输的效率？

课后案例

新亚欧大陆桥

新亚欧大陆桥——由太平洋西岸中国日照和连云港开始的陇海、兰新铁路向西延伸在中国西部边境阿拉山口与哈萨克斯坦共和国的德鲁日巴站接轨，从而构成了一条沿当年亚欧商贸往来的"丝绸之路"，经亚洲、欧洲诸国直至大西洋的另一条陆上通道，这就是新亚欧大陆桥。它将是一条对亚欧大陆经贸活动发挥巨大作用的现代"丝绸之路"。

1. 新亚欧大陆桥的地理位置

新亚欧大陆桥东起太平洋西岸连云港等中国东部沿海港口，西可达大西洋东岸荷兰鹿特丹、比利时的安特卫普等港口，横贯亚欧两大洲中部地带，总长约10 900公里。它的东端直接与东亚及东南亚诸国相连，并进而与美洲西海岸相通；它的中国段西端，从新疆阿拉山口站换装出境进入中亚，与哈萨克斯坦德鲁日巴站接轨，西行至阿克斗卡站与土西大铁路相接，进而分北中南三线接上欧洲铁路网通往欧洲。北线：由哈萨克斯坦阿克斗卡或比什凯克或乌兹别克斯坦的塔什干北上与西伯利亚大铁路接轨，经俄罗斯、

白俄罗斯、波兰通往西欧及北欧诸国。中线：由哈萨克斯坦往俄罗斯、乌克兰、斯洛伐克、匈牙利、奥地利、瑞士、德国、法国至英吉利海峡港口转海运或由哈萨克斯坦阿克斗卡南下，沿吉尔吉斯斯坦边境经乌兹别克斯坦塔什干及土库曼斯坦阿什哈马德西行至克拉斯诺沃茨克，过里海达阿塞拜疆的巴库，再经格鲁吉亚第比利斯及波提港，越黑海至保加利亚的瓦尔纳，并经鲁塞进入罗马尼亚、匈牙利通往中欧诸国。南线：由土库曼斯坦阿什哈巴德向南入伊朗，至马什哈德折向西，经德黑兰、大不里士入土耳其，过博斯鲁斯海峡，经保加利亚等国通往中欧、西欧及南欧诸国，同时还可经过土耳其埃斯基谢基尔南下中东及北非。连接着中国、东亚、中亚、西亚、中东、俄罗斯、东欧、中欧、南欧、西欧等地，占世界国家数22%；面积3970万平方公里，占世界陆域面积26.6%。

2. 新亚欧大陆桥的经济作用

首先，它使亚欧之间的货运距离比西伯利亚大陆桥缩短得更为显著，从日本、韩国至欧洲，通过新亚欧大陆桥，水陆全程仅为12 000公里，比经苏伊士河少8000多公里，比经巴拿马运河少11 000多公里，比绕道好望角少15 000多公里。

其次，它使东亚与中亚、西亚的货运距离大幅度缩短。日本神户、韩国釜山等港至中亚的哈萨克、乌兹别克、吉尔吉斯、塔吉克、土库曼5个国家和西亚的伊朗、阿富汗，通过西伯利亚大陆桥和新亚欧大陆桥，海上距离相近，陆上距离相差很大。例如，到达伊朗、德黑兰，走西伯利亚大陆桥，陆上距离达到13 322公里，走新亚欧大陆桥，陆上只有9977公里，两者相差3345公里；到达中亚的阿雷西，走西伯利亚大陆桥，陆上是8600公里，走新亚欧大陆桥，陆上距离只有5862公里，相差2774公里。

再次，由于运距的缩短，它在运输时间和运费上将比西伯利亚大陆桥又有所减少，更有利于同海运的竞争。

最后，新亚欧大陆桥有利于经济合作。在亚欧经贸合作中，新亚欧大陆桥具有重要作用。它的东西两端连接着太平洋与大西洋两大经济中心，基本上属于发达地区，但空间容量小，资源短缺；而其辽阔狭长的中间地带亦即亚欧腹地除少数国家外，基本上都属于欠发达地区，特别是中国中西部、中亚、西亚、中东、南亚地区，地域辽阔，交通不够便利，自然环境较差，但空间容量大，资源富集，开发前景好，开发潜力大，是人类社会赖以生存、发展的物华天宝之地。这里是世界上最重要的农牧业生产基地，粮、棉、油、马、羊产量在世界上占有重要地位。这里矿产资源有数百种，能源尤为富集，煤炭储量2万亿吨以上，石油储量约1500亿吨，天然气储量近7500亿立方英尺，堪称世界"能源之乡"。因此，新亚欧大陆桥通过区域，在经济上具有较强的相互依存性与优势互补性，蕴藏了非常好的互利合作前景。

3. 新亚欧大陆桥的发展前景

我们相信，横贯中国东、中、西部，东西双向开放的"钢铁国际走廊"的加速开发和开放将使它成为中国经济新的增长带，并将加速变成中国的国际性、开放型交通、经济走廊。为此，正在研究加快沿桥中国段的具体措施。这些措施包括：沿桥地带实行沿海地区的开放政策，根据需要可继续设立各种开发区和保税区；试办资源型开发区；按照高起点和国际接轨的要求，建立资源和资源加工型新型企业；促进沿线地区工业化和城市化；利用外资，试办中国西部农业合作开发区，营造亚欧农产品批发交易中心；根据交通枢纽、资源状况、地理位置，以中心城市为依托，在沿桥地区建立若干经济发展区，如以连云港为中心的国际经济贸易合作区，以徐州为中心的淮海经济区，以邯郸为中心的中原经济区，以西安为中心的关中经济区，以兰州为中心的西北经济区，以乌鲁木齐为中心的西部经济区等。并把乌鲁木齐建成中国西部的国际金融、商贸、工农业经济中心，促进中国西部与中亚市场的发育和繁荣。

第 4 章

仓储管理与库存管理

本章学习目标

1. 了解仓储的含义与作用。
2. 了解仓库的分类。
3. 掌握自有仓储与公共仓储的选择方法。
4. 掌握仓储规划布局的流程与方法。
5. 掌握 ABC 与 CVA 分类法的基本思想。
6. 掌握 EOQ 模型的计算方法。
7. 熟悉定量订货法与定期订货法的区别。

4.1 仓储管理概述

4.1.1 仓储及仓储管理的含义

仓储活动主要是指对仓库和仓库中储存的物资进行管理，通过改变物资的时间状态，来调节生产和消费之间的矛盾。过去，仓储活动被看成一个无附加价值的成本中心，而现在仓储活动不仅被看成形成附加价值过程中的一部分，而且被看成企业成功经营中的一个关键因素。仓库也被企业作为连接供应方和需求方的桥梁。从供应方的角度来看，作为流通中心的仓库从事有效率的流通加工、库存管理、运输和配送等活动。从需求方的角度来看，作为流通中心的仓库必须以最大的灵活性和及时性满足不同种类顾客的需要。因此，在物流系统中，仓储活动是一个不可或缺的构成要素。

仓储管理（Warehouse Management）就是对仓库及仓库内的物资进行的管理，是仓储机构为了充分利用其所具有的仓储资源提供高效的仓储服务所进行的计划、组织、控制和协调过程。具体来说，仓储管理包括仓储资源的获得、仓储商务管理、仓储流程管理、仓储作业管理、保管管理、安全管理多种管理工作及相关的操作。

4.1.2 仓储的作用

1．仓储的积极作用

（1）实现产品的时间价值。生产和消费在距离上、数量上和时间上都存在不同程度的不同步现象，因此在产品从生产领域进入消费领域的流通过程中，往往需要在流通领域中停留一段时间，以便供需之间达到平衡。

（2）提高产品的使用价值。通过消费地的存储，能够保证消费需求的及时供应，提高消费者的满意程度。还可以在仓储地，针对客户提出的个性要求，对物品进行加工，从而更大地提高物品的使用价值。

（3）保障生产顺利进行。仓库是物流过程中的"蓄水池"。仓储作为物品在生产过程中各间隔时间内的停滞，是保证生产正常进行的必要条件，它使上一步生产活动顺利进行到下一步生产活动，从而保证生产的顺利进行。

（4）降低物流成本。现在消费者需求的不确定性和个性化，很难实现运输上的规模效应，这使得物流过程中的运输成本大大增加，若将仓库作为存储及中转加工的节点，不仅能够实现运输的规模效应，还能实现产品整合，对市场做出及时反应。

2．仓储的消极作用

仓储除了具有以上重要作用以外，还需要注意到，物流的若干功能要素之间存在着效益背反现象。

（1）产品方面。存货量过大，导致产品积压。存货还有可能变质、损毁，严重的甚至完全丧失其价值及使用价值。同时，一旦错过有利的销售期，需要低价贱卖，造成跌价损失。

（2）成本方面。开展仓储要求企业有一定的资金投入，有可能导致支出增加，如仓库建设、仓库管理、仓库工作人员工资、福利、保险费等方面都需要支出大量的成本。仓储成本的增加，会导致整个物流系统成本的增加。

（3）机会损失。存货会占用大量资金和资金利息，如果用于投资其他项目可能会有更高的投资收益。

综上所述，仓储既有积极的一面也有消极的一面，只有注意到仓储作用的两面性，才能真正做到仓储的合理化。

4.1.3 仓储合理化的标志

仓储合理化是用最经济的手段实现仓储职能。仓储要满足市场的需求，实现被储存物品的"时间价值"，就必须有一定的存储量，但是，很多企业在进行仓储活动时往往只强调仓储职能的实现，所以，仓储合理化的实质应是以最少的投入保证仓储职能的实现。仓储合理化可以用以下几项指标衡量。

1．质量标志

该标志主要是指保证被储存物品的质量，如物品是否完好、无损坏。只有这样，商品的使用价值才能最终得以实现。所以，仓储合理化的标志中，首先是反映使用价值的质量。

2．数量标志

在保证功能实现的前提下，储存应有一个合理的数量范围。目前，运用科学的管理方法，已能在各种约束条件下，对合理的存储数量做出决策，但是较为实用的还是在消耗稳定、资源运输等可控的约束条件下，所形成的存储数量控制方法。

3．时间标志

该标志是在保证功能实现的前提下，寻求一个合理的储存时间。这是和数量有关的问题，储存量越大而消耗速率越慢，则储存的时间必然变长，反之则必然变短。应寻求一个合理的存储时间，经常会使用"周转速度"这个指标来反映时间标志，如库存周转次数、库存周转率等。

4．结构标志

根据被储存物品的不同品种、不同规格和不同花色的数量比例关系，对储存合理性进行判断，尤其是相关性很强的物品之间的比例关系，更能反映仓储的合理性。这些物品之间的相关性很强，只要有一种物品出现耗尽，即使其他物品仍有一定数量，也会无法投入使用。所以，结构不合理造成的影响并不局限在某一种物品本身，而是具有扩展性的。

5．分布标志

根据不同地区储存数量的比例关系，判断对当地需求的保障程度。

6．费用标志

根据仓储产生的仓租费、保管费、维护费、损失费、资金占用利息支出等相关费用，判断仓储活动是否合理。

4.2 仓库的分类与仓储类型的选择

4.2.1 仓库的分类

仓库（Warehouse）是保管、储存物品的建筑物和场所的总称。仓库按不同的标准可进行不同的分类，一个企业或部门可以根据自身的条件选择建设或租用不同类型的仓库。

1．按保管物品种类的多少分类

（1）综合库。用于存放多种不同属性物品的仓库。
（2）专业库。用于存放一种或某一大类物品的仓库。

2．按使用范围分类

（1）自用仓库。生产或流通企业为本企业经营需要而修建的附属仓库，完全用于储存本企业的原材料、燃料、产成品等货物。
（2）营业仓库。一些企业专门为了经营储运业务而修建的仓库。
（3）公用仓库。专门为社会服务的仓库。
（4）出口监管仓库。经海关批准，在海关监管下存放已按规定领取了出口货物许可证或批件，已对外买断结汇并向海关办完全部出口海关手续的货物的专用仓库。
（5）保税仓库。经海关批准，在海关监管下专供存放未办理关税手续而入境或过境货物的场所。

3．按建筑结构分类

（1）平房仓库。平房仓库的构造比较简单，建筑费用便宜，人工操作比较方便。
（2）楼房仓库。楼房仓库是指二层楼以上的仓库，可以减少土地占用面积，进出库作业可采用机械化或半机械化作业方式。
（3）高层货架仓库。在作业方面，高层货架仓库主要使用电子计算机控制，能实现机械化和自动化操作。
（4）罐式仓库。罐式仓库的构造特殊，呈球形或柱形，主要用来储存石油、天然气和液体化工品等。
（5）简易仓库。简易仓库的构造简单、造价低廉，一般是在仓库不足而又不能及时建库的情况下采用的临时代用办法，如一些固定或活动的简易货棚等。

4. 按保管条件分类

（1）普通仓库。用于存放无特殊保管要求物品的仓库。

（2）保温、冷藏、恒湿恒温库。用于存放要求保温、冷藏或恒湿恒温的物品的仓库。

（3）特种仓库。用于存放易燃、易爆、有毒、有腐蚀性或有辐射性的物品的仓库。

（4）气调仓库。用于存放要求控制库内氧气和二氧化碳浓度的物品的仓库。

5. 按库内形态分类

（1）地面型仓库。一般指单层地面库，多使用非货架型的保管设备。

（2）货架型仓库。采用多层货架保管的仓库，在货架上放着货物和托盘，货物和托盘可在货架上滑动。

（3）自动化立体仓库。出入库用运送机械存放取出，用堆垛机等设备进行自动化作业的高层货架仓库。

6. 按建筑结构分类

（1）封闭式仓库。这种仓库俗称"库房"，该结构的仓库封闭性强，便于对库存物进行维护保养，适宜存放保管条件要求比较高的物品。

（2）半封闭式仓库。这种仓库俗称"货棚"，其保管条件不如库房，但出入库作业比较方便，且建造成本较低，适宜存放那些对温湿度要求不高且出入库频繁的物品。

（3）露天式仓库。这种仓库俗称"货场"，其最大优点是装卸作业方便，适宜存放体积较大的货物。

7. 按功能分类

（1）集货中心。将零星货物集中成批量货物称为"集货"。集货中心可设在生产点数量很多，每个生产点产量有限的地区；只要这一地区某些产品的总产量达到一定水平，就可以设置这种有"集货"作用的物流据点。

（2）分货中心。将大批量运到的货物分成批量较小的货物称为"分货"。分货中心是主要从事分货工作的物流据点。企业可以采用大规模包装、集装货散装的方式将货物运到分货中心，然后按企业生产或销售的需要进行分装。利用分货中心可以降低运输费用。

（3）转运中心。转运中心的主要工作是承担货物在不同运输方式间的转运。转运中心可以进行两种运输方式的转运，也可进行多种运输方式的转运，在名称上有的称为卡车转运中心，有的称为火车转运中心，还有的称为综合转运中心。

（4）加工中心。加工中心的主要任务是进行流通加工。设置在供应地的加工中心主要进行以物流为主要目的的加工，设置在消费地的加工中心主要进行以实现销售、强化服务为目的的加工。

（5）储调中心。储调中心以储备物资为主要业务，其功能与传统仓库基本一致。

（6）配送中心。配送中心是从事配送业务的物流场所或组织。它基本符合下列要求：

主要为特定的用户服务；配送功能健全；完善的信息网络；辐射范围小；多品种、小批量；以配送为主、储存为辅。

（7）物流中心。物流中心是从事物流活动的场所或组织。它基本符合下列要求：主要面向社会服务；物流功能健全；完善的信息网络；辐射范围大；少品种、大批量；存储、吞吐能力强；统一经营管理物流业务。

4.2.2 仓储类型的选择

仓储活动的类型可分为自有仓储、公共仓储和第三方仓储。在进行仓储类型的选择时，需要综合考虑投资、成本、对仓储的控制力、灵活性等多种因素。

1．自有仓储与公共仓储的比较

企业选择自有仓储的运作方式，可以得到以下优势。
（1）更大程度地控制仓储。
（2）自有仓储的设计、布局及保管技术更加灵活。
（3）长期仓储时，自有仓储的成本更低。
（4）自有仓储可以为企业树立良好形象。
虽然自有仓储有很多优点，但其缺点也比较明显，表现如下。
（1）自有仓储局限性大。自有仓库固定的容量和成本使得企业的一部分资金被长期占用。另外，由于自有仓库还存在位置和结构的局限性，如果企业使用自有仓库，则会由于数量限制而失去优化选址的灵活性。
（2）自有仓储投资高。自有仓库的投资成本很高，所以许多企业因资金问题而难以修建自有仓库。自有仓库是一项长期、有风险的投资，并且转型难，可能难以出售。因此，投资建造自有仓库的决策要非常慎重。
公共仓储通常以租赁的形式为一般公众提供仓储服务，它具有以下优点。
（1）企业不用投资。任何一项资本投资都要在详细的可行性分析基础上进行，但利用公共仓储，可以避免资本投资和承担财务风险。使用公共仓储，企业只需支付租金即可得到仓储服务。
（2）可以应对高峰期大量额外的库存需求。大多数企业由于产品的季节性、促销活动或其他原因导致存货水平变化。利用公共仓储，没有仓库容量限制，所以可以满足企业不同时期对仓库空间的需求，尤其是库存高峰时大量的额外库存需求。
（3）可以避免管理上的难度。工人的培训和管理是所有仓库面临的一个重要问题。尤其是对产品需要特殊搬运或具有季节性的企业来说，很难维持一个有经验的仓库员工队伍，而使用公共仓储则可以避免这一困难。
（4）可以利用规模效益降低仓储成本。公共仓储会产生自有仓储难以达到的规模效益。由于公共仓储是为众多企业保管大量库存，因此与自有仓库相比，大大提高了仓库的利用率，降低了单位存储成本。公共仓储还可以促进零担运输向整车运输的转变。

（5）使企业经营活动更加灵活。如果企业自建仓库，当需要仓库的位置发生变化时，原来的仓库就变成了企业的负担，而公共仓库可以通过选择合适的仓储业主解决这个问题。

（6）便于掌握保管和搬运成本。当企业使用公共仓储时，由于可以得到仓储费用单据，所以可以清楚地掌握保管和搬运的成本，有助于企业预测和控制不同仓储水平的成本。相反，企业自己拥有仓库时，很难确定可变成本和固定成本的变化情况。

同时，与自有仓储一样，公共仓储也具有一些缺点，具体如下。

（1）增加包装成本。公共仓库中存储了不同类型的货物，各种不同性质的货物有可能互相影响，因此使用公共仓储时必须对货物进行保护性包装，从而增加了包装成本。

（2）对公共仓储中的存货难以控制。在控制库存方面，公共仓储将比自有仓储承担更大的风险。

2．自有仓储与公共仓储的选择

自有仓储与公共仓储各具优势与劣势，企业决策的依据是仓储的总成本最低。租赁公共仓储的成本只包含可变成本，而自有仓储结构中还有固定成本，两者的成本比较如图4-1所示。

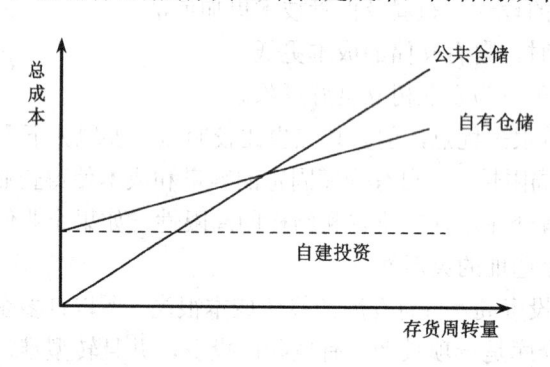

图 4-1　自有仓储与公共仓储的成本比较

一个企业是选择自有仓储还是公共仓储需要考虑以下因素。

（1）存货周转量。由于自有仓储存在固定成本，因此，存货周转量越高，对固定成本的分摊效果越好，这时自有仓储更经济；相反，当存货周转量相对较低时，选择公共仓储更为明智。

（2）需求的稳定性。仓储具有较稳定的周转量，这时自有仓储更为经济。

（3）市场密度。由于零担运输费率相对较高，经自有仓储拼箱后，整车装运的运费会大大降低，因此，如果市场密度较大或供应商相对集中，有利于修建自有仓储；反之，则公共仓储更经济。

3．第三方仓储

第三方仓储是第三方物流的形式之一，不同于一般的公共仓储。第三方仓储公司能够提供更专业、高效、经济的分销服务。企业若想得到高水平的仓储服务，则可利用第三方仓储，因为这种仓库的设计水平一般较高，而且符合特殊商品的高标准、专业化的保管及搬运要求。从本质上来说，第三方仓储表现为生产厂商和仓储企业之间的合作伙伴关系。正是由于这种伙伴关系，第三方仓储公司与传统仓储公司相比，能为更少的货主提供特殊的空间、人力、设备和服务。

4.3 仓库规划布局

仓库规划（Warehouse Layout）是指在仓库合理布局和正确选择库址的基础上，确定库区的总体设计方案、建设规模和储存保管技术等。合理的仓库规划对增强仓库利用率和发挥仓库的作用有着重要意义。仓库规划主要包括仓库数量的确定、仓库的布局、仓库选址、仓库规模的确定、库区规划与设计活动。

4.3.1 仓库数量的确定

仓库数量由成本、客户期望的服务水平、运输服务的水平、中转供货的比例、技术水平、单个仓库的规模因素决定。

1．成本

仓库数量对物流系统的各项成本有着重要影响，同时各项成本之间还存在着效益背反关系。随着仓库数量的增加，运输成本和失销成本会减少，而存货成本和仓储成本将增加，如图 4-2 所示。

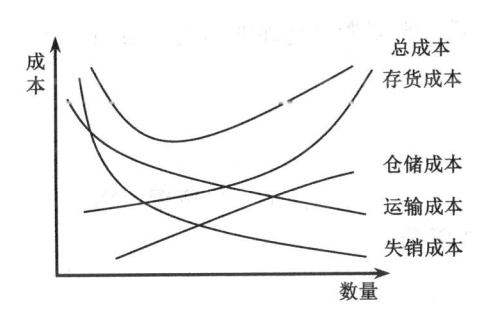

图 4-2 物流成本与仓库数量的关系

2．客户期望的服务水平

当企业的反应速度低于竞争对手时，销售量就会受到影响。如果客户在需要的时候不能买到产品，就会转投竞争对手，产生失销损失。所以，当客户对服务水平要求较高时，需要设置更多靠近客户的仓库网点，以此来及时满足客户需求。

3．运输服务的水平

如果需要快速的客户服务，就要选择快速的运输服务。如果不能提供合适的运输服务，就要增加仓库数量来满足客户对交货期的要求，但建设成本会增加。

4．中转供货的比例

如果中转供货的比例小，而直达供货的比例大，这个区域需要的仓库数量就会较少，而单个仓库的规模则会较大。

5．技术水平

计算机技术、立体库和自动分拣技术的应用可以改善仓库布局和设施、控制库存、处理订单，从而提高仓库资源的利用率和运作效率，使仓库网点规划中空间位置与数量之间的矛盾得以缓解，实现以较少的仓库满足现有用户需求的目标。物流系统的响应越及时，对仓库数量的需求就越少。

6．单个仓库的规模

仓库的规模是指仓库能容纳货物的最大数量和总容积，单个仓库的规模越大，其单位投资就越低，而且可以采用处理大规模货物的设备，因此单位仓储成本也会降低。所以，从仓库规模来看，当单个仓库的规模大且自动化运用程度高的时候，仓库数量可以少一些；反之，则应增加数量以弥补业务能力的不足。

4.3.2　仓库的布局

确定仓库的数量之后，需要考虑仓库的布局。布局方式具体可分为辐射型、吸收型、聚集型和扇形布局四种类型。

1．辐射型布局

辐射型布局是指仓库位于许多用户的中央位置，物品由仓库向用户运送，适合用户相对集中的区域，如图4-3所示。

2．吸收型布局

吸收型布局是指仓库位于许多货主的居中位置，货物从各货主向此中心运送。仓库相当于集货中心，作用是有效地将各个货主的货物向此仓库集中，降低物流成本，如图4-4所示。

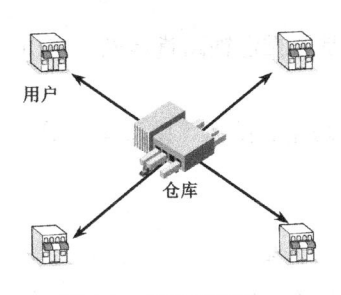

图 4-3　辐射型布局　　　　　　　　图 4-4　吸收型布局

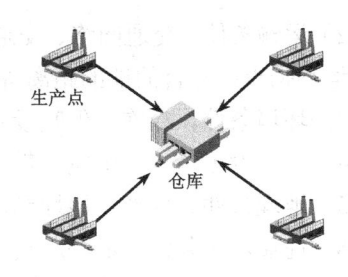

3．聚集型布局

这种布局的中心是用户，四周是仓库。用户周围分布的仓库群能够有效地保障对用户的物资供应，如图 4-5 所示。

4．扇形布局

扇形布局是指产品从仓库向同一方向运输，形成单向辐射。一般来说，辐射方向与运输干线的运输方向一致，仓库一般位于运输干线的末端，如图 4-6 所示。

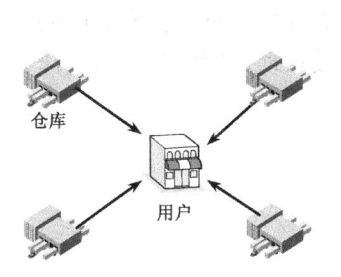

图 4-5　聚集型布局　　　　　　　　图 4-6　扇形布局

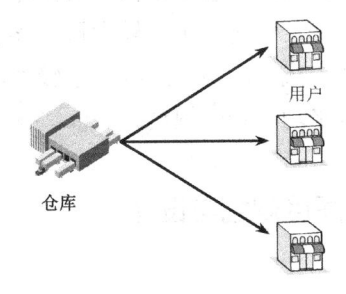

4.3.3　仓库选址

仓库选址是指在一个具有若干供应点及若干需求点的经济区域内，选择一个地址设置仓库的过程。仓库选址需要考虑以下因素。

1．地区方面

（1）自然条件。温度、湿度、气候等。
（2）经济条件。经济发展状况、基础设施、已形成的物流格局等。
（3）社会因素。政策、法律制度、文化等。

2．地点方面

（1）服务对象。客户目前的分布情况、未来的分布情况、货物作业量等。

67

（2）运输条件。交通网络、交通基础设施，是否靠近铁路货运站、港口和公共卡车终点站等运输据点；与目的地的距离等。

（3）环境条件。冷冻、保暖设置、防辐射、防尘、防风、防湿条件等。

（4）公共设施条件。供电、供水设施等。

（5）地理条件。场形、地址等。

（6）地质水文条件。地基承载力、地下水、滑坡等。

（7）成本。工厂至仓库的运输费、仓库到客户的配送费；设施、土地有关的费用及人工费、业务费等。

4.3.4 仓库规模的确定

仓库规模是指仓库建筑的总容积，根据产品产量和仓库库存周转率，可以估算出库存数量，由库存需求对仓库规模进行估算。

影响仓库规模的因素较多，主要包括物资本身的性质、形状、重量，以及仓库地坪负荷量、堆码方法、仓库结构、机械化程度、所使用的物料搬运系统、使用的货架类型、客户服务水平、市场大小、最大日库存量、仓库日吞吐任务量、供应提前期、规模经济及需求水平和模式等。由于影响因素较多，且计算比较烦琐，所以多采用统计分析方法，求出一个综合平均的仓库规模。

4.3.5 库区规划与设计

库区规划与设计是根据库区场地条件、仓库的业务性质和规模、储存物品的特性和仓储技术条件等因素，对仓库的主要建筑物、辅助建筑物、构筑物、货场、站台等固定设施和库内运输路线所进行的总体规划和设计，目的是最大限度地提高仓库储存能力和作业能力，降低各项仓储作业费用，充分发挥仓库在物流系统中的作用。

1. 库区规划的原则

（1）方便仓库作业和物品的储存安全。

（2）最大限度地利用仓库面积，减少用地。

（3）防止重复装卸搬运、迂回运输，避免交通阻塞。

（4）有利于充分利用仓库设施和机械设备。

（5）符合安全保卫和消防工作的要求。

（6）结合仓库当前需要和长远规划，要利于将来仓库的扩建和改造等。

2. 仓库的区域划分

仓库的区域一般可以划分为生产作业区和辅助作业区。

（1）生产作业区，是仓库的主体，是用以储存、检验、装卸物资的场所，包括仓库、货场、货棚、站台、磅房、检察室和铁路公路等。

（2）辅助作业区，包括两部分：一是为物资的储存保管业务进行生产服务的设施，如车库、配电室、油库、材料库、维修车间、包装站等；二是为仓库提供生活服务和业务管理的设施，如食堂、宿舍、文化娱乐场所及办公楼，如图 4-7 所示。

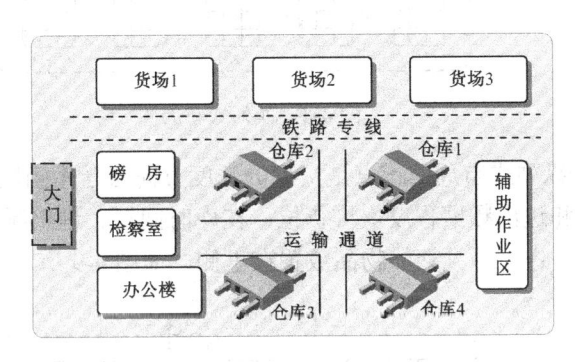

图 4-7 库内区域划分

另外，在仓库中需要设置作业通道，作业通道的设置应方便货物入库和出库作业，还要与各种机械设备相配合，方便装卸搬运。一般而言，作业通道应沿仓库的长边布置，其位置通常位于仓库宽度的中间或 1/3 处，专用线和道路交叉口不得少于两个。为了方便装卸作业，装卸机械的设置一般要跨过专用线。除此之外，固定式的装卸作业机械应尽可能地覆盖作业面积。库区内作业通道的规划还必须与库房、货场和其他作业场地相互适应，减少各环节之间的重复装卸搬运，避免库内迂回运输，避免作业过程中的相互干扰。

3．分区分类规划

由于不同物资所需要的保管条件不同，因此必须根据物资的品种、数量和性质设计相应的库房和货场。分区分类规划的主要方法如下：

（1）将种类和性质相同的货物集中存放；

（2）将发往地区相同的货物集中存放；

（3）将危险性质相同的货物集中存放；

（4）将同一货主的货物集中存放；

（5）将作业性质相似的货物集中存放。

4．货位布置方式

货位布置是为了提高仓库平面和空间利用率，以及确保物品保管质量，方便进出库作业，从而降低物品的仓储处置成本。货位布置方式一般分为横列式、纵列式、混合式、倾斜式四种类型。

（1）横列式。横列式布局的特点是货架的长度方向与仓库的侧墙互相垂直，主通道长且宽，副通道短，整齐美观，便于存取盘点，而且有利于通风和采光，如图 4-8 所示。

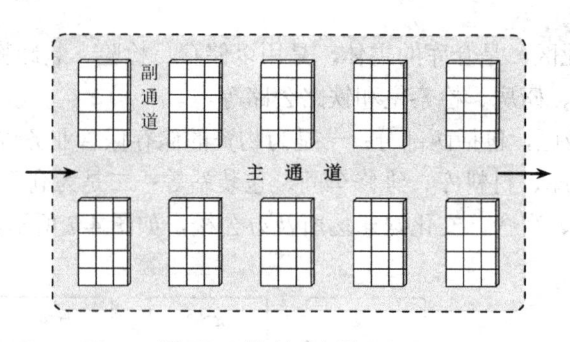

图 4-8　横列式布局

（2）纵列式。纵列式布局的特点是货架的长度方向与仓库侧墙平行，可以根据库存物品在库时间的不同和进出频繁程度安排货位：在库时间短、进出频繁的物品放置在主通道两侧；在库时间长、进出不频繁的物品放置在里侧，如图 4-9 所示。

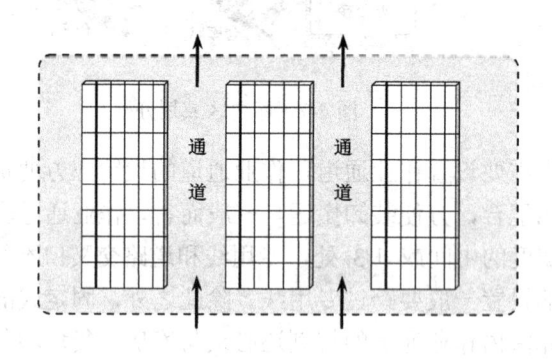

图 4-9　纵列式布局

（3）混合式。混合式布局是横列式布局和纵列式布局的结合，可以综合利用两种布局的优点，如图 4-10 所示。

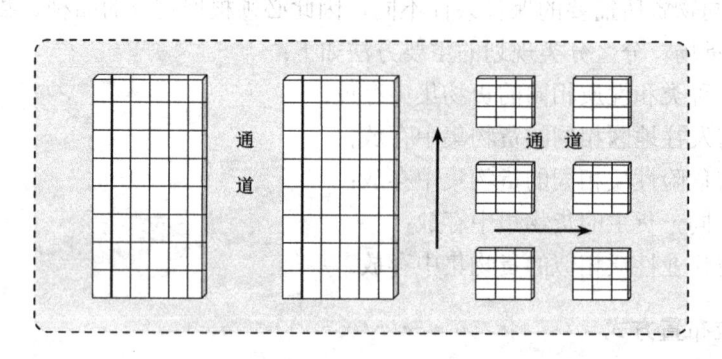

图 4-10　混合式布局

（4）倾斜式。对于一般的门式和桥式起重机，上述三种布局作业都比较方便，但使用叉车作业时，因叉车占用作业面积较大，因而就相应地缩小了仓储面积。采用倾斜式布局对叉车作业较为有利。所谓倾斜式布局，是指货架的长边与主作业通道形成非垂直或平行的布置方式。倾斜式布局分为货架倾斜式布局和通道倾斜式布局两种，如图 4-11 及图 4-12 所示。

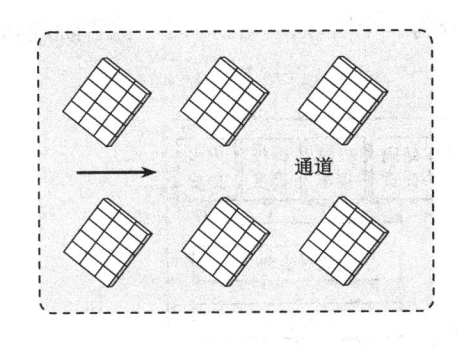

图 4-11　货架倾斜式布局　　　　图 4-12　通道倾斜式布局

5．货位编号

货位编号是根据不同库房条件、货物类别做出统一编号，以便"标志明显易找，编排循规有序"。

（1）货场货位编号的方法。

① 按照货位的排列编成排号，再在排号内顺序编号。

② 不编排号，只采取从左至右和自前至后的方法顺序编号。

（2）货架货位编号的方法。

① 以排为单位的货架货位编号。

② 以品种为单位的货架编号。

③ 以货物编号代替货架货位编号。

（3）四号定位。四号定位是将库房、货架、层数、货位号四者按规律编号，并和账面统一起来的规划方法。四号定位用在货场上、料棚中，可用货区号、点号、排号、位号定位。

4.4　仓储作业流程

仓储作业管理是仓储管理一个非常重要的内容，是完成仓库物资储存、入库、出库和流通加工等不可缺少的手段。仓库作业流程可以分为物资流通过程和信息流通过程，是一个系统，是由各个环节、作业单位协调配合、共同完成的。

1．物资流通过程

物资流通过程主要包括接运、验收、入库、保管、保养、出库、配送等环节。它是货物从库外流向库内，经过合理的停留后再流向库外的过程。

2．信息流通过程

信息流通过程是指物资的单据、凭证、报表、详细货物描述和物资状态等相关信息，随着货物在仓库作业各阶段进行的传递。

在整个仓储作业中，基本作业流程可以分为三个阶段：入库阶段、保管阶段和出库阶段，如图 4-13 所示。

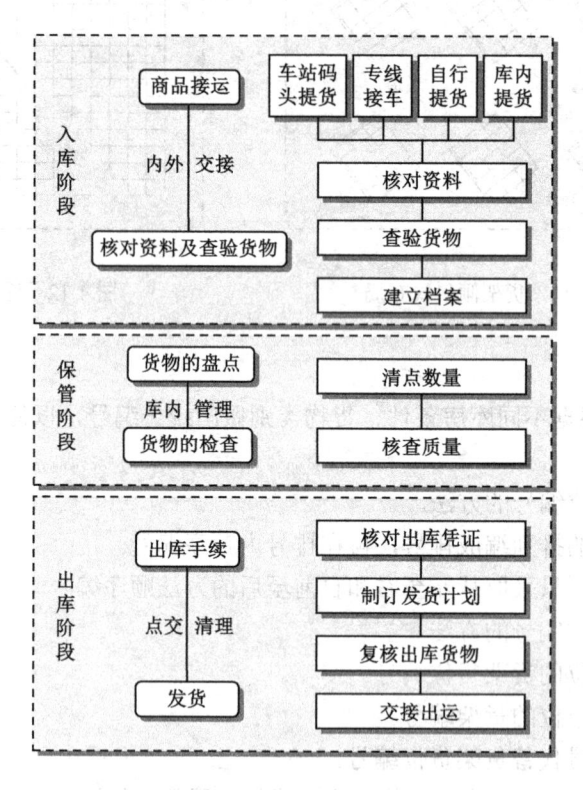

图 4-13　仓储作业流程

4.4.1　入库阶段

商品入库是仓储业务的第一阶段，是指商品进入仓库储存时所进行的商品接收、卸货、搬运、清点数量、检查质量和办理入库手续等一系列活动的总称。商品入库管理包括商品接运、商品验收和建立货物档案等活动。其基本要求是：保证入库商品数量准确，质量符合要求，包装完整无损，手续完备清楚，入库迅速。

1. 商品接运

商品接运是指仓库对于通过铁路、水运、公路、航空等方式运达的商品，进行接收和提取的工作。接运的主要任务是准确、齐备、安全地提取和接受商品，为入库验收和检查做准备。接运的方式主要有车站码头提货、铁路专线接车、自行提货和库内提货。

2. 核对资料及查验货物

（1）核对资料。主要根据合同、发票、运单、货物清单、质量证明、产品说明等货物随附单据，确认供货商、运输商和入库商品品种、规格质量等信息。只有单据齐全方可接货。

（2）查验货物。针对入库商品进行数量和质量的检验。数量检验是商品运抵仓库后，收货人员需要根据入库单清点商品数量，一般计量分为计数和计重两种；质量检验是鉴定商品的质量指标是否符合规定，可以采取全验和抽验两种方式，分为感官鉴定和理化鉴定两种方法。

（3）建立档案。货物档案是物资与所有供应商、运输商有关的单据、凭证和产品说明的集合，便于日后货物的查询、转移、出库及办理其他相关手续。

4.4.2 保管阶段

1. 货物的盘点

盘点是对在库储存的全部货物数量分别进行清点。

2. 货物的检查

库存商品的品种繁多，收发频繁，在作业时有可能突发碰撞、磨损等情况，导致货物质量出现问题，同时货物储存时间越长，质变的可能性就越大。此外，储存环境和保管条件也可能是导致货物产生物理、化学或生物变化的原因。因此，仓库必须通过不定期或定期的检查来监督仓库中储存货物的状态。

3. 仓储保管的原则

（1）周转率为基础原则。将存货按周转率分为若干段，同属于一段中的货品列为同一级，指定存储区域给每一级货品，周转率越高应离出入口越近。

（2）产品相关性原则。将相关性大的货品存放在一起，这样可以缩短提取路程，简化清点工作。

（3）产品同一性原则。把同一货品存放在同一保管位置，这样作业人员对于货品保管位置能简单熟知，节省搬运时间。

（4）产品互补性原则。将互补性高的货品存放于邻近位置，以便缺货时可迅速用另一品项替代。

（5）产品相容性原则。相容性低的产品不可放置在一起，以免损害品质。

（6）产品尺寸原则。在仓库布置时，需要考虑物品单位大小，以及由于相同的一群物品所造成的整批形状，以便能用适当的空间满足某一特定要求。

（7）重量特性原则。按照物品重量不同来决定物品存放的高低位置。

（8）产品特性原则。在考虑自身的存储特性以外，还需考虑不能影响其他物品。

（9）先进先出原则。对于易变质、易破损、易腐败的物品应尽可能按先进先出的原则放置,以加快周转速度。

4.4.3 出库阶段

货物出库是仓库根据业务部门或存货单位开出的出库凭证,如出库单、调拨单等,按照所列的商品明细组织商品出库的一系列工作。

1. 核对出库凭证

根据出库单上记录的货物编号、规格、数量等信息,将货物备好,并对零星商品进行组配和包装。

2. 制订发货计划

与收货单位确认时间、出库方式、装卸搬运的机力和人员安排。货物出库的方式常见的有用户自提、代办托运、送货上门、过户、转仓和取样等。

3. 复核出库货物

在外运或交货时,必须核对无误后完成交货手续和实际交货工作,防止差错事故发生。

4. 交接出运

按照发货计划,与收货或接运部门办理各项手续,并更新仓库内记录,完成出货。

4.5 库存管理概述

4.5.1 库存及库存管理的含义

库存(Inventory)是指以支持生产、维护、操作和客户服务为目的而存储的各种物料和产品,包括原材料和在制品、维修件和生产消耗品、成品和备件等。

库存管理(Inventory Management)是指根据外界对库存的要求,以及企业订购的特点,预测、计划和执行一种补充库存的行为,并对这种行为进行控制,重点在于确定如何订货、订购多少、何时订货等问题。库存管理的目的是在满足客户服务要求和企业生产运作正常的前提下,通过对企业的库存水平进行控制,力求尽可能降低库存水平,提高物流系统的效率,以强化企业的竞争力。

库存管理与仓储管理的区别主要在于:仓储管理主要是针对仓库或库房的布置,物料运输和搬运及存储自动化等的管理；而库存管理的对象是库存项目，即企业中的所有物料，包括原材料、零部件、在制品、半成品及产品，以及辅助物料。库存管理的主要功能是在供需之间建立缓冲区，达到缓和客户需求与企业生产能力之间、最终装配需求与零配件之间、零件加工工序之间、生产厂家需求与原材料供应商之间的矛盾。

4.5.2 库存物资的分类

1．按库存物资用途分类

（1）原材料库存。企业通过采购或其他方式取得的用于制造产品并构成产品实体的物品，以及辅助材料、外购半成品、修理用备件、包装材料、燃料等，用来支持企业内制造和装配过程的库存。

（2）在制品库存。原料或零件经过一定的生产过程已被处理成半成品，但尚未成为成品，还需要做进一步处理的产品库存。

（3）产成品库存。由于未知的市场需求而以成品形式存在的库存。

（4）维护/维修/作业用品库存。用于维护或维修设备而储存的配件、零件及材料库存。

（5）包装和低值易耗品库存。为制成品准备的包装容器，不作为固定资产的资料储备形成的库存。

2．按库存物资状态分类

（1）静态库存。长期或暂时处于储存状态的库存。

（2）动态库存。处于运输或制造过程中的库存。

3．从经营过程的角度分类

（1）周转库存。企业在正常的经营环境下，为满足日常需要而建立的库存。当这种库存降低到某一水平时（订货点）就需要进行订货来补充库存，这种库存补充是按一定的规则反复进行的。

（2）安全库存。为了应对不确定因素（如大量突发性订货、交货期突然延期等）而准备的缓冲库存。

（3）生产加工和运输过程的库存。处于生产加工状态或处于运输状态的库存。

（4）季节性库存。为了满足季节中出现的特定需要而建立的库存，或者对季节性生产的原材料在生产的季节大量收购所建立的库存。

（5）促销库存。为了对应企业的促销活动产生的预期销售增加而建立的库存。

（6）投机库存。为了避免因价格上涨造成损失或为了从商品价格上涨中获利而建立的库存。

（7）积压库存。因物品品质变坏而不再有效用的库存，或者因没有市场销路而卖不出去的库存。

4.5.3 库存成本的构成

库存成本是指存储在仓库里的货物所需的成本，包括订货成本、库存持有成本、缺货成本、补货成本、进货成本等。

1．订货成本

订货成本与发出订单活动和收货活动有关，包括评判要价、谈判、准备订单、通信、收货检查等。订货成本一般与订货次数有关，而与每次的订货量无关。订货次数越多，总订货成本越高。当在一定期间内，总需求量不变时，单位时间内的平均订货成本与订货批量成反比。

2．库存持有成本

库存持有成本是指为保管货物所花费的全部费用，与被保管物资的数量的多少和保管时间的长短有关。被保管的物资数量越多、时间越长，库存持有成本就越高。也就是说，一次订货量太高，不仅会导致库存量增加，还将导致库存持有成本的增加。

3．缺货成本

由缺货导致的缺货损失就是缺货成本。当客户来买货时，仓库因为没有该货物而丧失了销售时机，同时也丧失了盈利的机会；如果延误合同的期限，轻则产生违约金，重则失去客户，从而失去市场竞争力。缺货成本与缺货量有直接关系，同时也可能与缺货次数和缺货时间相关。

4．补货成本

当客户有货物需求时，仓库虽然没有现货，但可以马上进货，以最快的速度补货给用户，并不丧失销售机会。这种情况，只有在客户不是急需货物的情况下才有可能实现，但是为了实现快速补货，往往产生高价进货、给客户的招待费、回扣费等补货费用。在具体情况下，补货成本与补货量有关，并有可能与补货次数和补货时间有关。例如，在该商品短缺的季节，仓库为了满足客户的订单需求，在存量不足的情况下，就会产生高额的补货成本。

5．进货成本

进货成本是指进货途中为进货所花费的全部费用，包括运费、延时费、装卸费等。当订货的数量和地点确定后，进货成本不会随着进货批量的变化而变化。通常把这种和订货批量无关的成本称为固定成本，而与订货批量相关的成本称为可变成本。

通常情况下，缺货和补货是相互排斥的，发生缺货时一般不会发生补货；发生补货时就不会发生缺货。具体可以将总费用归纳为四种类型：不允许缺货的情况下，会发生订货费、保管费、进货费；缺货的情况下，会发生订货费、进货费；不缺货的情况下会发生保管费，缺货期间会发生缺货费；补货情况下会发生订货费、进货费，在不补货期间会发生保管费，在补货期间会发生补货费。在一个很长的时间段内，根据市场和存货现状，有时实行缺货，有时实行补货，或者这次实行缺货，下次实行补货，此时以上五种费用都有可能发生。

4.6 库存管理的主要方法

4.6.1 ABC 分类法

1．ABC 分类法概述

ABC 分类法（ABC Classification）又称帕累托分析法，俗称"20/80"原则。它是根据事物在技术或经济方面的主要特征，进行分类排队，分清重点和一般，从而有区别地确定管理方式的一种分析方法。ABC 分类法的核心思想是在决定一个事物的众多因素中分清主次，识别出少数的但对事物起决定作用的关键因素和多数的但对事物影响较小的次要因素。由于它把被分析的对象分成 A、B、C 三类，所以称为 ABC 分析法。

2．ABC 分类法在库存管理中的应用

将 ABC 分类法应用于库存管理领域，就是将存货按品种和占用资金的多少分为三类。

（1）A 类代表特别重要的库存。其品种可能只占总数的 10%，价值却占到总数的 70% 左右。

（2）B 类代表一般的库存。其品种占总数的 20% 左右，价值占总数的 20% 左右。

（3）C 类代表不重要的库存。其品种占总数的 70% 左右，但价值只占总数的 10% 左右。上述三类存货的比例关系如图 4-14 所示。

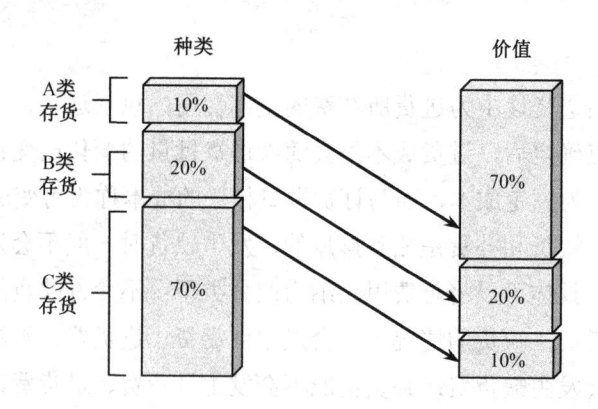

图 4-14 ABC 分类法原理

除按价值分类外,还可以根据销售难易程度、缺货产生的后果(重要性)等因素进行 ABC 分类,或者综合几种因素进行分类,总之要符合库存管理的目标和仓库本身的具体情况。

分类完成之后,需要针对不同等级分别进行管理和控制。例如,A 类存货的管理应该非常严格,应将其存放在更安全的地方,而且为了确保记录准确,应经常进行盘点检查;而对于 C 类存货则可以制定安全库存水平,进行一般管理,订货批量也较大,年终进行盘点;B 类存货的管理介于两者之间。

3. 实施 ABC 分类法应注意的问题

(1) 分类标准根据管理对象的不同而不同,它直接影响 ABC 分类法的最终结果。至于采用单一指标还是综合指标,应根据对管理对象进行分类的目的和实际情况,进行仔细调查研究后确定,这样才能求得三类物资的合理比例数。

(2) ABC 分类法适用的范围极为广泛,应用也较灵活,因此对分类结果需根据实际情况进行核查和协调平衡,以便做出必要的调整。

4.6.2 CVA 法

虽然 ABC 分类法简单易行,为库存控制提供了方便,但 ABC 分类法也有不足之处,因为某些 C 类物资往往得不到应有的重视。例如,一家工厂可能会把螺钉列为 C 类物资,但缺少一个螺钉往往会导致整个生产的停工。因此,有些企业引入了关键因素分析法(Critical Value Analysis,CVA)来管理库存,CVA 的基本思想是把存货按照其关键程度分为三类到五类。

(1) 最高优先级。这类物资是经营的关键性物资,不允许缺货。

(2) 较高优先级。这类物资是经营活动中的基础物资,只允许偶尔缺货。

(3) 中等优先级。这类物资多属于比较重要的物资,允许合理范围内缺货。

（4）较低优先级。这类物资经营中需要，但可替代性高，允许缺货。

CVA 法与 ABC 分类法相比有更强的目的性，但使用中应注意，人们往往倾向于制定较高的优先级，使得高优先级的物资越来越多，最终导致没有主次之分。

4.6.3　EOQ 模型

1. EOQ 模型概述

订货批量是企业的一个重要决策，一般情况下，每次订货的批量越大，在价格上得到的优惠越多，同时因采购次数减少，采购成本相对能节省一些，但一次进货数量过大，容易造成积压，从而占压资金，多支付银行利息和仓储保管费用。如果每次采购的数量过小，在价格上得不到优惠，因采购次数的增多而加大采购费用的支出，而且运输费用也随着次数的增加而增加，并且要承担因供应不及时而造成停产待料的风险，这就是效益背反的一种体现，如图 4-15 所示。

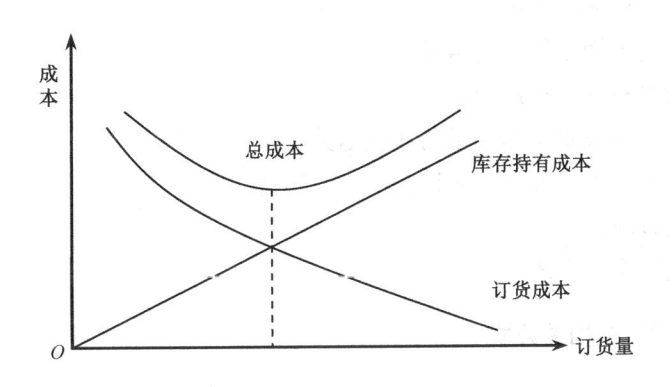

图 4-15　订货量与订货成本及库存持有成本的关系

经济订货批量模型（Economic Order Quantity，EOQ），又称整批间隔进货模型，是固定订货批量模型的一种，可以用来确定企业一次订货（外购或自制）的数量。当企业按照经济订货批量来订货时，可实现订货成本和库存持有成本之和最小化。

该模型适用于整批间隔进货、不允许缺货的存储问题，即假设某种物资单位时间的需求量为常数 D，存储量以单位时间消耗数量 D 的速度逐渐下降，经过时间 T 后，存储量下降到零，此时开始订货并随即到货，库存量由零上升为最高库存量 Q，然后开始下一个存储周期，形成多周期存储模型，如图 4-16 所示。

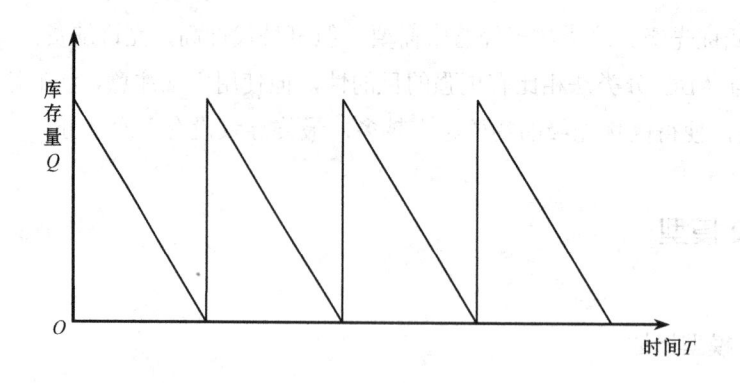

图 4-16 周期存储模型

2. EOQ 模型的假设条件

EOQ 模型是简单、理想状态的一种，需要满足如下假设条件。

（1）需求率已知，为常量，年需求量以 D 表示，单位时间需求率以 d 表示。

（2）一次订货量无最大最小限制。

（3）采购、运输均无价格折扣。

（4）订货提前期已知，为常量。

（5）订货费与订货批量无关。

（6）库存持有成本是库存量的线性函数。

（7）补充率为无限大，全部订货一次性交付。

（8）不允许缺货。

（9）采用固定量系统。

3. EOQ 模型的相关公式

（1）总库存成本。订货批量 Q 依据 EOQ 模型来确定，即总成本最小情况下的每次订货批量。年总库存成本的计算公式为

$$TC = \frac{DP}{Q} + \frac{QC}{2} \tag{4-1}$$

式中，TC 是年总库存成本；D 为年需求总量；P 为每次的订货成本，单位为元/次；C 为单位物资年库存持有成本，单位为元/年；Q 为每次的订货量。

（2）EOQ 计算公式。经济订货批量是使库存总成本达到最低的订货数量，是通过平衡订货成本和保管成本两方面得到的。其计算公式为

$$EOQ = \sqrt{\frac{2DP}{C}} \tag{4-2}$$

4.6.4 定量订货法

1．定量订货法含义

定量订货法（Fixed-Quantity System）是指当库存量下降到预定的订货点（Re-Order Point，ROP）时，按规定数量（一般以 EOQ 为标准）进行订货补充的一种库存控制方法。

2．定量订货法的基本原理

定量订货法是当库存量下降到订货点 R 时，即按预先确定的订购量 Q 发出订货单，经过提前期 LT，库存下降为零，而这时正好到货。即：

$$R=LT \times D/365 \tag{4-3}$$

但在实际工作中，常常会遇到供货延迟等现象，提前期因某些原因而延长，这时必须设置安全库存 S 作为缓冲，这时订货点为：

$$R=LT \times D/365+S \tag{4-4}$$

式中，D 表示年需求量，S 表示安全库存量。

库存量下降到安全库存量 S 时，收到订货 Q，库存水平上升。

定量订货法主要靠控制订货点 R 和订货批量 Q 两个参数来控制订货，达到既很好地满足库存需求，又能使总费用最低的目的。在需求为固定、均匀和订货提前期不变的条件下比较适用。

4.6.5 定期订货法

1．定期订货法含义

定期订货法（Fixed-Time System，Fixed Order Interval System）是按预先确定的订货时间间隔进行订货补充的库存管理方法。

2．定期订货法的基本原理

在这种方式下，企业根据过去的经验或经营目标，预先确定一个订货间隔期，每经过一个订货间隔期就检查库存项目的储备量，然后根据盘点结果与预定的目标库存水平的差额确定每次订购批量，每次的订货量都有可能不同。定期订货法下，订货的计算公式如下：

$$订货量=最高库存量-现有库存量-在途量+客户延迟购买$$

由于定期订货法订货间隔期固定，所以不需要对存货进行经常性的检查和盘点，而且由于多种货物可以同时进行采购，可以降低订货成本，还能实现运输上的规模效应。但也正是因为不经常检查和盘点存货,所以对库存的信息不能及时掌握,有可能出现缺货损失。

3. 定量订货法与定期订货法的比较

(1)提出订购请求时点的标准不同。定量订货法提出订购请求的时点标准是,当库存量下降到预定的订货点时,即提出订购请求;而定期订货法提出订购请求的时点标准则是,按预先规定的订货间隔周期,到了该订货的时点即提出请求订购。

(2)请求订购的商品批量不同。定量订货法每次订购商品的批量相同,都是事先确定的经济批量;而定期订货法每到规定的请求订购期,订购的商品批量都不相同,可根据库存的实际情况计算后确定。

(3)库存商品管理控制的程度不同。定期订货法要求仓库作业人员对库存商品进行严格控制和精心管理,经常检查、详细记录、认真盘点;而用定量订货法时,对库存商品只需要进行一般的管理、简单的记录,不需要经常检查和盘点。

(4)适用的商品范围不同。定量订货法适用于品种数量少、平均占用资金大、需重点管理的 A 类商品;而定期订货法适用于品种数量大、平均占用资金少、只需一般管理的 B 类、C 类商品。

本章小结

仓储是通过仓库对货物进行储存和保管,可以起到提高产品价格、降低物流成本的作用,若管理不善,也可能造成很多消极结果。公共仓储和自有仓储各有自己的优缺点,在选择时需要考虑货物周转量、需求稳定性、市场密度等因素。仓库的规划布局是仓储管理中的重要工作,主要包括仓库数量的确定、仓库的布局、仓库选址、仓库规模的确定、库区规划与设计活动。库存管理的方法很多,ABC 分类法是对货物进行分类,并对重点物资进行重点管理的一种方法,是简单易行的一种方法,CVA 法是对 ABC 分类法的一种补充。订货量的决策可以用 EOQ 模型解决,在确定订货时机时有定量订货法和定期订货法两种方法可以选择。

复习思考题

一、名词解释

1. 仓储 2. 仓储管理 3. 转运中心
4. 仓储规划 5. 倾斜式布局 6. 综合吨
7. ABC 分类法 8. 定量订货法 9. 定期订货法

二、选择题

1. EOQ法，是指（　　）两者之和最低时的订货量。
   A．订货成本与库存持有成本　　　　B．订货成本与运输成本
   C．进货费用与采购费用　　　　　　D．运输费用和保管费用

2. 自有仓储的优点包括（　　）。
   A．更大程度地控制库存　　　　　　B．为企业树立良好的形象
   C．投资低　　　　　　　　　　　　D．设计、布局及保管技术更加灵活

3. 公共仓储的优点包括（　　）。
   A．可以避免管理上的难度　　　　　B．使企业经营活动更加灵活
   C．企业不用投资　　　　　　　　　D．更大程度地控制仓储

4. 随着仓储数量的增加，下列（　　）成本会上升。
   A．运输成本　　B．仓储成本　　C．存货成本　　D．失销成本

5. 以下（　　）属于出库阶段的工作。
   A．核对出库凭证　B．制订发货计划　C．建立档案　D．复核出库货物

三、判断题

1. 短期存储时，自有仓储更合算。（　　）
2. 公共仓储更有利于掌握仓储成本。（　　）
3. 客户要求的服务水平较高时，仓库的数量有可能增加。（　　）
4. 仓库位于许多用户的中央位置，物品由仓库向用户运送的布局方式为吸收型布局。（　　）
5. 相容性原则是指将互补性高的货品存放于邻近位置，以便缺货时可迅速以为一品项替代。（　　）

四、计算题

某工厂生产需要A物资，其年需求量为365吨，需求率为常数（每天1吨）。设物资的价格为500元/吨，年单位物资库存持有成本为物资成本的20%，每次订货需订购费20元，试用EOQ公式计算每次的最佳订货数量和所需费用及订货周期。

五、简答题

1. 仓储的积极作用与消极作用都有哪些？
2. 在进行自有仓储与公共仓储的选择时需要考虑哪些因素？
3. 仓库数量的确定需要考虑哪些因素？
4. 仓库的布局分为几种类型？分别适用于什么情况？
5. 库区规划包括哪些工作？
6. 仓储业务的受理有几种方式？

7. 仓储业务的流程是什么？
8. ABC 分类法与 CVA 法的基本思想是什么？
9. EOQ 模型的基本思想是什么？它是如何计算的？
10. 定量订货法与定期订货法如何确定订货量？两者有什么区别？分别适用于什么情况？

课后案例

联邦快递的选址决策

联邦快递公司的创立者、总裁弗莱德·史密斯先生在大学期间曾经写过一篇论文，建议在小件包裹运输上采纳"轴心概念"，可是这篇论文只得了个 C。但是，他后来的实践证明"轴心概念"的确能为小件包裹运输提供一个独一无二的、有效的、辐射状配送系统，而且他选择了田纳西州的孟菲斯作为公司运输的中央轴心所在地。

首先，孟菲斯为联邦快递公司提供了一个不拥挤、快捷畅通的机场，它坐落在美国中部地区，气候条件优越，机场很少关闭。正是由于摆脱了气候对飞行的限制，联邦快递的竞争潜力才得以充分发挥。成功的选址也许对其安全纪录有着重大贡献。

除了星期天，每天晚上联邦快递公司的飞机将世界各地的包裹运往孟菲斯，然后运往联邦快递公司没有直接国际航班的各大城市。虽然这个中央轴心的位置只能容纳少量的飞机，但它们能够为之服务的航空网点要比传统的 A 城到 D 城的航空系统多很多。另外，这种轴心安排使得联邦快递公司每天晚上飞机航次与包裹量一致，并且可以应航线容量的要求而随时改道飞行，这就节省了一笔巨大的费用。另外，联邦快递公司相信，中央轴心系统也有助于减少运输上的误导或延误，因为从起点开始，包裹在整个运输过程都有一个总体控制。

世界上许多事情是很难做到绝对精确的，选址问题也不例外。由于选址决策涉及许多因素，加之一些因素又是相互矛盾的，造成了选址决策的困难。同一个地区相同类型的企业，它们之间也有经营得好的和经营得不好的。对一个特定的企业来说，其最优选址应取决于该企业的类型。工业选址决策主要是为了追求成本最小化；而零售业或专业服务性组织机构一般都追求收益最大化；至于仓库选址，可能要综合考虑成本及运输速度的问题。总之，选址战略的目标是使厂址选择能给工厂带来最大化的收益。

第 5 章

配送与配送中心管理

本章学习目标

1. 了解配送的含义、作用及特点。
2. 掌握配送的基本环节,熟悉配送的工作流程。
3. 熟悉配送的不同组织形式。
4. 掌握共同配送的优势和形式。
5. 熟悉配送中心的概念与分类。
6. 了解配送中心的内部布局及功能。
7. 掌握配送中心的一般作业流程与特殊作业流程。
8. 掌握分拣的基本原理及分拣方式。
9. 掌握配送中心的设置方法。
10. 了解物流中心、物流园区的特点及它们与配送中心的区别。

5.1 配送概述

5.1.1 配送的含义

配送(Distribution)是指在经济合理区域范围内,根据客户要求,对物品进行拣选、加工、包装、分割、组配等作业,并按时送达指定地点的物流活动。

配送的实质就物流系统末端的活动。从物流的角度看,配送并非单一的业务形式,配送与商流、物流、资金流紧密结合,并且主要包括了商流活动、物流活动和资金流活动。从物流来讲,配送几乎包括了所有的物流功能要素,是物流的一个缩影或在某小范围中物流全部活动的体现。一般的配送集装卸、包装、保管、运输于一身，通过这一系列活动完成。配送的特点可以概括为以下几个方面。

（1）配送是高水平的送货形式。配送是一种送货活动，但和一般送货又有不同。一般送货是一种偶然的行为，而配送是一种有固定的形态，有确定的组织、确定的渠道，有一套装备和管理力量、技术力量，有一套制度的体制形式。

（2）配送是一种货物的中转形式。配送是从物流节点至客户的一种特殊送货形式。其特殊性表现为：从事送货的是专职流通企业，而不是生产企业；配送是中转型送货，而一般送货尤其从工厂至客户的送货往往是直达型。

（3）配送是"配"与"送"的有机结合。配送利用有效的分拣、配货，使送货达到一定的规模，利用规模效应取得较低的送货成本，分拣配货是配送中最独特的功能。

（4）配送以客户要求为出发点。配送是从客户利益出发、按客户要求进行的一种活动，配送企业的地位是服务地位而不是主导地位，因此不能从本企业利益出发而应从客户利益出发，在满足客户利益基础上取得本企业的利益。

（5）配送是以"最合理的方式"进行的送货。客户要求受客户本身的局限，有时会损失自我或双方的利益，从时间和成本的关系出发，应选择最合理的运输工具和运输路线，不能过分强调客户的需求，而应本着共同受益的商业原则，以最合理的方式进行配送。

5.1.2 配送的作用

配送与运输、仓储、装卸搬运、流通加工、包装和物流信息一起构成了物流系统的功能体系，并突出表现为以下几个方面的作用。

（1）有利于实现物流活动的社会化与合理化。配送不仅能促进物流的专业化、社会化发展，还能以其特有的运动形态和优势调整流通结构，促使物流活动向"规模经济"发展。从组织形态上看，它是以集中的、完善的送货取代分散性、单一性的送货。从资源配置上看，则是以专业组织的集中库存代替社会上的零散库存，衔接了产需关系，打破了流通分割和封锁的格局，很好地满足了社会化大生产的发展需要，有利于实现物流社会化和合理化。

（2）完善了运输及整个物流系统。配送环节处于支线运输，灵活性、适应性、服务性都比较强，能将支线运输与小搬运统一起来，使运输过程得以优化和完善。

（3）提高了物流末端的经济效益。采取配送方式，通过增大经济批量来达到经济地进货。配送采取将各种商品配齐集中起来向客户发货和将多个客户小批量商品集中在一起进行发货等方式，以提高末端物流的经济效益。

（4）通过集中库存降低库存水平。实现了高水平配送之后，尤其是采取准时制（Just In Time，JIT）配送方式之后，生产企业可以完全依靠配送中心的 JIT 配送而不需要保持自己的库存，或者只需保持少量的安全库存，降低了企业的库存水平，解决了库存占用资金的问题，从而改善企业的财务状况。

（5）简化事务性工作，方便客户。采用配送方式，客户只需要从配送中心一处订购就能达到向多处采购的目的，只需组织对一个配送单位的接货便可替代现有的高频率接货，因而大大减轻了客户的工作量和负担，也节省了订货、接货等一系列费用开支。

5.1.3 配送与运输的区别

配送与运输虽同属于物资的流动过程，但是二者也有区别，主要表现在以下几点。

1．运输路线方面

配送是支线运输、区域内运输、末端运输；而运输则属于干线运输。

2．货物性质方面

配送所运送的货物品种多、批量小；而运输则正好相反。

3．运输工具方面

配送时所使用的是小型货车，一般不超过 2 吨的载重量；而运输一般使用的是大型货车或铁路运输、水路运输等重吨位运输工具。

4．管理重点方面

配送始终以客户服务优先；而运输更注重运输效率，以效率优先。

5．附属功能方面

配送的附属功能较多，包括装卸、保管、包装、分拣、流通加工、订单处理等；而运输则只有装卸和送货。

配送与运输的区别如表 5-1 所示。

表 5-1 配送与运输的区别

比较项目	配　送	运　输
运输路线	从物流节点到终端客户，支线运输	从工厂仓库到物流节点，干线运输
货物性质	小批量、多品种	大批量、少品种
运输距离	距离短	距离长
管理重点	服务质量	运输效率
附属功能	功能广泛	功能单一
运输工具	小型货车	大型货车

5.2 配送的流程

5.2.1 配送的基本环节

配送是货物的"集散"过程，这一过程可以分为集中、分类和散发三个步骤，是将集货、分拣、配货、配装、加工和运送等多项职能综合在一起。总体来讲，可以将配送划分为备货、理货和送货三个最基本环节，其中每个环节又包含若干项具体活动。

1. 备货

备货是指准备货物的过程，是配送的首要环节。严格来说，备货包括两项具体活动，即货物筹集和货物存储。

2. 理货

理货是配送区别于一般送货的重要标志。理货包括货物分拣、配货、配装、加工及包装等活动。

3. 送货

送货是配送的最后一个环节，是备货和理货工序的延伸。在物流活动中，送货实际上就是货物的运输。在送货过程中，常常要进行配送方式、配送路线和配送工具的选择。

5.2.2 配送的工作流程

1. 制订和下达配送计划

配送是一种物流业务的组织形式，商流是其制订配送计划的主要依据，商流即订货，它提出了何时、何地、向何处送货的要求。配送则据此安排运力，规划配送路线，分配各配送点的品种与运量等。

配送计划确定后，需要将到货时间、到货的品种、规格、数量通知配送点和客户，使配送点按计划发货，客户按计划做好接货准备。

2. 确定物资需要量

各配送点按配送计划确定物资的库存数量，对数量、种类不符合要求的物资及时组织补充进货。

3. 配送点下达配送任务

配送点向仓储部门、分货包装部门、运输部门及财务部门下达配送指令，各部门按指令分别完成配送准备。

4. 配货发运

理货部门，包括仓储部门和分货包装部门，按要求将各客户所需的各种货物进行分货及配货，然后进行适当的包装并详细标明客户名称、地址、配送时间、货物明细等，按计划将各客户货物组合、装车，然后将发货明细表交给司机或随车送货人。

5. 送达

车辆按计划规定的路线和时间将货物运达客户，并由客户在回执上签字。

6. 结算

配送完成后，通知财务部门结算。

5.3 配送的组织形式

5.3.1 按服务的对象分类

1. 企业内部配送

企业内部配送是在大型企业内部进行配送，仅进行统一采购、集中库存。

2. 企业对企业的配送

企业对企业的配送发生在两个完全独立的企业之间或发生在企业集团内的企业之间，属于供应链系统中企业之间的配送。

3. 企业对消费者的配送

由于消费者是一个经常变换的群体，而且消费者的需求是不断变化的，所以这是难度较大的一种配送，供方必须采取一定的措施，锁定一部分消费者。

5.3.2 按配送物资种类及数量分类

1. 少品种、大批量配送

这种配送的特点是货物品种单一或较少,但每种物品的配送量大。由于品种较少,单独一个品种或几个品种就可达到较大输送量,可以实行整车运输。这样的商品往往不需要再与其他商品混合搭配,可由专业性很强的配送中心实行配送。配送中心内部的组织工作也较简单,因此配送成本一般较低。

2. 多品种、小批量配送

这种配送的特点是品种多,且每种物资的配送量不大,配送作业难度大,技术要求高,使用设备复杂,配送中心内部必须有严格的作业标准和管理制度。这种配送方式在所有配送形式中是高水平、高技术的表现。

3. 配套、成套配送

这种配送是按企业生产需要,尤其是装配型企业生产需要,将生产每件产品所需的全部零部件配齐,按照生产节奏,定时送达生产企业,生产企业收货后可以立即将成套的零部件送入生产线装配产品。这种配送方式下,配送企业承担了生产企业的大部分供应工作,使生产企业专注于生产。

5.3.3 按时间和数量分类

1. 定时配送

按客户要求的时间间隔进行配送,每次配送的品种和数量可按计划执行,也可在配送之前确定,这种配送对供需双方来讲,比较容易制定配送及接货计划。但是,如果要求配送数量变化较大,也会使配送运力安排出现困难。

2. 定量配送

按客户规定的批量在一个指定的时间范围内进行配送。由于时间没有严格限定,配送中心可以将不同客户所需物品凑齐整车后配送,提高车辆满载率,节省运力。定量配送适用于对库存控制不十分严格、有一定仓储能力的企业。对客户来讲,每次接货都处理同等数量的货物,对接货工作也比较方便。

3. 定时、定量配送

按客户规定的配送时间和配送数量配送，这种方式兼有定时配送和定量配送的特点，管理难度较大，配送计划不容易制定，具有特殊性。

4. 定时、定路线配送

在规定的运行路线上制定配送时间表，按时间表进行配送，客户可按规定路线站点及规定时间提出配送要求。采用这种方式有利于计划安排车辆及驾驶人员。在配送客户较多的地区，也可免去过分复杂的配送要求所造成的配送组织工作及车辆安排的困难。

5. 即时配送

完全按客户要求的时间和数量进行配送。即时配送可以满足客户的临时性急需，由配送中心按照需要即时配送给客户，它对时间和配送速度的要求相当高，必须有较强的组织能力和应变能力。这种配送方式主要应对客户由于事故、灾害、生产计划的突然变化等因素所产生的突发需求，是一种水平较高的配送方式。

5.4 共同配送

5.4.1 共同配送的定义

共同配送（Common Delivery）也称共享第三方物流服务，指多个客户联合起来共同由一个第三方物流服务公司来提供配送服务，或是由多个企业联合组织实施的配送活动，它是在配送中心的统一计划、统一调度下展开的。共同配送的本质是通过作业活动的规模化降低作业成本，提高物流资源的利用效率。共同配送是指企业采取多种方式，进行横向联合、集约协调、求同存异及资源共享。

5.4.2 共同配送的组织形式

1. 同产业间的横向共同配送

这种形式是指处于相同产业的企业为了提高物流效率，通过配送中心集中运输货物的一种方式。其具体做法有两种形式：一种是在企业各自分散拥有运输工具和配送中心的情况下，视货物量的多少，采取委托或受托的形式开展共同配送，也即将本企业配送数量较少的商品委托给其他企业来运输，而本企业配送数量较多的商品，则在接受其他企业委托运输的基础上实行统一配送，这样企业间相互提高了配送效率。另一种形式是完全的统一化，即在开展共同配送前，企业间就在包装及货运规格方面完全实现统一，然后共同建立配送中心，共同购买运输工具，由共同的配送中心统一进行货物的运输。

2．不同产业间的横向共同配送

这种形式是指将不同产业企业的产品集中起来，通过配送中心向客户输送。与同产业间的横向共同配送不同，不同产业间的横向共同配送的商品范围比较广泛，属于多产业结合型的配送。

3．纵向共同配送

这是指在物资流通渠道中，不同阶段企业共同开展的一种配送形式。

5.4.3 共同配送的优势

共同配送在一些发达国家已经非常普遍，共同配送的指导思想是：可以将共同的货物或商品集中在一起，一方面提高装载率；另一方面可以减少在途车辆，缓解运输对社会所产生的不良影响。其优势具体表现为以下几个方面。

1．对货主而言

一家企业很难应对零售客户多频度、小单位配送的要求，利用共同配送能在提高物流效率、减少运费、减少物流人力成本的同时，进行小批量、多频次的配送。

2．对配送服务提供者而言

由于中小型物流企业较多，在资金、人才、组织方面实力较弱，共同配送能提高企业资金利用率，促进这些企业向大型化和网络化发展，提高车辆的融通效果和装载率。

3．对社会而言

共同配送对于减少交错运输及在途车辆有良好的效果，它对缓解交通状况、减少环境污染有重要作用。

5.4.4 实施共同配送的障碍

共同配送虽然在成本降低、资源利用率方面有很多优势，但是，在具体实施过程中也会遇到一些困难。首先，各企业经营的商品不同，有日用百货、食品、酒类饮料、药品、服装乃至厨房用品、卫生洁具等，林林总总，不一而足。不同的商品特点不同，对配送的要求也不一样，共同配送存在一定的难度。其次，各企业的规模、商圈、客户、经营意识等方面也存在差距,往往很难协调一致。另外在费用的分摊、保护商业机密等方面也会有一定的困难。

5.5 配送中心管理

5.5.1 配送中心的含义

配送中心(Distribution Center,DC)是从事配送业务的物流场所或组织。它应基本符合以下要求:主要为特定的客户服务;配送功能健全;完善的信息网络;辐射范围小;多品种、小批量;以配送为主、储存为辅。

配送中心是物流系统中的重要节点,它的设立是为了更好地实现配送活动。配送中心除了实现配送职能以外,还将订货、储存、分拣、理货、包装、信息收集等多种职能归于一体。

5.5.2 配送中心的分类

1. 按配送区域的范围分类

(1)城市配送中心(City Distribution Center,CDC)。这种配送中心以城市范围为配送范围,由于城市范围一般处于汽车运输的经济里程之内,所以一般采用汽运方式,且可以直接配送到最终客户。这种配送中心往往和零售经营相结合,由于运距短、反应能力强,因此从事多品种、少批量、多客户的配送较有优势。

(2)区域配送中心(Regional Distribution Center,RDC)。这种配送中心有较强的辐射能力和库存储备,它向省(直辖市)、全国乃至国际范围内的客户进行配送,配送规模较大,而且往往是先配送给下一级的城市配送中心,有时也配送给商店、批发商和企业客户,虽然也从事零星的配送,但不是它的主体形式。

2. 按照配送中心的内部特性分类

(1)储存型配送中心。储存型配送中心是具有很强的储存能力的配送中心。一般来讲,在买方市场下,企业成品销售需要有较大的库存支持;在卖方市场下,企业原材料、零部件供应也需要有较大的库存支持;另外,辐射范围较大的配送中心,需要有较高的库存量,它也可能是储存型配送中心。

(2)流通型配送中心。这种配送中心基本上没有长期储存功能,仅以暂存或随进随出的方式进行配货和送货。在运作过程中,大量货物整进,并按一定批量零出,采用大型分拣机,进货时直接进入分拣机传送带,分送到各客户货位或直接分送到车辆上,货物在配送中心停留时间很短。

（3）加工配送中心。这种配送中心根据客户的需要或市场竞争的需要，对物资进行加工之后再进行配送。在配送中心内，有分装、包装、加工、集中下料、组装产品等加工活动。

3．按配送的专业程度划分

（1）专业型配送中心。专业型配送中心有两种：第一种是配送对象、配送技术属于某一专业范畴，综合这一专业的多种物资进行配送，如多数制造业的配送中心；第二种是以配送为专业职能，基本不从事销售等经营活动的服务型配送中心。

（2）综合型配送中心。综合型配送中心是与专业型配送中心相对的配送中心类型，它不向固定化、专业化方向发展，业务种类随时变化，适应性强，没有固定的供需关系。

4．按运营主体分类

（1）以生产企业为主体的配送中心（Distribution Center Built by Maker，MDC）。这种配送中心以工厂为主体，其特点是环节少、成本低。但对零售商来说，因为从这里配送的产品只局限于一个厂商的商品，所以难以满足销售的需要，是一种社会化程度较低的配送中心。

（2）以批发商为主体的配送中心（Distribution Center Built by Wholesaler，WDC）。批发商通过配送中心把多个厂商的商品集中起来，作为批发商的主体商品。这些商品以单一品种或搭配向零售商进行配送。这种形式虽然多了一道环节，但一次送货，品种多样，对于没有独立销售渠道的工厂或本身不能备齐各种商品的零售商，是一种有效的办法。

（3）以零售商为主体的配送中心（Distribution Center built by Retailer，ReDC）。一般是指大型零售商或集团联合企业所设立的配送中心。从批发部进货或从工厂直接进货的商品，经过零售商自有的配送中心，再向自己的零售网点送货。为保证商品不脱销，零售店必须有一定的"内仓"存放商品，配送中心可以及时不断地向商店各部门送货，不仅有利于减轻商店内仓的压力，节约内仓占用的面积，而且有利于库存集中在配送中心，减少商店的库存总量。

（4）以物流企业为主体的配送中心（Distribution Center Built by TPL，TDC）。这种配送中心是为批发商服务的综合性物流中心。批发企业可以将大部分的商品存储在当地物流企业的配送中心里，配送中心越过批发企业自己的仓库，直接向零售店进行配送。与批发企业各自建立配送中心相比，TDC 的特点是物流设施的利用率高，成本低，服务范围广。

5．其他分类

根据配送货物的属性，配送中心可以分为食品配送中心、日用品配送中心、医药品配送中心、化妆品配送中心、家用电器配送中心、电子产品配送中心、图书出版物配送中心、服装配送中心、汽车零件配送中心和生鲜食品配送中心等。

5.5.3 配送中心的内部布局

配送中心内部区域按其功能不同可划分为收货区、储存区、理货区、配装区、发货区、加工区、信息处理中心几部分。其中，用到的设施设备包括货架、分拣设备、运输设备、包装设备、装卸搬运设备、容器、流通加工设备、仓储设备等。配送中心的内部布局如图 5-1 所示。

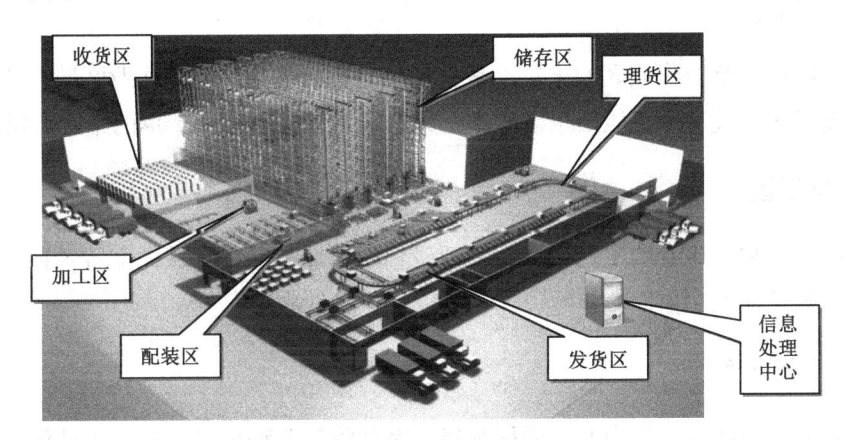

图 5-1　配送中心的内部布局

1．收货区

在此区域内，工作人员需完成接货、入库、验货、分拣等工作。货物在收货区停留时间不长，并且处于流动状态，通常占用面积都不算太大。用到的主要设施有验货用的计算机、验货场和装卸设备。

2．储存区

经过检验的货物有时需要储存一段时间。储存区又可分为暂时储存区和专用储存区。专用储存区配置有货架、叉车和吊车等起重设备。储存区一般设在靠近收货区的地方，也有的设在加工区的后面，储存区的占用面积通常较大。

3．理货区

理货区是分拣和配货的场所，是影响配送中心整体运作效率及效益的重要作业区域。理货区的面积随配送品种的多少和批量大小而异。一般来说，向多家客户配送多种商品，按照少批量、多批次方式配送商品的配送中心，其理货区的占地面积较大；反之，分拣和配送任务不太大的配送中心，其理货区的面积则相对较小。根据分拣方式的不同，理货区的设备也会有所不同。

4. 配装区

在理货区分拣和配备好的货物，需要集中在某一场所等待统一发运，这种放置和处理待发送货物的场地就是配装区。在这一区域，工作人员根据每个客户的位置、订货数量进行分放、配车等工作。一般来讲，货物在配装区内停留的时间较短，所以配装区占用的面积不大，相对储存区要小很多。

5. 发货区

发货区位于整个作业区的末端，是将配好的货物装车外运的作业区域。从布局和结构上看，发货区和进货区类似，也由运输货物的线路和接靠载货车辆的站台、场地等组成。

6. 加工区

有些从事加工作业的配送中心，需要设置配送加工区。区域内配备各种加工设备，对物品进行各种加工，如拆整化零、定量备货、定时供应等。

7. 信息处理中心

信息处理中心是配送中心的中枢神经，对外收集各种信息，如门店销售、订货、供应商信息；对内负责协调指挥各种活动，对人员和设备进行调度。

5.5.4 配送中心的功能

现代配送中心的功能与传统仓库有很大不同，一般的仓库只侧重于实现商品的储存保管功能，而配送中心的功能相对更多，除了商品储存保管以外，还有商品销售、分拣配送、流通加工及信息处理等功能。

1. 集散功能

集散是配送中心两端的活动，配送中心将分散在各个生产商的产品集中到一起，然后经过处理后向多家客户发运。同时，配送中心可以把各个客户所需要的货物组合在一起，形成经济批量，提高车辆的满载率，降低物流成本。

2. 衔接功能

将各种物品运送到客户手中，这是配送中心衔接功能的表现，配送中心可以起到连接生产和消费的作用。另外，配送中心又起到平衡供求的作用，有效地解决季节性货物的供需不平衡问题。

3．商品销售功能

直销商可利用配送中心，配合各种媒体广告进行商品行销。这种商品行销方式可以大大降低购买价格，因此广受消费者喜爱。

4．仓储保管功能

商品的交易达成之后，除了采用直配直送的批发商之外，均需要将商品经入库、保管、流通加工、包装后出库。另外，不同商品的特性不同，生产和订货的前置时间不同，安全库存的数量也不同。为了防止缺货，在配送中心一般都设有仓储保管区。

5．分拣配送功能

配送中心是为了满足多品种、小批量的客户需求而发展起来的，所以分拣配送是一项重要功能，配送中心必须根据客户的要求进行分拣配货作业，并以最快的速度在指定时间内配送给客户。

6．流通加工功能

配送中心的流通加工包含商品分类、拆箱改包装、产品组合、贴标签等作业，这些作业对提升配送中心的服务水平有很大帮助。

7．信息管理功能

配送中心除了具有行销、配送、流通加工、储存保管等功能外，还能为配送中心本身及上下游企业提供各式各样的信息。例如，哪个客户订多少商品，哪种商品畅销，都可以借助信息系统进行分析，而且可以将这些信息提供给上游的制造商及下游的零售商当作经营决策的参考。

8．其他功能

除了以上主要功能外，一些发达国家的配送中心为了适应当地市场的需求特点，还发展了其他专项功能。例如，有些配送中心还具有商检、展示、交易和库存控制等功能。

5.5.5 配送中心的作业流程

1．配送中心的一般作业流程

配送中心的一般作业流程包括进货、储存、分拣、配货、配装、送货等活动，除此之外，作业流程中还有装卸搬运、包装等物流活动。这种流程适合干货产品，如日用消费品、小型家用电器及电子产品、图书出版物等，这类产品往往体积不大，而且有确定的包装，因此易于混装。

（1）进货。配送中心首先需要采购所要配送的商品，才能及时准确无误地为其客户供应物资。进货包括寻找货源、订货、集货、接货、相关的质量检查、款项结算、单据交接等工作。

（2）储存。货物的储存是按照客户要求并依据配送计划将采购到的货物进行检验，然后分门别类地储存在相应的设施或场所中，以备分拣和配货。配送中心常配备一定数量的商品，一是为了解决季节性货物生产计划与销售季节性的时间差问题；二是为了解决生产与消费之间的不平衡问题。配送中心不仅应保持一定量的商品储备，还要进行商品保养工作，以保证储备商品的数量，确保质量完好。储存包括运输、卸货、验收、入库、保管、出库等作业活动，其作业过程依据产品性质、形状不同而异。进货和储存共同构成了集货，也就是将分散的或小批量的货物进行集中。

（3）分拣。分拣是将物品按品种、出入库先后顺序进行分门别类堆放的作业。分拣是配送不同于其他物流形式的功能要素。配送中心面对的客户需求差别较大，为了同时向不同客户配送多种货物，配送中心需按照配送计划对货物进行拣选和分类。

（4）配货。配货是使用各种拣选设备和传输装置，将存放的物品按客户要求挑选出来，配备齐全，经过配货检查，运到发货准备区，待装车后发送。

（5）配装。配装是集中不同客户的配送货物，目的是在单个客户配送数量不能达到车辆的有效运载负荷时，进行搭配以充分利用运力。

（6）送货。要圆满地实现运到之货的移交，并有效、方便地处理相关手续并完成结算，还应讲究卸货地点、卸货方式等。

（7）加工。为解决生产中大批量、少品种和消费中的小批量、多品种需求的矛盾，需要在配送中心按照用户对货物的不同要求对商品进行分装、加工等活动。

（8）信息处理。信息处理包括接受订单、制定配送计划、货物的跟踪等活动，它为管理者提出更加准确、及时的配送信息，也是客户与配送中心联系的渠道。

配送中心的一般作业流程如图5-2所示。

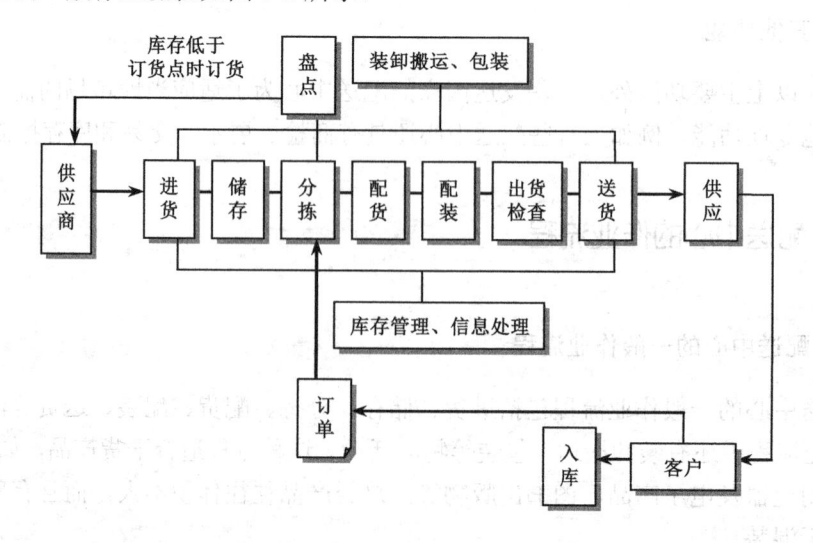

图5-2 配送中心的一般作业流程

根据图 5-2 所示，配送中心的一般作业流程可简述为：当配送中心收到客户订单后，首先将订单按其性质进行处理，然后根据处理后的订单信息，从仓库中取出客户所需货品。拣货完成，一旦发现拣货区剩的存货量过低时，则由储存区进行补货作业。当储存区的存货量低于规定标准时，便向供应商采购订货。从仓库拣选出的货品经过配货等工作后即可准备发货，等到一切发货准备就绪，司机便可将货品装在车上，向客户进行送货。另外，在所有作业过程中必然还有装卸搬运、包装等作业。

2．配送中心的特殊作业流程

实际上，由于某些商品的处理具有特殊性，因此在配送中心的一般作业流程基础上，又存在配送中心的特殊作业流程。

（1）无储存功能的配送中心作业流程。有的配送中心专以配送为职能，而将储存场所设置在配送中心之外的其他地点，配送中心只进行暂存。这种类型的配送中心，没有集中储存的仓库，占地面积比较小，可以省却仓库和货架的投资。至于补货，可以采取外包的形式，也可以自建补货中心，实际上等于在若干配送中心基础上，又共同设置一个更大规模的集中储存型的补货中心进行补货。其作业流程如图 5-3 所示。

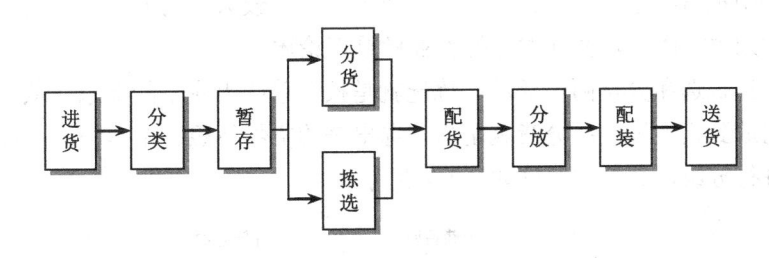

进货 → 分类 → 暂存 → 分货/拣选 → 配货 → 分放 → 配装 → 送货

图 5-3　无储存功能的配送中心作业流程

（2）带加工功能的配送中心作业流程。加工配送中心多以加工产品为主，因此在配送作业流程中，储存和加工作业居主导地位。

这种配送中心流程的特点是进货批量大、品种单一，因此分类的工作不多或基本上无须分类存放。储存后一般是按客户要求进行加工。因此，加工后产品直接按客户分放、配货。所以，这种类型配送中心有时不单设分货、配货或拣选环节；配送中心中加工部分及加工后分放部分占较多位置。其工作流程如图 5-4 所示。

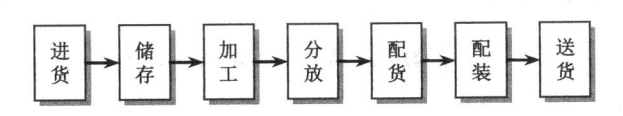

进货 → 储存 → 加工 → 分放 → 配货 → 配装 → 送货

图 5-4　带加工功能的配送中心作业流程

（3）批量转换型配送中心的作业流程。这种配送中心流程的特点是批量大、品种较单一，转换成小批量发货式的配送中心。这种配送中心流程十分简单，基本上没有分类、拣选、分货、配货、配装等工序。由于是大量进货，所以储存能力较强，储存及分装是主要工序。其工作流程如图 5-5 所示。

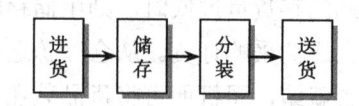

进货 → 储存 → 分装 → 送货

图 5-5 批量转换型配送中心的作业流程

5.5.6 配送中心分拣作业

1. 分拣的基本原理

作为物流据点的配送中心，其服务对象为数众多，客户的性质、经营规模都不一样，在订货或进货的时候，不同客户需要的货物种类、数量也存在很大的差别，所以要先进行分拣。所谓分拣就是将客户所订的货物从保管处取出，按客户分类集中、处理放置。分拣是配送中心中最有特色的功能，也是成本所占比例比较大的功能，分拣的效率决定了配送中心的运营效率，因此，在此对分拣作业做重点论述。

分拣包括拣选和分货两项活动，拣选就是按订单或出库单的要求，从储存场所选出物品，并把它放到指定地点；分货就是将拣选出来的货物按照每个客户的地址、配送路线和运输车辆进行分组，其基本原理如图 5-6 所示。

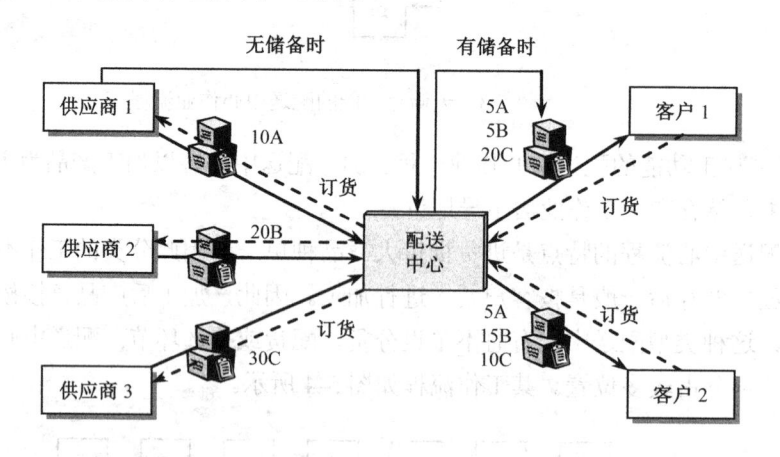

图 5-6 配送中心分拣的基本原理

2. 分拣方式

（1）按单拣选。也叫摘果式拣选，即按订单进行拣选，拣选完一个订单后，再拣选下一个订单。

（2）批量拣选。也叫播种式拣选，即将数张订单加以合并，一次性进行拣选，最后根据各个订单的要求再进行分货。

（3）单独拣选。也叫一人一件式拣选，即每个拣选员持一张取货单进入拣选区拣选货物，直至将取货单中的内容完成为止。

（4）分区式拣选。也叫接力式拣选，即将拣选区分为若干区，由若干名作业者分别操作，每个拣选员只负责本区货物的拣选。携带一张订单的拣选车或周转箱依次在各区巡回。各区拣选员按订单的要求拣选本区存放的货物，一个区域拣选完移至下一区域，直至将订单中所列货物全部拣选完。

（5）人至货前拣选。即人到储存区寻找并取出所需要的货物。

（6）货至人前拣选。即将货物通过传送带移动到人或拣选机旁，由人或拣选机拣选出所需的货物。

（7）自动拣选。即分拣工作由自动机械负责，电子信息输入后自动完成拣选作业，无须人手介入。自动拣选设备有 A 型拣选系统、旋转仓储系统、立体自动仓储系统等多种类型。

3．拣选信息

拣选信息的主要作用是指示拣货的进行。常见拣选信息如下。

（1）传票。传票拣选是最原始的拣选方式，直接利用客户的订单或公司的交货单作为拣选指示。

（2）拣选单。拣选单一般根据货位的拣货顺序进行打印，拣选员根据拣选单的顺序拣货；拣货时将货品放入搬运器具内，同时在拣选单上做记号，然后执行下一货位的拣货。

（3）拣选标签。接单之后经过电脑处理，依据货位的拣货顺序排列打印拣选标签，订购几箱货品标签就打印几张，标签张数与订购数一样，拣选员根据拣选标签上的顺序拣货。拣货时将货品贴上标签之后放入拣货容器内，标签贴完也就代表该项货品已经拣选完成。

（4）电子标签。电子标签是在每个货位安装数字显示器，利用电脑的控制将订单信息传输到数字显示器，拣选员根据数字显示器所显示的数字拣货，拣完货之后按确认按钮即完成拣货工作。

（5）RF 辅助拣选。RF 是拣选员和电脑的界面，让电脑负责繁杂的拣选顺序规划与记忆，以减少拣选员寻找货品的时间。

5.5.7 配送中心的设置方法

配送中心的设置方法很多，最常见的方法是依据配送中心辐射的范围大小，设置多级配送中心、两级配送中心或一级配送中心。

1. 多级配送中心

多级配送中心的设置适合于客户分布广泛而资源又相对集中的地区。这种方式先设置中央配送中心，中央配送中心所在地就是资源所在地或到货地，由中央配送中心面向大地域范围或全国配送。在各个客户聚集地设置区域性配送中心，如果这个地域较大，区域配送中心可以一部分直接进行配送，一部分仍按一定批量发到末端配送中心或商店，再由其执行到户的配送。多级配送中心的设置如图 5-7 所示。

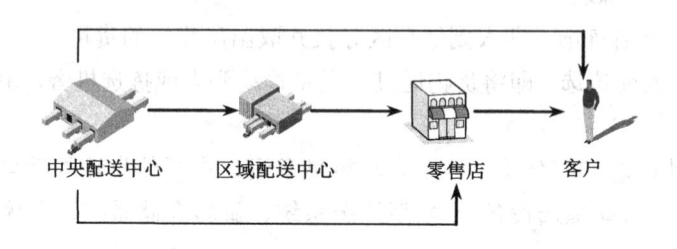

图 5-7　多级配送中心

2. 两级配送中心

如果配送中心的辐射范围为一个以上的城市，地域比较广且客户较分散，往往设置两级配送中心，如图 5-8 所示。

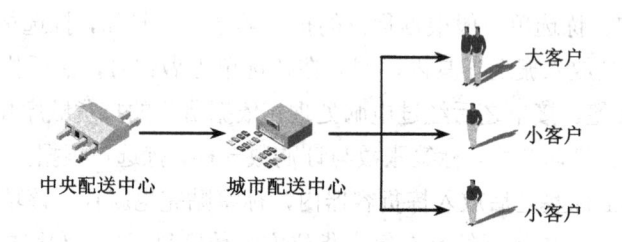

图 5-8　两级配送中心

3. 一级配送中心

这种设置方法是用一个配送中心负责一定范围内的配送。一级配送中心不一定仅局限于在一个小的地域范围内进行配送，可以借助于干线零担运输形式或利用大型车辆采取共同配送形式进行配送。其设置如图 5-9 所示。

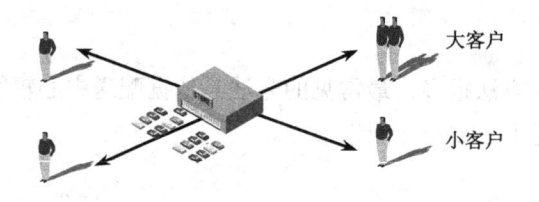

图 5-9　一级配送中心

5.6 物流系统中的其他物流节点

5.6.1 物流中心

1．物流中心的含义

现代化的物流追求进货与发货的同步化，仓储与库存管理也从静态管理转变为动态管理，传统仓库的设备、结构、功能、流程等方面都发生了巨大变化，由此逐渐演变出物流中心这个概念。

所谓物流中心，是指接受并处理下游客户的订货信息，对上游供应商的大批量货物进行集中储存、加工等作业，并向下游客户进行批量转运的设施和机构。

2．物流中心的类别

（1）流转中心（Transfer Center，TC）。流转中心强调的是货物的流转速度，以商品周转和分拣功能为主，基本上没有长期储存功能，仅以暂存或随进随出方式进行配货。货物进来之后马上根据其目的地进行分类，然后出库进行配送。

（2）配送中心（Distribution Center，DC）。它是物流中心功能最全、数量较多的一种。关于配送中心的特点与功能此处不再赘述。

（3）存储中心（Stock Center，SC）。它以物资储备为主要功能，其目的在于对生产、销售、供应等活动起支持作用。它是一种最接近传统仓库概念的物流中心，只不过它的管理和设施更加现代化。

（4）流通加工中心（Process Center，PC）。它是主要从事流通加工的物流据点。其有两种主要形式：一种是设置在靠近生产地区，以实现物流为主要目的的加工中心，经过这种加工中心加工的货物能顺利、低成本地进入运输、储存等物流环节，如肉类、鱼类的冷冻加工中心；另一种是设置在靠近消费区，以实现销售、强化服务为主要目的的加工中心，经过这种加工中心加工过的货物，能适应客户的具体要求，有利于销售，如半成品蔬菜流通加工中心。

5.6.2 物流园区

1．物流园区的定义

物流园区，也叫作物流基地，最早出现在日本。日本政府从城市整体利益出发，为缓解城市交通拥挤状况，减轻产业对环境压力，保持产业凝聚力，通过在郊区或城乡边缘带主要交通干道附近辟出专业用地来吸引大型物流中心或配送中心在此地聚集，并提供一定的优惠政策，实现物流产业发展的规模效益，降低物流成本。

关于物流园区目前并没有统一的、确定的定义，以下是三个典型的定义。

（1）物流园区是一个大型配送中心或多个配送中心的集聚地。它一般以仓储、运输、流通加工等用地为主，同时还包括与之配套的信息、咨询、维修、综合服务等设施用地。

（2）物流园区是指由分布相对集中的多个物流设施和不同的专业化物流企业构成的物流功能区；同时也是依托相关物流服务设施进行经济活动的具有产业发展性质的经济功能区。

（3）物流园区是指为了实现物流设施集约化和物流运作共同化，或者出于城市物流设施空间布局合理化目的，而在城市周边等各区域，集中建设的物流设施群与众多物流业者在地域上的物理集结地。

2．物流园区的类型

从布局上来讲，物流园区可分为三种类型。

（1）依靠单一运输枢纽，如港口、机场、铁路、公路等进行布局。这样基本上能最大限度地利用港口、机场等在集中货源和运输便利性上的优势，提高物流运作的效率。

（2）依靠两种及两种以上交叉运输枢纽进行布局。这种布局方式可以利用各个方向的干线实现大量运输、快捷中转的优势。

（3）依靠经济开发区、工业开发区、产业园区、保税区等进行布局。这种布局方式主要是为原材料采购、产品生产、产成品销售等的物流组织与管理提供便捷的服务。

5.6.3 配送中心、物流中心与物流园区的比较

总体来看，配送中心、物流中心、物流园区是三种不同规模层次的物流节点，其区别可以从规模、专业、功能上进行区分。

1．规模差异

物流园区是大型的物流设施，规模最大，物流园区中可能又包含若干个物流中心和配送中心；物流中心的规模次之；配送中心最小。

2．专业差异

物流园区的综合性较强，专业性较弱；物流中心在某个领域综合性、专业性较强，具有这个领域的专业性；配送中心则主要面向特定客户或某一类型生产企业，其专业性很强。

3. 功能差异

物流园区的功能十分全面，存储能力大，调节功能强；物流中心的功能健全，具有一定的存储能力和调节功能；配送中心的功能较为单一，以配送功能为主，存储功能为辅。

本章小结

配送和运输都属于货物的输送活动，但配送面对的货物品种更多，批量更小，要求的精确性更高。配送一般可分为备货、理货、送货三个环节，每个环节又包括若干项具体活动。配送的组织方式很多，其中共同配送由于可以有效地降低物流成本，是物流系统优化的有力手段。配送首先需要进行货物的处理，而这些处理工作是在配送中心完成的。配送中心除了有一般作业流程以外，对于特殊商品，还存在着多种特殊的作业流程。配送中心的设置方法根据服务的范围可分为多级配送中心、两级配送中心和一级配送中心三种。除了配送中心以外，物流中心与物流园区也是物流系统中的重要节点，它们与配送中心既有区别，又有联系。

复习思考题

一、名词解释

1．配送　　　　　　　2．共同配送　　　　　3．集中配送
4．配送中心　　　　　5．物流中心　　　　　6．物流园区

二、选择题

1．以下（　　）是配送的特征。
　A．大批量、少品种　　　　　　　B．距离短、支线运输
　C．功能广泛　　　　　　　　　　D．从工厂仓库到物流节点
2．配送是以（　　）为出发点的活动。
　A．配货　　　　B．送货　　　　C．客户　　　　D．服务
3．按配送组织形式不同分类，可将配送分为（　　）。
　A．集中配送　　B．分散配送　　C．定时配送　　D．共同配送
4．以下（　　）属于配送中心的特征。
　A．主要为社会服务　　　　　　　B．辐射范围小
　C．以配送为主、储存为辅　　　　D．配送功能健全
5．物流中心分为（　　）几种类型。
　A．流转中心　　B．配送中心　　C．存储中心　　D．加工中心

三、判断题

1. 配送与送货的性质基本相同。（　　）
2. 配送属于物流系统的中间环节，而不是末端活动。（　　）
3. 即时配送就是在规定的运行路线上制定配送时间表，按时间表进行配送，客户可按规定路线站点及规定时间提出配送要求。（　　）
4. 所有货物都会遵循配送的一般流程进行作业。（　　）
5. 纵向共同配送是在物资流通渠道中，不同阶段企业共同开展的一种配送形式。（　　）
6. 批量拣选就是播种式拣选。（　　）
7. 采用多级配送中心的设置方法时，中央配送中心所在地就是资源所在地或到货地。（　　）

四、简答题

1. 配送的特点是什么？它与运输有什么区别？
2. 配送包括哪几个基本环节？
3. 共同配送有什么优势？它的运作形式有哪些？
4. 配送中心分为几种？各有什么样的特征？
5. 配送中心的主要功能有哪些？
6. 配送中心的一般作业流程是什么？
7. 分拣的基本原理是什么？它在配送中心中起到什么作用？
8. 配送中心的设置方法有哪些？各自适用于什么情况？
9. 物流中心、物流园区与配送中心的区别是什么？

课后案例

日本 7-11 的配送经验

7-11 是全球最大的便利连锁店，一家成功的便利店背后一定有一个高效的物流配送系统，7-11 从一开始采用的就是在特定区域高密度集中开店的策略，在物流管理上也采用集中的物流配送方案。

1. 统一的管理模式

日本 7-11 把各单体商店按 7-11 的统一模式管理。自营的小型零售业，如小杂货店或小酒店在经日本 7-11 许可后，按日本 7-11 的指导原则改建为 7-11 门店，日本 7-11 随后提供独特的标准化销售技术给各门店，并决定每个门店的销售品类，所以 7-11 连锁店作为新兴零售商特别受到年青一代的欢迎，从而急速扩张。

2. 频繁小批量订货

一间普通的 7-11 连锁店一般只有 100 多平方米，却要提供 3000 多种日用品，例如，食品有可能来自不同的供应商,运送和保存的要求也各有不同,每种食品又不能短缺或过剩,而且要根据顾客的不同需求随时调整货物的品种。虽然便利店供应的商品品种广泛,通常却没有储存场所,为提高商品销量,售卖场地原则上应尽量大。这样,所有商品必须能通过配送中心得到及时补充。对 7-11 来讲,快速补货不完全是配送时间的问题,还包含了以最快的方式通过信息网络从各个门店收到订货信息的技术,以及按照每张特定的订单最有效率地收集商品的技术。

3. 先进的配送方式

7-11 的配送中心分别在不同的区域统一集货、统一配送。配送中心有一个电脑网络配送系统,分别与供应商及 7-11 店铺相连。为了保证不断货,配送中心一般会根据以往的经验保留 4 天左右的库存,同时,配送中心的电脑系统每天都会定期收到各个店铺发来的库存报告和要货报告,配送中心把这些报告集中分析,最后形成一张张向不同供应商发出的订单,由电脑网络传给供应商,而供应商则会在预定时间之内向中心派送货物。7-11 配送中心在收到所有货物后,对各个店铺所需要的货物分别打包,等待发送。第二天一早,派送车就会从配送中心鱼贯而出,择路向自己区域内的店铺送货。整个配送过程就这样每天循环往复,为 7-11 连锁店的顺利运行修石铺路。

随着 7-11 的配送越来越复杂,配送时间和配送种类的细分势在必行。以日本的 7-11 为例,其对食品的分类是:冷冻型(零下 20 度),如冰激凌等;微冷型(5 摄氏度),如牛奶、生菜等;恒温型,如罐头、饮料等;暖温型(20 摄氏度),如面包、饭食等。不同类型的食品会用不同的方法和设备配送,如各种保温车和冷藏车。由于冷藏车在上下货时经常开关门,容易引起车厢温度的变化和冷藏食品的变质,7-11 还专门用一种两仓式货运车来解决这个问题,一个仓中温度的变化不会影响到另一个仓,需冷藏的食品就始终能在需要的低温下配送了。

除了配送设备,不同食品对配送时间和频率也会有不同要求。对于有特殊要求的食品如冰激凌,7-11 会绕过配送中心,由配送车早中晚三次直接从生产商门口拉到各个店铺。对于一般的商品,7-11 实行的是一日三次的配送制度,早上 3 点到 7 点配送前一天晚上生产的一般食品,早上 8 点到 11 点配送前一天晚上生产的特殊食品如牛奶,新鲜蔬菜也属于其中,下午 3 点到 6 点配送当天上午生产的食品,这样一日三次的配送频率在保证了商店不缺货的同时,也保证了食品的新鲜度。为了确保各店铺供货的万无一失,配送中心还有一个特别配送制度来和一日三次的配送相搭配。每个店铺都会随时碰到一些特殊情况造成缺货,这时只能向配送中心打电话告急,配送中心则会用安全库存对店铺紧急配送,如果安全库存也已告罄,中心就转而向供应商紧急要货,并且在第一时间送到缺货的店铺手中。

这样的配送体系,最终达到的效果就是:绝对不会缺货,顾客不会在 7-11 找不到那些常用的商品;保证了食品的新鲜卫生;减少了便利店的库存。

第 6 章

现代包装与流通加工技术

本章学习目标

1. 熟悉包装的含义及功能。
2. 了解包装的分类。
3. 了解包装技术的选择。
4. 掌握集合化包装的含义及作用。
5. 掌握托盘标准化的意义。
6. 掌握托盘联营的几种方式。
7. 了解集装箱的含义及分类。

6.1 包装概述

6.1.1 包装的含义

包装（Package）是人类生产活动及生活需要对物资提出的客观要求，是满足物资输送、保管等活动的必要手段。随着人类的进步、生产的发展，包装从无到有、从简到繁。如今，包装已经成为人们生产和生活中不可分割的一部分。

狭义的包装是指在流通过程中保护商品，方便储运，促进销售，按一定的技术方法所用的容器、材料和辅助物等的总体名称；也指为达到上述目的，在采用容器、材料和辅助物的过程中施加一定技术方法等的操作活动。广义的包装是指一切货物的外部形式。

6.1.2 包装的功能

1．保护功能

只有有效的保护，才能使商品不受损失地完成流通过程，实现所有权的转移。具体来讲，包装具有以下三大功能。

2．保护功能

维持产品质量是包装的基本功能，产品在物流过程中因各种自然因素，可能会对产品的质量产生影响，会使产品损坏、变质。在物流作业过程中，撞击、震动也会使产品受损。为了维持产品在物流过程中的完整性，必须对产品进行科学的包装，有效的包装应能够保护商品免受日晒、风吹、雨淋和灰尘沾染等自然因素的侵袭，防止挥发、渗漏、溶化、玷污、碰撞、挤压、散失和盗窃等损失。

3．方便功能

运输、装卸搬运通常是以包装的体积、重量为基本单位的，托盘、集装箱、货车等也是按一定包装单位来装运的。选择合适的包装形状、尺寸、重量和材料，可以方便物品的生产加工、周转、装入、封合、贴标、堆码、装卸搬运、保管、商品信息识别等作业。

4．销售功能

包装是商品的组成部分，是商品的形象。包装上的商标、图案、文字说明等，是商品最好的广告。通过包装上的图文说明，应能够引导消费者正确地消费产品，体现特定商品的文化品位，创造附加值。

6.1.3 包装的分类

1．按功能分类

（1）商业包装（Sales Package）。以促进销售为主要目的的包装。这种包装的特点是外形美观，有必要的装潢，包装单位适于客户的购买量和商店陈设的要求。在流动过程中，商品越接近客户，越要求包装有促进销售的效果。

（2）运输包装（Transport Package）。为了尽可能降低运输流通过程对产品造成损坏，保障产品的安全，方便储运装卸，加速交接点验，以运输储运为主要目的的包装。运输包装的重要特点是，在满足物流要求的基础上使包装费用越低越好。为此，必须在包装费用和物流损失之间寻找最佳的平衡。

2．按产品经营方式分类

按产品经营方式分类，可以将包装分为内销产品包装、出口产品包装、特殊产品包装。

3．按在流通中的作用分类

按在流通中的作用分类，可以将包装分为单件包装、中包装和外包装等。

4．按包装材料分类

按包装材料分类，可以将包装分为纸制品包装、塑料制品包装、金属包装、竹木器包装、玻璃容器包装和复合材料包装等。

5．按使用次数分类

按使用次数分类，可以将包装分为一次性包装、多次用包装和周转包装等。

6．按包装容器的软硬程度分类

按包装容器的软硬程度分类，可以将包装分为硬包装、半硬包装和软包装等。

7．按产品种类分类

按产品种类分类，可以将包装分为食品包装、药品包装、机电产品设备包装和危险品包装等。

8．按包装技术分类

按包装技术分类，可以将包装分为防震包装、防湿包装、防锈包装和防霉包装等。

6.2 现代包装技术

6.2.1 包装材料的选择

一般包装材料包括：金属，如镀锡薄板、涂料铁、铝合金；玻璃、陶瓷；木材及木制品；塑料及塑料制品，如聚乙烯、聚丙烯、聚苯乙烯、聚氯乙烯、钙塑材料；纸及纸制品，如牛皮纸、玻璃纸、植物羊皮纸、沥青纸、板纸、瓦楞纸板；复合材料等。各种包装材料的特点有很大区别。

1．金属材料

优点：坚固、不易破碎、防潮、防光，有很好的延伸性，容易加工成型。钢板上镀上锌锡铬等，有很好的防锈能力，易于再生使用。

缺点：成本高，自身重量大，加工能耗大，流通中易变形、生锈。

2．玻璃材料

优点：保护性好，易于造型，耐风化，无毒，无异味，有一定的强度；具有真实传达商品的效果；易于加工，可制成各种样式；易于重复使用、回收，便于洗刷、消毒、灭菌，能保持良好的清洁状态；玻璃原材料资源丰富而且便宜，价格也比较稳定。

缺点：耐冲击强度低，碰撞时易破碎，自身重量大，运输成本高。

3．木制材料

优点：有优良的强度/重量比，有一定的弹性，能承受冲击、震动、重压；易于加工，不需要复杂的加工机械设备；木材可以加工成胶合板，外观好，可减轻包装重量，提高木材的均匀性。

缺点：易吸收水分，易变形开裂，易腐朽，易受白蚁蛀蚀；而且资源有限，价格高。

4．塑料材料

优点：有一定的强度、弹性，耐折叠，耐摩擦，抗震动，防潮；属于轻型材料，约为金属比重的1/5，为玻璃比重的1/2；易加工成型，可多样化；可制成薄膜、片材、管材、编织布等；有优良的透明性和表面光泽，印刷和装饰良好。

缺点：强度不如金属，耐热性不如玻璃，有些塑料有异味，废弃物有公害，难处理。

5．纸制材料

优点：成型性和折叠性优良，便于加工并能连续高速生产；容易达到卫生要求；易于印刷，能介绍和美化商品；价格低，重量轻，能降低运费；容易处理，可回收和再生，不造成公害。

缺点：受潮后强度下降，气密性、防潮性、透明性差。

6．复合材料

复合材料是由两种或两种以上具有不同特性的材料，通过各种方法复合在一起的材料。使用较多的是塑料和玻璃复合材料、塑料与金属箔复合材料。

6.2.2 包装容器的选择

1．包装袋

包装袋是柔性包装中的重要形式，包装袋有较高的韧性、抗拉强度和耐磨性。包装袋在运输包装、商业包装、内包装、外包装中都可应用，因而使用较为广泛。

包装袋又可分为集装袋、一般运输包装袋和小型包装袋三种。

2．包装盒

包装盒是介于刚性和柔性包装两者之间的包装形式。包装材料不易变形，有一定的抗压能力，刚性高于袋装材料。包装结构可以是规则几何形状的立方体，也可裁制成其他形状。包装盒整体强度不大，包装量也不大，不适合做运输包装，适合做商业包装、内包装，适合包装块状及各种异形物品。

3．包装箱

包装箱整体强度较大，抗变形能力强，包装量也较大，适合做运输包装、外包装，包装范围较广，主要用于固体杂货包装。包装箱又可分为瓦楞纸箱、木箱、塑料箱、集装箱等。

4．包装瓶

包装瓶是瓶颈尺寸有较大差别的小型容器，是刚性包装中的一种，包装材料有较高的抗变形能力，刚性、韧性要求一般也较高，个别包装瓶介于刚性与柔性材料之间。包装瓶包装量一般不大，适合美化装潢，主要做商业包装、内包装使用，主要包装液体、粉状货。

5．包装罐

包装罐是罐身各处横截面形状大致相同、罐颈短、罐颈内径比罐身内颈稍小或无罐颈的一种包装容器，是刚性包装的一种。包装材料强度较高，罐体抗变形能力强，可做运输包装、外包装，也可做商业包装、内包装用。它又可分为小型包装罐、中型包装罐、集装罐等。

6.2.3 特种包装技术

1．防震包装技术

防震包装又称缓冲包装，是指为减缓内装物受到冲击和震动，保护其免受损坏所采取的一定防护措施的包装。防震包装可分为全面防震包装、部分防震包装、悬浮式防震包装技术。

2．防破损包装技术

防破损包装与防震包装目的一样，都是为了减少外力影响带来的产品损坏。它分为捆扎及裹紧技术、集装技术、高强保护材料、防倒置包装等。

3. 防锈包装技术

防锈包装技术是为防止环境对金属制品的锈蚀而采取的包装技术。它可分为防锈油防锈蚀包装技术和气相防锈包装技术。

4. 防霉腐包装技术

在运输包装内装运食品和其他有机碳水化合物货物时，货物表面可能生长真菌，在流通过程中如遇潮湿，真菌生长繁殖极快，甚至伸延至货物内部，使其腐烂、发霉、变质，因此要采取特别防护措施。包装防霉烂变质的措施，通常是采用冷冻包装、真空包装或高温灭菌方法。

5. 防虫包装技术

防虫包装技术，常用的是驱虫剂，即在包装中放入有一定毒性和臭味的药物，利用药物在包装中挥发的气体杀灭和驱除各种害虫。

6. 危险品包装技术

危险品按其危险性质可分为十大类，即爆炸性物品、氧化剂、压缩气体和液化气体、自燃物品、遇水燃烧物品、易燃液体、易燃固体、毒害品、腐蚀性物品、放射性物品，有些物品同时具有两种以上危险性能。对这些物品的包装需要根据其特殊性质和对环境的变化要求，制作相应的包装。

7. 其他特种包装技术

除了以上列举的几类特殊包装技术以外，根据商品需要的保护特性不同还可以分为充气包装、真空包装、收缩包装、拉伸包装、脱氧包装等。

6.2.4 智能包装技术

随着时代的发展，商品种类越来越繁多复杂，要求商品包装所附有的功能也将越来越多。新技术、新材料的出现将包装技术推向了更高的水平，而智能包装技术是随着其他领域高新技术的发展而发展起来的。智能包装不仅能反映包装物的质量信息和商品流通信息，给物流管理和消费者带来了很多方便，还能监测包装物的质量，警示包装产品的保质保鲜程度等。此外，它还具有更加优良的防伪效果，为优质商品保驾护航。目前，智能包装技术主要体现在以下几个方面。

1. 自适应包装

自适应包装技术就是模拟食品所需的环境参数，而自动调节食品在储藏与转移中的环境变化，使包装中的环境能最大限度地实现食品的储藏与保质。在自适应包装中，所要调节或适应的食品环境参数主要包括温度、湿度、压力、气体组分等。自适应包装技术是一种智能包装技术，这种技术包含材料与工艺两部分，有的环境参数要靠化学调节，有的要靠生物调节，有的要靠物理调节。

2. 显窃启包装

显窃启包装是指为防止开启、偷换、撕破等行为而对物品采取的某些特别技术措施，通过这种措施可以判断物品在外包装开启前的安全性。为确保物品的安全性，需要在制造程序、零售环节科学合理又巧妙地对显窃启结构的三方面采取相应的措施。显窃启包装技术因包装材料、销售方法、容器结构、内容物的不同而具有多样化特点，归纳起来，主要有薄膜裹包、泡罩包装、瓶口封闭包装、收缩箍套等几种类型。

3. 可跟踪性运输包装

可跟踪性运输包装是指在运输和流通中包装物品及容器被全程跟踪，以便管理者及时完成对其流通渠道和运输路径的优化调整的包装。这种包装技术是在容器或托盘上装有电子芯片，可以追踪记录下各种信息，这些信息能够在任何时间和地点被读出。可跟踪性运输包装尤其适合于自动化运输管理和电子购物送货方式，因为电子交易要求配以即时生产法或精益生产法的供货方式；同时，电子购物流通中心和地区配货中心也希望以最短化路径和混装货物满载化进行送货，从而达到降低成本的目的。

4. 智能标签

智能标签也称为无线射频识别标签，它是标签领域的高新技术产品，如今已在产品包装中发挥重要的作用，逐步替代传统的产品标签和条形码。智能标签包含无线射频识别技术电子标签、隐蔽或公开的商标保护指示器或提示产品状况的传感器。智能标签可以帮助厂商和消费者实时了解商品库存、流通、保质等情况，为厂商监控其产品在供应链中的状况和位置起到很大的作用。

6.2.5 包装标志

包装上常有一些图案和文字用来传达信息，这就是包装标志。包装标志是为了便于货物交接，防止错发错运，便于识别，便于运输、仓储和海关等有关部门进行查验等工作，也便于收货人提取货物，在货物的外包装上标明的记号。包装标志是用来指明被包装物资的性质和为物流活动安全及理货分运的需要而进行的文字和图像的说明。

包装标志可以分为一般标志、标牌标志、运输标志、指示标志和危险品标志。

1．一般标志

一般标志主要表示物资的名称、型号、规格、计量单位、数量及长宽高、出厂时间等，对于使用时效性较强的物资还要写明储存期或保质期限。有时还用来说明商品质量等级，如一等品、二等品、优质产品等。

2．标牌标志

标牌标志是在物资包装上订打说明商品性质特征、规格、质量、产品批号、生产厂家等内容的标志牌。

3．运输标志

运输标志即唛头，它是贸易合同、发货单据中有关标志事项的基本部分。它一般由一个简单的几何图形及字母、数字等组成。唛头的内容包括：目的地名称或代号、收货人或发货人的代用简字或代号、件号（即每件标明该批货物的总件数）、体积（长×宽×高）、重量（毛重、净重、皮重）和生产国家或地区等。图 6-1 为运输标志的例子。

99E KH—47001 CF

HSINKANG CHINA

图 6-1　运输标志举例

4．指示标志

指示标志用来指示运输、装卸、保管人员在作业时需要注意的事项，以保证物资的安全。这种标志主要表示物资的性质，以及物资堆放、开启、吊运等的方法。例如，对于易碎、需防湿、防颠倒等商品，在包装上用醒目的图形或文字，标明"小心轻放"、"防潮湿"、"此端向上"等。图 6-2 为指示标志的例子。

图 6-2　指示标志举例

5．危险品标志

危险品标志是用来表示危险品的物理、化学性质和危险程度的标志。它可提醒人们在运输、储存、保管、搬运等活动中应多加注意。图 6-3 为危险品标志的例子。

图 6-3　危险品标志举例

6.3　集合化包装技术

6.3.1　集合化包装概述

1. 集合化包装的含义

集合化包装（Containerization Package）又称组合包装或集装单元，是指将一定数量的产品或包装件组合在一起，形成一个合适的运输单元，以便装卸、储存和运输。例如，把许多货物包装成一个包，若干包又打成一个件，最后将若干件装成一个集装箱，这便是集合化包装的简单组合过程。集合化包装的形式很多，主要有集装箱、托盘、滑片集装、框架集装、无托盘集装、集装袋等。其中，集装箱和托盘是最主要的集装化包装。

2. 集合化包装在物流系统中的作用

集合化包装的出现，是对传统包装运输方式的重大改革，在运输包装中占有越来越重要的地位。集合化包装在物流系统中的作用主要表现在以下几个方面。

（1）提高装卸效率。集合化包装商品在流通过程中，无论经过何种运输工具，装卸多少次，都是整体运输，无须搬动内装物。集合包装的装卸均采用机械化操作，效率大为提高。

（2）更好地保护商品。集合化包装将零散产品或包装件组合在一起，固定牢靠，包装紧密，每个集合化包装均有起吊装卸装置，无须搬动内装物，商品得以有效保护，这对易碎、贵重商品尤为重要。

（3）节省包装费用。按常规包装，为保护商品，势必要消耗大量包装材料，而采用集合化包装，可降低原外包装用料标准，有的甚至可不用外包装，节省包装费用。

（4）提高包装利用率。集合化包装可以缩小包装件体积，提高仓库、运输工具的容积利用率。由于商品单个包装简化，减小了单个包装体积，单位容积容纳商品数增多。

（5）促进包装标准化。集合化包装有制定好的国际标准，为了有效利用它们的容积，要求每种商品的外包装尺寸必须符合一定的标准。

（6）方便仓储保管。集合化包装容纳商品多，密封性能好，不受环境气候影响，即使露天存放也对商品无碍，因此可节省仓容，降低储存费用。

（7）降低运输成本。采用集合化包装，单位容积容纳的商品增多，提高了运输工具的运载率，简化了运输手续，且集装箱、托盘等可多次周转使用，运输成本自然降低。

6.3.2 托盘集装化

1．托盘的分类

托盘（Pallet）是用于集装、堆放、搬运和运输的放置作为单元负荷的货物和制品的水平平台装置，便于装卸、搬运单元物资和小数量的物资。根据所使用的材料不同托盘可分为木托盘、塑料托盘、金属托盘、纸托盘、蜂窝托盘、复合托盘、免熏蒸托盘、塑木托盘等。图6-4为物流活动中最常见的木托盘。

图 6-4　木托盘

2．物流托盘化的意义

（1）可以提高装卸的效率。使用托盘后，可以适应港口、仓库、站场机械化作业的要求。例如，一辆叉车的操作相当于多个工人的搬运量，费用低而且效率高，减轻了工人的劳动强度。

（2）可以有效保护商品，减少货损。使用托盘后，将商品组合成一个单元进行物流作业，可以有效减少因人工处理导致的商品破损、变形。

（3）托盘制造业关系到环境保护。据计算，六个托盘就要毁掉一棵成材大树，大量使用木质托盘会导致森林资源的巨大浪费。在强调可持续发展的今天，以浪费大量森林资源为代价的物流托盘化是不可取的，所以关于新型托盘材料的选择对环境保护非常重要。

（4）托盘的标准化关系到其他设施的标准。托盘是货物组合成单元进行物流处理的工具，这个基本单元在整个运输、储存、搬运过程中流转，所以它和很多相关的物流设施设备都有关系，托盘的尺寸和规格关系到整个物流系统的协调。

3. 托盘标准化

托盘标准化是物流托盘化的前提和基础,没有托盘标准化,就不可能实现物流托盘化,也就没有快速、高效、低成本的现代物流。物流托盘化除了要将托盘尺寸规格标准化以外,还包括托盘制造材料标准化、托盘质量标准化、托盘检测方法及鉴定技术标准化、托盘作业标准化、托盘集装单元化和托盘作业一贯化、托盘国内国际共用化、托盘与物流设施设备尺寸协调合理化等内容。

提到托盘标准化就要先说物流模数这个概念,它是指为使物流系统标准化而制定的标准规格尺寸。物流模数的确定,主要是考虑了现有物流系统中影响最大而又最难改变的输送设备,采用"逆推法",由现有输送设备的尺寸推算;也考虑了已通行的包装模数和已使用的集装设备,并使基础模数尺寸适合人体操作。基础模数尺寸一经确定,物流系统的设施建设、设备制造,物流系统中各环节的配合协调,物流系统与其他系统的配合,都要以基础模数尺寸为依据,选择其倍数为规定的标准尺寸。ISO 制定的主要物流模数尺寸如下。

(1) 物流基础模数尺寸:600mm×400mm。

(2) 物流集装箱基础模数尺寸:1200mm×1000mm,也允许 1200mm×800mm 及 1100mm×1100mm。

物流基础模数尺寸如图 6-5 所示。

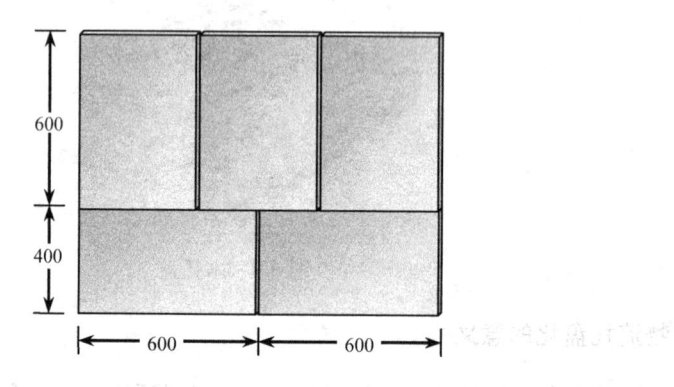

图 6-5 物流基础模数尺寸(单位:mm)

将托盘完全标准化是一项巨大的工程,各个国家的设施设备尺寸都已经有了一定格局,所以目前国际上托盘的标准并不相同。表 6-1 中的六种规格都是托盘的国际标准。

表 6-1 六种托盘的国际标准　　　　　　　　　　　　　　　　　　　　单位:mm

规格尺寸	制 式	普遍使用地区
1200×1000	米制	欧洲
1200×800	米制	欧洲
1140×1140	米制	澳大利亚

续表

规格尺寸	制式	普遍使用地区
1219×1016	英制（48in×40in）	美国、加拿大
1100×1100	米制	日本、韩国
1067×1067	英制（42in×42in）	澳大利亚

在我国流通使用的托盘规格有几十种，其中有两种规格的托盘居多，分别是1100mm×1100mm 和 1200mm×1000mm。

4．托盘联营

托盘既是装运工具、存储工具，同时还是一种运输工具。托盘从企业内、车站内、港口内的使用发展到随船运输，局限于一定的场合，不能充分发挥托盘的作用，只有实现从发货点直达收货点的彻底的直达运输托盘化才能收到实效。但在实际中，又存在一些阻碍实行直达运输托盘化的因素：一是托盘的所有权不同，把本企业的托盘用于对外运输中，回收需要很长的时间；二是各企业托盘规格不同。

为了实现直达运输托盘化，唯一的办法是建立一种托盘共用和交换系统。托盘联营就是执行这种制度的一种组织形式。实行托盘联营时，首先需要将托盘的规格统一化，使之具有相互交流和及时交换的基本条件，再订立统一管理和交换托盘的制度。托盘联营是形成社会公用运输系统的一种组织，其目的在于使参加联营的成员保有最低需要量的托盘，彻底实行直达运输托盘化。托盘联营可分为以下五种形式。

（1）对口交流方式。对口交流是指交换单位间签订托盘交换合同，阐明在托盘流通中共同遵守的回送、使用、保养、归属、滞留期、收费标准和清算方法等事项的流通形式。

（2）及时交换方式。这种方式是以国家主要运输机构为中心进行的。这种方式的原则是，运输部门从发货人处接受载货托盘时，交付同样数量的空托盘，并在向收货人交付载货托盘时，从收货人那里领回同样数量的空托盘。这种方式要求铁路部门保有大量托盘，并承担托盘的调度、保管、维修、补充等工作。

（3）租赁方式。租赁方式是指托盘归托盘公司所有，使用者在托盘公司遍布全国各地的经营地点进行租赁，使用后归还。租赁方式以托盘公司为中心，其承担托盘流通中的全部经营管理工作。托盘的维修、调配工作也由托盘公司负责。

（4）租赁-交换方式。这种方式是及时交换方式与租赁方式的结合方式，这种方式集中了两者的优点，比较适合供产销运单位对托盘需要量波动性的特点。

（5）结算交换方式。这种方式是指发货人在收到收货人寄来到站已收妥收货人交回了空托盘的收据后，向发站索取同等数量的空托盘，并支付一定的联营费。

6.3.3 集装箱

1. 集装箱概述

集装箱（Container）是指具有一定强度、刚性和规格的，专供周转使用的大型装货容器。使用集装箱转运货物，可直接在发货人的仓库装货，运到收货人的仓库卸货，中途更换车、船时，无须将货物从箱内取出换装。图 6-6 为集装箱的外形。

图 6-6 集装箱的外形

按照 ISO 的规定，集装箱应具备以下一些条件。
（1）能长期反复使用，具有足够的强度。
（2）途中转运不用移动箱内货物，就可以直接换装。
（3）可以进行快速装卸，便于从一种运输工具直接换装到另一种运输工具。
（4）便于货物的装满和卸空。
（5）具有 1 立方米或以上的容积。

2. 集装箱的常见规格与类别

集装箱外尺寸包括集装箱永久性附件在内的集装箱外部最大的长、宽、高尺寸。它是确定集装箱能否在船舶、底盘车、货车、铁路车辆之间进行换装的主要参数。常见集装箱规格如表 6-2 所示。

表 6-2 常见集装箱规格

名称	内容积尺寸（m）	配货毛重（t）	体积（m³）
20 尺柜	5.69×2.13×2.18	17.5	24~26
40 尺柜	11.8×2.13×2.18	22	54
40 尺高柜	11.8×2.13×2.72	22	68
45 尺高柜	13.58×2.34×2.71	29	86
20 尺开顶柜	5.89×2.32×2.31	20	31.5
40 尺开顶柜	12.01×2.33×2.15	30.4	65
20 尺平底货柜	5.85×2.23×2.15	23	28
40 尺平底货柜	12.05×2.12×1.96	36	50

集装箱的种类很多，按用途可分为通用干货集装箱、保温集装箱、罐式集装箱、散货集装箱、框架集装箱、平台集装箱、开顶集装箱、汽车集装箱、动物集装箱、服装集装箱等。

6.4 流通加工技术

6.4.1 流通加工概述

流通加工（Distribution Processing）是为了提高物流速度和物品的利用率，在物品进入流通领域后，按客户的要求进行的加工活动，即在物品从生产者向消费者流动的过程中，为了促进销售、维护商品质量和提高物流效率，对物品进行一定程度的加工。相对于生产加工，流通加工在加工对象、加工方法、加工组织和加工目的方面都有自己的一些特点。

1．加工对象

流通加工的对象是流通领域的商品，具有商品性质；而生产过程的加工对象一般是某种最终产品形成过程中的原材料、零部件、半成品。

2．加工方法

流通加工一般属于简单加工，如板材裁剪等；而生产加工一般都是深加工。但是，现在的流通加工有向深加工发展的趋势。

3．加工组织

流通加工的负责人是从事销售和商品流通的经营者，他对消费者负责；而生产加工主要是为了提高产品设计和加工技术。

4．加工目的

生产加工创造商品价值和使用价值；流通加工完善物资的使用价值。

6.4.2 流通加工的形式

1．以保存产品为主要目的的流通加工

这种流通加工的目的是延长产品的使用时间，它分为生产资料和生活资料的流通加工，如水产品和肉产品的保鲜、冷冻、防腐等。

2. 为满足客户多样化需要的流通加工

这种流通加工的目的是适应个性化的需求。例如，对钢板的进一步剪裁加工，木材切割成木板、枕材等。

3. 为消费方便、省力的流通加工

有些产品本身的形态使之难以进行物流操作。例如，鲜鱼的装卸、储存操作困难；过大设备搬运、装卸困难；气体物运输、装卸困难等。进行流通加工，可以使物流各环节易于操作，如鲜鱼冷冻、过大设备解体、气体液化等。

4. 为提高产品利用率的流通加工

许多生产企业的初级加工由于数量有限，加工效率不高。而流通加工以集中加工的形式，解决了单个企业加工效率不高的弊病。它以一家流通加工企业的集中加工代替了若干家生产企业的初级加工，促使生产水平有一定的提高。

5. 为提高物流效率、降低物流损失的流通加工

有些物资，由于其自身的特殊形状，在运输中空间利用率低，到消费地再进行加工更合适，如自行车到达消费地再进行装配。

6. 为衔接不同输送方式、使物流更加合理的流通加工

生产集中与消费分散存在矛盾，用流通加工可以解决大批量运输与小批量配送之间的矛盾。

7. 为实现配送的流通加工

配送中根据客户需要进行的加工，如拆整化零，或者不同供应商产品的重新组合，放到一个箱中配送给一个客户。

本章小结

包装主要有保护商品、方便储运、促进销售的作用。包装材料可以分为金属、木质、纸质、玻璃、塑料及复合材料几种；包装容器又可分为包装袋、包装盒、包装罐、包装瓶等。包装除了材料及容器的选择外，还要注意包装标志的正确。集合化包装是物流领域应用最广泛的包装形式，托盘和集装箱都是很好的集合化包装载体。流通加工是物流的另一项功能，它在加工对象、方法、组织、目的方面与生产加工都存在着差异，按照加工目的不同可以将流通加工分为多种形式。

复习思考题

一、名词解释

1. 包装
2. 商业包装
3. 运输包装
4. 集合包装
5. 托盘
6. 集装箱
7. 托盘联营
8. 流通加工

二、选择题

1. 包装的功能主要包括（　　）。
   A. 保护功能　　　B. 促进销售功能　　C. 增值功能　　D. 方便功能
2. 以下（　　）属于集合包装。
   A. 托盘　　　　　B. 饮料瓶　　　　　C. 集装袋　　　D. 小木箱
3. ISO 制定的主要物流模数尺寸是（　　）。
   A. 800mm×600mm　　　　　　　　　B. 600mm×400mm
   C. 600mm×600mm　　　　　　　　　D. 500mm×400mm
4. 按照 ISO 的规定，集装箱的容积应在（　　）以上。
   A. 5 m^3　　　　B. 20 m^3　　　　C. 1 m^3　　　D. 10 m^3

三、判断题

1. 包装容器是包装的一部分，但辅助材料不是。　　　　　　　　　　　　　　（　　）
2. 标牌标志、指示标志、运输标志都属于包装标志的范畴。　　　　　　　　　（　　）
3. 在物资包装上订打说明商品性质特征、规格、质量、产品批号、生产厂家等内容的标志属于指示标志。　　　　　　　　　　　　　　　　　　　　　　　　　　　　　（　　）
4. 集合包装虽然能提高装卸率，但是包装成本会上升。　　　　　　　　　　　（　　）
5. 托盘联营中的及时交换方式就是发货人在收到收货人寄来到站已收妥收货人交回了空托盘的收据后，向发站索取同等数量的空托盘，并支付一定的联营费的运作方式。（　　）
6. 流通加工就是产品在生产领域进行的各种加工活动。　　　　　　　　　　　（　　）

四、简答题

1. 包装作为一项物流作业都包含哪些活动？
2. 包装的功能有哪些？
3. 包装如何分类？请思考每种包装类型的适用情况。
4. 包装技术有哪些？特殊包装技术如何应用？

5. 集合化包装的作用是什么？
6. 为什么要进行托盘标准化？它有什么重要意义？
7. 什么是托盘联营？方式有哪些？
8. 集装箱在物流系统中的作用是什么？试列举它的几个用途。

课后案例

惠普笔记本电脑逼近"零包装"

根据长期的环保战略，惠普设计了 Pavilion dv6929 笔记本电脑的全新包装。该包装比传统笔记本电脑包装减少了 97%的原料使用和空间占有，几乎接近 "零包装"；由此带来的是所需运输车辆比之前减少了 1/4，节省了运输所需燃料，减少了二氧化碳的排放量。

Pavilion dv6929 笔记本电脑的全新包装将传统保护性运输材料与纸箱替换为惠普保护性运输袋，其原料由 100%的回收再利用织物材料制成。该包装外观个性时尚，酷似单肩背包，而与传统的包装相比，其保护性毫不逊色。

惠普获奖的笔记本电脑保护性运输袋既能对笔记本起到强大的保护作用，又能减少电脑包装对环境产生的危害。除 "零包装"外，惠普电脑采取了更多人性化简化措施，如减少了包装箱中的纸质说明材料和 CD，代之以在线支持和软件程序，大大减少了纸张和材料的使用量，减少了浪费。如客户索取纸质使用手册，则采用无氯漂白的原生纸或再生纸提供资料。

事实上，电脑包装的环保设计只是惠普整体环保理念付诸实践的一部分，惠普已经将绿色视为一种产业，并在该产业的各个环节保持领先。

惠普将绿色理念和科技融入电脑研发、设计、生产、运输、使用、回收再利用的整个生命周期甚至供应链的上下游，形成了一个完整的绿色科技生态圈。

惠普致力于实现经济效益与环境责任的最佳整合。早在 1992 年惠普就提出 "为环境而设计"项目，从研发阶段就开始考虑环保因素，包括如何使用环保材料，如何通过设计减少能源耗费，如何通过设计减少包装对环境的影响等。惠普电脑的能源效率观贯穿其产品、解决方案和服务全线，并致力于教育消费者如何降低电脑产品使用时的能源消耗率。此外，惠普提倡所有用户树立 IT 产品的绿色回收意识，并在全球率先为客户提供负责、便利的回收再利用服务。

作为全球最大的 IT 公司和首批 "中国绿色公司"标杆企业，惠普一直是环境责任领域的领军者和佼佼者。笔记本电脑的 "零包装"虽然只是一个细节，但也再次证明了惠普的绿色态度和绿色实力。

第 7 章

装卸搬运技术

本章学习目标

1. 掌握装卸搬运的含义。
2. 熟悉装卸搬运的特点。
3. 掌握装卸搬运合理化的措施。
4. 了解装卸搬运的主要方法。

7.1 装卸搬运概述

7.1.1 装卸搬运的含义

装卸（Loading and Unloading）是指物料在指定地点以人力或机械装入运输设备或卸下的过程，是以上下移动为主的作业；而搬运（Handing and Carrying）是指在同一场所内，在某个物流节点内，对物料进行的以水平移动为主的物流作业。在实际操作中，装卸与搬运是密不可分的，两者常常伴随在一起发生的。因此，在物流学中并不过分强调两者的差别，而是作为一种活动来对待。

装卸搬运活动是物流各项活动中出现最频繁的一项作业活动，而且在整个物流环节中不产生任何新的效用和价值，但装卸搬运的效率和成本直接影响物流整体的质量和效益。

7.1.2 装卸搬运的特点

1. 装卸搬运具有伴生性

装卸搬运是物流每项活动开始、结束或操作过程中时必然发生的活动，因此有时被看做其他操作过程中不可缺少的组成部分。例如，在运输、出入库、分拣、包装过程中都包含了装卸搬运活动。

2. 装卸搬运具有保障性

在作业过程中，装卸搬运对其他物流活动有一定的决定性，装卸搬运会影响其他物流活动的质量和速度。例如，装车不当，会引起运输过程中的损失；卸放不当，会引起货物转换成下一步作业的困难。许多物流活动只有在有效的装卸搬运支持下，才能实现高水平。

3. 装卸搬运具有衔接性

在任何其他物流活动互相过渡时，都是以装卸搬运来衔接的，因而，装卸搬运往往成为整个物流过程的"瓶颈"，是物流各功能之间能否形成有机联系和紧密衔接的关键，而这又是一个系统的关键。

7.1.3 装卸搬运作业合理化

1. 防止和消除无效作业

无效的装卸搬运是指在作业过程中超出必要的装卸搬运量的作业。为了有效地防止和消除无效作业，可从以下几个方面入手：减少装卸次数；提高被装卸物料的纯度；选择轻量化、简单化的包装；缩短作业距离等。

2. 提高装卸搬运的灵活性

装卸搬运灵活性是指在装卸作业中的物料进行装卸作业的难易程度。在堆放货物时，需要事先考虑物料作业的方便性。根据物料所处的状态，可将其灵活性分为5个等级（也称为活性指数），其所涉及的作业项目如表7-1所示。

表 7-1　物料活性指数与作业项目

活 性 指 数	物 料 状 态	集　中	搬　起	抬　升	运　走
0	散落在地面上	●	●	●	●
1	装箱或捆扎后	○	●	●	●
2	置于集装箱或托盘内	○	○	●	●
3	置于装卸机械上	○	○	○	●
4	处于运动状态	○	○	○	○

注：●代表需要的作业项目；○代表不需要的作业项目。

从理论上来讲，活性指数越高越好，但实际中必须考虑实施的可行性。例如，在储存阶段中，物料的活性指数为状态 3 或 4，在仓库中很少采用，这是因为大批量的物料不可能都存放在输送带和车辆上。

为了说明和分析物料搬运的灵活程度，通常采用平均活性指数的方法。这个方法是对某一物流过程中物料所具备的活性情况累加后计算其平均值，用"δ"表示。δ 值的大小是确定改善搬运方式的依据。

（1）当 $\delta<0.5$ 时，所分析的装卸搬运系统半数以上处于活性指数为 0 的状态，即大部分处于散装情况，其改进方式可采用料箱、推车等存放物料。

（2）当 $0.5<\delta<1.3$ 时，大部分物料处于集装状态，其改进方式可采用叉车和动力搬动车。

（3）当 $1.3<\delta<2.3$ 时，装卸搬运系统大多处于活性指数为 2 的状态，可采用单元化物料的连续装卸和运输。

（4）当 $\delta>2.7$ 时，说明大部分物料处于活性指数为 3 的状态，其改进方式可选用拖车、机车车头拖挂的装卸搬运方式。

装卸搬运的活性分析，除了上述指数分析法外，还可采用活性分析图法。活性分析图法是将某一物流过程中的装卸搬运灵活性程度通过图示表示出来，这样薄弱环节容易被发现并改进。运用活性分析图法通常分二步进行：① 绘制装卸搬运图；② 按搬运作业顺序制作物资活性指数变化图，并计算活性指数；③ 对装卸搬运作业的缺点进行分析改进，绘制改进设计图，计算改进后的活性指数。

3．装卸作业省力化

在装卸作业中应尽可能地消除重力的不利影响。在有条件的情况下利用重力进行装卸，可减轻劳动强度和能量的消耗。将设有动力的小型运输带（板）斜放在货车、卡车或站台上进行装卸，使物料在倾斜的输送带（板）上移动，这种装卸就是靠重力的水平分力完成的。在搬运作业中，不用手搬，而是把物资放在一台车上，由器具承担物体的重量，人们只需要克服滚动阻力，使物料水平移动，这无疑是十分省力的。

利用重力式移动货架也是一种利用重力进行省力化的装卸方式之一。重力式货架的层格有一定的倾斜度，物料利用货箱或托盘可自己沿着倾斜的货架层板滑到输送机械上。图7-1为重力式货架。

4．提高作业的机械化水平

物资装卸搬运设备的运用组织是以完成装卸任务为目的，并以提高装卸设备的生产率、装卸质量和降低装卸搬运作业成本为中心的技术组织活动。它包括下列内容。

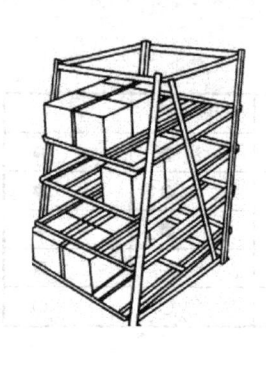

图7-1 重力式货架

（1）根据物流计划、经济合同、装卸作业不均衡程度、装卸次数、装卸车时限等，确定作业现场年度、季度、月、旬、日平均装卸任务量。装卸任务量有事先确定的因素，也有临时变动的可能。因此，要合理地运用装卸设备，就必须把计划任务量与实际装卸作业量两者之间的差距缩小到最低水平。同时，装卸作业组织工作还要对装卸作业的物资对象的品种、数量、规格、质量指标及搬运距离尽可能地做出详细的规划。

（2）根据装卸任务和装卸设备的生产率，确定装卸搬运设备需用的台数和技术特征。

（3）根据装卸任务、装卸设备生产率和需用台数，编制装卸作业进度计划，通常包括装卸搬运设备的作业时间表、作业顺序、负荷情况等详细内容。

（4）下达装卸搬运进度计划，安排劳动力和作业班次。

（5）统计和分析装卸作业成果，评价装卸搬运作业的经济效益。

随着生产力的发展，装卸搬运的机械化程度将不断提高。此外，由于装卸搬运的机械化能把工人从繁重的体力劳动中解放出来。尤其对于危险品的装卸作业，机械化能保证人和货物的安全，这也是装卸搬运机械化程度不断得以提高的动力。

5．推广集合化装卸搬运

我们在第6章已经论述过集合化包装的优势，经集合化处理的货物大大提高了装卸搬运的灵活性，可实现装卸搬运的集装处理，可以充分利用机械进行操作。增大装卸单位、提高作业效率，且操作单元大小一致，易于实现标准化。

6．合理地规划装卸搬运作业过程

装卸搬运作业过程是指对整个装卸作业的连续性进行合理的安排，以减少运距和装卸次数。

装卸搬运作业现场的平面布置是直接关系到装卸搬运距离的关键因素，装卸搬运机械要与货场长度、货位面积等互相协调。要有足够的场地集结货场，并满足装卸搬运机械工作面积的要求，场内的道路布置要为装卸搬运创造便利的条件，有利于加速货位的周转。使装卸搬运距离达到最小的平面布置是减少装卸搬运距离的最理想方法。

7.2 装卸搬运的方法

7.2.1 按作业对象分类

1. 单件作业法

单件作业法是人工装卸搬运阶段的主导方法。虽然目前机械化作业已经非常普遍，但在某些特殊情况下，单件作业的方法依然存在。

2. 集装作业法

（1）集装箱作业法。集装箱的装卸分为垂直装卸作业和水平装卸作业。在铁路车站，集装箱垂直装卸以轨道龙门起重机方式为主，轮胎龙门起重机方式和跨车方式等也有所采用。图 7-2 为龙门起重机方式。

水平装卸作业法即"滚上滚下"方法，港口以拖挂车和叉车为主要装卸设备，在铁路车站主要采用叉车或平移装卸机等设备。图 7-3 为利用滚装船进行装卸的过程。

图 7-2　龙门起重机方式　　　　图 7-3　滚装船

（2）托盘作业法。托盘作业法分为水平托盘作业法和垂直作业法。水平托盘作业法主要采用叉车和辊子式输送机。垂直托盘作业法采用升降机、载货电梯等。在自动化仓库中，采用桥式堆垛机和巷道式堆垛机完成在仓库货架内的取、存装卸。图 7-4 为叉车。

（3）其他集装作业法。货捆单元化的物料，可以使用叉车、门式起重机和桥式起重机进行装卸搬运作业。带有与各种框架集装化货物相配合的专用吊具的门式起重机和叉车等是配套的装卸搬运机械。装卸袋和其他网袋集装化物资，由于体积小、自重轻、回送方便、可重复使用，是备受欢迎的作业方式。图 7-5 为集装袋。

图 7-4　叉车　　　　　　　　　　　　图 7-5　集装袋

3. 散装作业法

煤炭、建材、矿石等大宗物资历来都采用散装作业法。谷物、水泥、化肥、原盐、食糖等随着作业量增大，为提高装卸搬运效率，也日益走向散装作业法。

散装作业法具体包括下面几种方法。

（1）重力作业法。重力作业法是利用货物的位能来完成装卸作业的方法。例如，重力作业法卸车是指底开门车或漏斗车在高架线或卸车坑道上自动开启车门，煤或矿石依靠重力自行流出的卸车方法。图 7-6 为利用重力进行卸车的过程。

图 7-6　重力作业法

（2）倾翻作业法。倾翻作业法是将运载工具载货部分倾翻，而将货物卸出的方法。铁路敞车被送入翻车机，加紧固定后，敞车和翻车机一起翻动，货物倒入翻车机下面的受料槽。带有可旋转车钩的敞车和一次翻两节车的大型翻车机配合作业，可以实现列车不解体卸车。图 7-7 为利用翻车机进行装卸作业的过程。

（3）气力输送法。气力输送法是利用风机在气力输送机的管内形成单向气流，依靠气体的流动或气压来输送货物的方法。该方法需借助具有一定能量的气流，沿一定的管路将散装、颗粒状或粉状物资从一处送到另一处目的地的装置。图 7-8 为气力式输送机。

图 7-7　倾翻作业法　　　　　　　　　图 7-8　气力式输送机

（4）机械作业法。机械作业法是指采用各种机械，采用专门的工作机械，通过抓、铲等作业方式，达到装卸搬运的目的。常用的装卸搬运机械有带式输送机、链式装车机、单斗和单斗装载机、抓斗机、挖掘机等。

7.2.2　按装卸设备的特点分类

1．间歇式作业

间歇式作业是指在装卸搬运过程中有重程和空程两个阶段，即在两次作业中存在一个空程准备过程的作业方法。图 7-9 是岸边装卸桥的间歇式作业过程。

图 7-9　间歇式作业

2．连续式作业

连续式作业是指在装卸过程中，设备不停地作业，物资可连绵不断地运动的装卸作业方法。

这种方式可以沿一定的路线不停地输送物资，其工作构件的装载和卸载都是在运动过程中完成的，无须停车，起制动少。其缺点是：只能沿一定的路线输送，每种机型只能用于一定类型的货物，一般不适于输送质量很大的单件物品，通用性差；大多数连续运输机械不能自动取货，因而需要配合一定的供料设备。图 7-10 为进行连续式作业时常用的输送机。

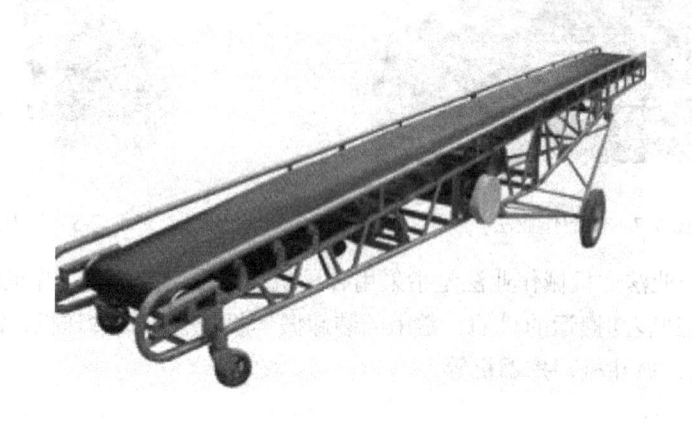

图 7-10 输送机

7.2.3 按作业手段分类

1. 人工作业法

人工作业法是完全依靠人工使用无动力机械来完成装卸搬运的方法。

2. 机械作业法

机械作业法是以各种装卸搬运机械为主，采用多种操作方法来完成物资的装卸搬运的方法。

3. 综合机械作业法

综合机械作业法是要求作业机械设备和作业设备、作业环境相配合，采用自动化控制手段来完成搬运作业的方法。

7.2.4 按作业方式分类

1. 吊上吊下方式

该方式采用各种起重机械从货物上部起吊，依靠起吊装置的垂直移动实现装卸，并在吊车运行的范围内或回转的范围内实现搬运,或者依靠搬运车辆实现小搬运。由于吊起及放下属于垂直运动,因此这种装卸方式属垂直装卸方式。

2. 叉上叉下方式

该方式采用叉车从货物底部托起货物,并依靠叉车的运动进行物资位移,搬运完全靠叉车本身,物资可不经中途落地直接放置到目的地。这种方式主要进行水平运动,属水平装卸方式。

3. 滚上滚下方式

滚上滚下方式主要是指港口装卸的一种水平装卸方式。利用叉车或半挂车、汽车承载物资,连同车辆一起开上船,到达目的地后再从船上开下。利用叉车的滚上滚下方式,在船上卸货后,叉车必须离船;利用半挂车、平车或汽车,则拖车将半挂车、平车拖至船上后,拖车开下离船,而载货车辆连同货物一起运到目的地,再原车开下或拖车上船拖拉半挂车、平车开下。滚上滚下方式需要有专门的船舶,对码头也有不同的要求,这种专门的船舶称作"滚装船"。

4. 移上移下方式

移上移下方式是在两车之间进行靠接,然后利用各种方式,使货物靠水平移动从一种车辆上推移到另一种车辆上。移上移下方式需要使两种车辆水平靠接,因此,对站台或车辆货台需进行改变,并配合移动工具实现这种装卸。

5. 散装散卸方式

散装散卸方式主要是对散装物进行装卸。一般从装点直到卸点,中间不再落地,这是集装卸与搬运于一体的装卸方式。

本章小结

装卸搬运是物流过程中出现最频繁的一项作业活动,虽然不产生任何新的价值,但装卸搬运的效率和成本直接影响物流整体的质量和效益。装卸搬运有着作业量大、对象复杂、作业不均衡、机械应用多等特点。装卸搬运中不合理的地方很多,消除无效作业、提高物资灵活性、作业省力化、正确应用装卸机械和集合化的包装等都是装卸搬运合理化的有效手段。装卸搬运的方法很多,每种方法都有其特定的应用范围。

复习思考题

一、名词解释

1. 装卸
2. 搬运
3. 装卸搬运灵活性
4. 倾翻作业法
5. 间歇式作业
6. 连续式作业

二、选择题

1. 以下（　　）应列为灵活性的第 3 级。
   A. 散落在地面上　　B. 置于装卸机械上　　C. 处于运动状态　　D. 装箱或捆扎后

2. 以下（　　）属于装卸搬运的无效作业。
   A. 减少装卸次数　　　　　　　　　　B. 提高被装卸物料的纯度
   C. 选择更厚重的包装　　　　　　　　D. 缩短作业距离

3. 装卸搬运按作业对象分类，可分为（　　）。
   A. 单件作业　　B. 集装作业　　C. 人工作业　　D. 散装作业

4. 龙门起重机属于（　　）作业方式。
   A. 间歇式　　B. 连续式　　C. 重力式　　D. 集装式

三、判断题

1. 装卸搬运不用伴随其他活动而存在，可以独立存在。（　　）
2. 在装卸搬运活动中，可以利用重力实现装卸搬运的省力化。（　　）
3. 滚装主要指港口装卸的一种垂直装卸方式。（　　）

四、简答题

1. 装卸搬运的特点是什么？为什么装卸搬运制约着物流系统的效率？
2. 装卸搬运合理化的措施有哪些？
3. 怎样消除无效的作业？
4. 物品灵活性等级是如何划分的？
5. 怎样利用重力方便装卸搬运作业？
6. 装卸搬运的主要方法有哪些？分别适用于什么情况？

课后案例

云南双鹤的装卸搬运案例

云南双鹤医药有限公司（以下简称云南双鹤）是北京双鹤药业股份有限公司这艘"医药航母"部署在我国西南战区的一艘"战舰"，是一个以市场为核心、现代医药科技为先导、金融支持为框架的新型公司，是西南地区经营药品品种较多、较全的医药专业公司。

虽然云南双鹤已形成规模化的产品生产和网络化的市场销售，但其流通过程中物流管理严重滞后，造成物流成本居高不下，不能形成价格优势。这严重阻碍了物流服务的开拓与发展，成为公司业务发展的瓶颈。装卸搬运活动是衔接物流各环节活动正常进行的关键，在过去，云南双鹤恰好忽视了这一点。由于搬运设备的现代化程度低，只有几个小型货架和手推车，大多数作业仍处于人工作业为主的原始状态，工作效率低，且易损坏物品。另外，仓库设计的不合理，造成长距离搬运。并且库内作业流程混乱，形成重复搬运，大约有 70%的无效搬运，这种过多的搬运次数，不仅损坏了商品，也浪费了时间。

如果说物流硬件设备是人的身体，那么物流软件解决方案则构成了人的智慧与灵魂，灵与肉的结合才能形成一个完整的人。同理，要想构筑先进的物流系统，提高物流管理水平，单靠物流设备是不够的，因此，云南双鹤在装卸搬运环节采取了大量的优化措施。

1. 减少装卸搬运环节

改善装卸作业，既要设法提高装卸作业的机械化程度，还必须尽可能地实现作业的连续化，从而提高装卸效率，缩短装卸时间，降低物流成本。其合理化措施有：防止和消除无效作业，尽量减少装卸次数，努力提高被装卸物品的纯度，选择最短的作业路线等。

2. 提高物品的装卸搬运活性指数

企业在堆码物品时事先应考虑装卸搬运作业的方便性，把分类好的物品集中放在托盘上，以托盘为单元进行存放，既方便装卸搬运，又能妥善保管好物品。

3. 积极利用重力原则，实现装卸作业的省力化

装卸搬运使物品发生垂直和水平位移，必须通过做功才能完成。由于我国目前装卸机械化水平还不高，许多尚需人工作业，劳动强度大，因此必须在有条件的情况下利用重力进行装卸，将设有动力的小型运输带（板）斜放在货车、卡车上进行装卸，使物品在倾斜的输送带（板）上移动，这样就能减轻劳动强度减少能量消耗。

4. 进行正确的设施布置

采用 L 形和"U"形布局，以保证物品单一的流向，既避免了物品的迂回和倒流，又减少了搬运环节。

第 8 章

物流信息技术

本章学习目标

1. 熟悉物流信息的特征。
2. 熟悉物流信息的作用与类型。
3. 掌握条形码技术、射频识别技术、EDI 技术、POS 系统、EOS 系统、GPS 系统及 GIS 系统在物流活动中的应用方法。
4. 了解电子商务的构成要素。
5. 熟悉电子商务对物流活动的影响。
6. 掌握电子商务环境下生产企业及流通企业的物流运作流程。

8.1 物流信息技术概述

8.1.1 物流信息技术的含义

物流信息技术（Logistics Information Technology）是指现代信息技术在物流各个作业环节中的应用。物流信息技术是物流技术中发展最快的领域，是物流现代化的重要标志之一。从数据采集的条形码到办公自动化系统中的计算机、互联网、大数据、各种终端设备等硬件及计算机软件都在日新月异地发展，同时也导致了一系列新型物流理念和经营方式的出现。

物流信息技术主要由通信、软件、面向行业的业务管理系统三大部分组成，包括基于各种通信方式基础上的移动通信手段、全球定位系统、地理信息系统、计算机网络技术、自动化仓库管理系统、智能标签、条形码、射频识别、电子数据交换等现代高端技术。

8.1.2 物流信息的特征

物流信息是随着企业的物流活动而发生的，和其他领域的信息相比，物流信息的特征表现为以下几点。

1．多样性

由于物流本身是一个大范围的活动，因此物流信息也分布于一个大范围内。物流信息种类繁多，从其作用的范围来看，物流系统内部各个环节存在不同类型的信息，如流转信息、作业信息、控制信息、管理信息等，物流系统外部也存在各种不同类型的信息，如市场信息、政策信息、区域信息等；从其稳定程度来看，又有固定信息、流动信息与偶然信息等；从其加工程度看，又有原始信息与加工信息等；从其发生时间来看，又有滞后信息、实时信息和预测信息等。在进行物流系统的研究时，应根据不同种类的信息进行分类收集和整理。

2．联系性

物流活动是多环节、多因素、多角色共同参与的活动，目的就是实现产品从产地到消费地的顺利移动，因此在该活动中所产生的各种物流信息必然存在十分密切的联系，如生产信息、运输信息、储存信息与装卸信息间都是相互关联、相互影响的。

3．动态性

多品种、小批量、多频度的配送技术与销售终端、嵌入式操作系统、电子数据交换数据收集技术的应用使得各种物流作业效率不断得到提高，加快了物流信息变化的速度。物流信息的及时收集、快速响应、动态处理已成为物流经营活动成败的关键。

4．复杂性

物流信息的多样性、联系性和动态性带来了物流信息的复杂性。在物流活动中，必须对不同来源、不同种类、不同时间和相互联系的物流信息进行反复研究和处理，才能得到有实际应用价值的信息，从而指导物流活动，这是一个非常复杂的过程。

8.1.3 物流信息的作用与类型

1．物流信息的作用

物流信息在物流活动中具有十分重要的作用，通过物流信息的收集、传递、存储、处理、输出等，成为决策依据，对整个物流活动起到指挥、协调、支持和保障的作用，具体如下。

（1）有助于沟通物流系统的各个子系统。物流管理活动是一个系统工程，采购、运输、库存及销售等活动在企业内部相互作用，形成一个有机的整体。物流系统通过物流的流动、所有权的转移和信息的接收/发送与外界不断发生作用，实现对物流的控制。整个系统的协调性越好，内部损耗就越低，物流管理水平越高，企业就越能从中受益。而物流信息则在其中充当着桥梁和纽带的作用。

（2）有助于管理者协调和控制各个物流环节。物流信息可以帮助企业对物流活动的各个环节进行有效的计划、协调与控制，以达到系统整体优化的目标。每项物流活动都会产生大量的物流信息，而物流系统则可以通过合理应用现代信息技术，对这些信息进行挖掘和分析。通过这些信息的反馈，对各个环节的活动进行协调与控制。

（3）有助于提高企业的科学管理和决策水平。物流管理通过加强供应链中各活动和实体间的信息交流与协调，使物流和资金流保持畅通，实现供需平衡。通过运营科学的分析工具，物流信息可以协助物流管理者鉴别、评估经比较物流战略和策略后的可选方案，如车辆调度、库存管理、设施选址、资源选择、流程设计及有关作业比较等。通过物流系统各节点间的信息共享，能够有效地缩短订货提前期，降低库存水平，提高搬运和运输效率。

（4）有助于战略计划的制订。作为决策分析的延伸，物流战略计划涉及物流活动的长期发展方向和经营方针的制定，如企业战略联盟的形成、以利润为基础的客户服务分析及能力和机会的开发和提炼。

2. 物流信息的类型

（1）按管理层次分类。根据管理层次，物流信息可分为战略层信息、战术层信息和操作层信息。

① 战略层信息，是企业高层管理决策者制定企业年度经营目标、企业战略决策所需要的信息，如企业全年经营业绩综合报表、收入动向和市场动向，国家有关政策、法规等。

② 战术层信息，是部门负责人做出局部和中期决策所涉及的信息，如销售计划完成情况及单位产品的制造成本、库存费用、市场商情信息等。

③ 操作层信息，产生于操作管理层，反映和控制企业的日常生产和经营工作，如每天的产品质量指标、客户订货合同、供应厂商原材料信息等。这类信息通常具有数量大、发生频率高等特点。

（2）按信息来源分类。按信息来源，可将物流信息分为物流系统内部信息和物流系统外部信息。

① 物流系统内部信息。这是伴随物流活动而发生的信息，包括物料流转信息和物流作

业层信息。具体为运输信息、储存信息、物流加工信息、配送信息、定价信息等，以及物流控制层信息和物流管理层信息。

② 物流系统外部信息。它是在物流活动以外发生的，但提供给物流活动使用的信息，包括供货人信息、客户信息、订货合同信息、社会可用运输资源信息、交通和地理信息、市场信息、政策信息，还有来自企业的生产、财务等部门的与物流有关的信息。

（3）按照企业的不同职能分类。以一个生产企业为例，在企业内部管理与外部联络过程中，物流信息存在于各个职能之中，主要可以分为以下几类。

① 订货信息。它反映了物资需求者对物资品种、规格、数量等的需求，是一切物流信息中的基本因素。

② 发货信息。它是物资流动的信号。无论生产部门还是销售部门，发货信息都标志着物流活动的开始。

③ 库存信息。它是表示库存物资数量与结构、状态的信息。库存物资是物资供应资源的组成部分。

④ 运输信息。它包括发货时间、发货地点、到货时间、运输工具、运输成本、运输人员等。

⑤ 采购指示。它主要包括采购批量、采购时机、采购方式等信息。

⑥ 物流费用信息。它包括运输费用、库存费用、采购费用、基础设施投资等。

⑦ 渠道信息。它包括渠道成员的商誉、信用等级、供应能力、销售能力等。

物流信息在企业的流转过程如图 8-1 所示。

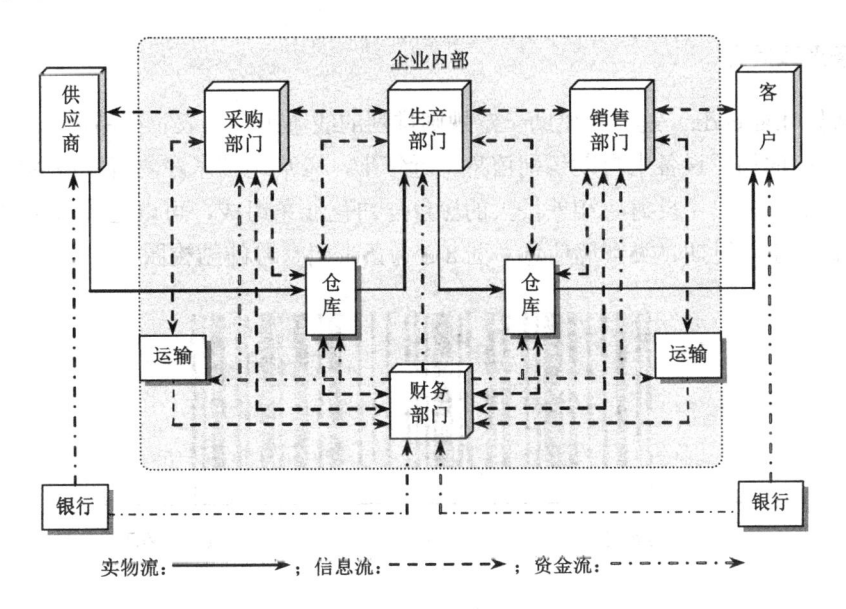

图 8-1　物流信息在企业内外部的流转过程

从图 8-1 可以看到各种物流信息在企业内部及外部的流转过程。首先，企业按照客户的订货要求，接受客户订单。企业销售部门在接受订单之后，检查商品库存信息。库存可以满足订单要求时，销售部门将根据当前的订单信息制定配送计划，并发出发货指令信息给企业的运输部门或运输业者。运输部门根据这一发货指令安排运输计划，产生运输信息，包括运输工具的选择、运输路线的优化、运载量的确定、运输时间及车况等。货物在运输途中，可以随时查询货物跟踪信息。如果库存不足，将综合销售订单信息与库存信息产生生产指示信息，生产部门根据这一信息安排生产。当原材料库存不足时，还将产生采购指示信息给采购部门，由采购部门选择供应商，并发出采购订单。在整个过程中，所产生的相关费用，包括运输费用、库存费用、采购费用、流通过程中基础设施的投资、使用与维护费用及退货成本等费用信息将报给财务部门。在企业的采购及销售过程中，还可以得到另一类信息，就是有关企业渠道成员的商誉、信用等级、供应能力、销售能力等方面的信息，这些信息也使企业在建立自己供应链的过程中更加主动，优胜劣汰，实现强强联合，同时将企业的经营风险降至最低限度。

8.2　物流领域常用的信息技术

8.2.1　条形码技术

1. 条形码简介

条形码（Bar-code）是一种借助一定规则排列的线条组合来表示商品信息的编码方式，能够通过专门的扫码设备来自动识别信息。近年来，条形码技术在物流领域的应用越来越广泛。常见的条形码由反射率相差很大的黑色与白色线条组成，可以记录商品的国别、制造厂、名称、生产日期、类别等信息。图 8-2 为条形码符号的结构图。

图 8-2　条形码符号的结构图

2. 条形码的特点

（1）唯一性。同种产品的同种规格对应同一个产品代码，同种产品不同规格对应不同的产品代码。应根据产品的不同性质，如重量、包装、规格、气味、颜色、形状等，赋予不同的产品代码。

（2）永久性。产品代码一经分配，就不再更改，并且是终身的。当此种产品不再生产时，其对应的产品代码只能搁置起来，不得重复起用再分配给其他产品。

（3）无含义。为了保证代码有足够的容量以适应产品频繁的更新换代的需要，最好采用无含义的顺序码。

条形码系统是由条形码符号设计、制作及扫描阅读组成的自动识别系统。它利用光学系统读取条形码符号，由光电转换器将光电信号转换为电信号，通过电路系统对电信号进行放大和整形，最后以二进制脉冲信号输出给译码器进行译码。图 8-3 为条形码系统的工作原理。

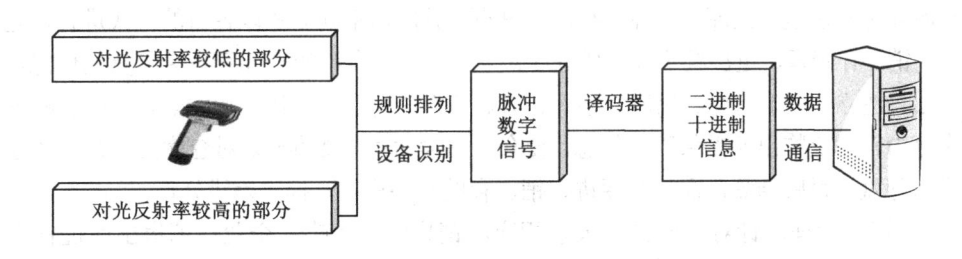

图 8-3　条形码系统的工作原理

3. 条形码的优点

（1）可靠性强。条形码的读取准确率远远超过人工记录，平均每 15000 个字符才会出现一个错误。

（2）识别效率高。条形码的读取速度很快，相当于每秒 40 个字符。

（3）成本低。与其他自动化识别技术相比，条形码技术仅需要一小张贴纸和相对构造简单的光学扫描仪，成本相当低廉。另外，条形码的编写很简单，制作也仅仅需要印刷，被称作"可印刷的计算机语言"。

（4）操作简单。条形码识别设备的构造简单，体积较小，使用方便。

（5）灵活实用。条形码符号可以用手工键盘输入，也可以和有关设备组成识别系统实现自动化识别，还可以和其他控制设备联系起来实现整个系统的自动化管理。

4. 条形码技术在物流领域的应用

条形码技术为企业提供了一种对物品进行识别和描述的快捷方法。借助条形码自动识别技术，企业可以随时了解有关产品的信息，在产品从生产、运输、仓储到零售等环节都可以利用条形码技术来保证数据的准确性，条形码技术方便快捷的特点给各个环节的管理带来了极大的便利。条形码技术的主要应用领域如下。

（1）物料管理。物料跟踪管理，建立完整的产品档案；管理系统包括库存量控制、采购控制、制造命令控制、供应商资料管理、零件缺件控制、盘点管理等功能；对物料仓库进行基本的进、销、存管理；建立物料质量检验档案，产生质量检验报告，与采购订单挂钩建立对供应商的评价。

（2）生产管理。在生产管理中，建立产品识别码，应用产品识别监控生产，采集生产测试数据，采集生产质量检查数据，进行产品完工检查，建立产品档案，提供给企业决策者动态的监控生产。监视各个采集点的运行情况，保证采集网络的各个采集点正常工作，图表或表格实时反映产品的未上线、在线、完工情况，从而保证生产的正常运行，提高生产效率，通过一系列的生产图表或表格监控生产运行。

（3）仓储管理。仓储管理系统根据货物的品名、型号、规格、产地、牌名、包装等划分货物品种，并且分配唯一的编码，也就是"货号"。分货号管理货物库存和管理货号的单件集合，并且应用于仓库的各种操作。采用产品标识码记录单件产品所经过的状态，从而实现了对单件产品的跟踪管理。

仓库业务管理包括出库、入库、盘库、盘点、移库，不同业务以各自的方式进行，完成仓库的进、销、存管理，更加准确地完成仓库出入库操作。条形码仓库管理采集货物信息，处理采集数据，建立仓库的入库、出库、移库、盘点数据，使仓库操作更加准确。它能够根据货物单件库存为仓库货物出库提供库位信息，使仓库货物库存更加准确。对仓库的日常业务建立台账，月初开盘，月底结盘，保证仓库进、销、存的有序进行，提供差错处理。

（4）销售管理。针对不同销售采取相应的销售跟踪策略：企业在销售出库过程中完成跟踪；其他单位销售按其上报销售单件报表或客户信息返回卡完成跟踪。市场规范检查监督区域销售政策实施，市场销售跟踪建立完整的销售链，根据销售规范检查销售。建立部分销售链，根据市场反馈检查销售。按品种、数量来评估销售商的能力及区域市场销售特点。

（5）售后跟踪服务。客户购买回寄或零售商回寄，建立客户信息。产品客户信息处理提供销售跟踪和全面的市场分析。售后维修检查产品，检查产品是否符合维修条件和维修范围，企业能够进一步提高产品售后维修服务，并区分保修和收费维修。售后维修跟踪建立产品售后维修档案，通过产品维修点反馈产品售后维修记录，建立售后维修跟踪记录，监督产品维修点和建立产品的售后产品质量，记录、统计维修原因，维修部件管理和对产品维修部件进行基本的进、销、存管理。

（6）产品质量管理。物料质量管理，根据物料准备、生产制造、维修服务过程中采集的物料质量信息，统计物料的合格率、质量缺陷分布，产生物料质量分析报告。

8.2.2 射频识别技术

1. 射频识别技术简介

射频识别技术（Radio Frequency Identification，RFID），也称电子标签，是一种非接触

式的自动识别技术，通过射频信号自动识别目标对象并获取相关数据。识别工作无须人工干预，可识别高速运动的物体并可同时识别多个标签。

RFID 标签可分为主动标签（Active Tags）和被动标签（Passive Tags）两种。主动标签自身带有电池供电，与被动标签相比成本更高，也称有源标签。被动标签从阅读器产生的磁场中获得工作所需的能量，成本很低，比主动标签更小，也更轻，也称无源标签。两者之间的比较如表 8-1 所示。

表 8-1 主动标签与被动标签的比较

比较项目	主动标签	被动标签
电源	内装电池	无源，利用无线波能量工作
工作环境要求	在高温或低温下电池不能正常工作	在高温或低温下能正常工作
使用寿命	标签卡使用寿命受到电池寿命的影响	系统一致性很好，使用寿命在 10 年以上，免维护
体积大小	卡的外形尺寸大，较厚，较重	外形小巧、轻、薄，安装方便，适用于各种使用
防拆功能	无法做到标签防拆功能	容易做到标签防拆功能
成本	较高	低
读写距离	读写距离较远	读写距离较近
读写速度	读写速度快	读写速度慢

2．射频识别技术与条形码技术的区别

射频技术与条形码技术是两种不同的技术，有不同的适用范围，有时会有重叠。两者目的相似，都是快速准确地确认追踪目标。条形码的内存不能更改，射频标签不像条形码，它特有的辨识器不能被复制。射频标签的作用不仅仅局限于视野之内，因为信息是由无线电波传输的，而条形码必须在视野之内。由于条形码成本较低，有完善的标准体系，在全球的应用更广泛，更容易被接受。两者之间的具体区别如表 8-2 所示。

表 8-2 射频识别技术与条形码技术的区别

比较项目	射频识别技术	条形码技术
能否重复写入	可以写入及存取数据，写入所需时间短	内存不能更改，辨识器不能被复制
识别途径	电磁波识别，不需光源	光学识别
扫描范围	距离远，不局限于视野之内，穿透力强	必须在视野之内，不能有物体阻挡
使用寿命	使用寿命长，能在恶劣环境下工作，可重复使用	受环境影响大，若标签破损，将无法辨认目标
信息容量	信息容量大，可记录商品的详细信息	信息容量较小，只能识别生产者和产品等信息
处理速度	可同时处理多个标签	不能同时处理
安全性	标签的数据存取带有密码保护，内容不易伪造，安全性高	安全性相对较低
成本高低	成本较高	制作简单，成本低
推广程度	正在发展之中，市场份额有限	已在全球广为应用，有完善的标准体系

3．射频识别系统的工作原理

一套完整的射频识别系统主要由五个部分组成。

（1）标签（Tag）。由耦合元件及芯片组成，每个标签具有唯一的电子编码，附着在物体上标识目标对象。

（2）阅读器（Reader）。也称询问器，是对 RFID 标签进行读写操作的设备，主要包括射频模块和数字信号处理单元两部分。阅读器是 RFID 系统中最重要的部分，一方面，RFID 标签返回的电磁信号通过天线进入阅读器的射频模块中转换为数字信号，再经过阅读器的数字信号处理单元对其进行必要的加工整形，最后从中解调出返回的信息，完成对 RFID 标签的识别或读写操作；另一方面，上层中间件及应用软件与阅读器进行交互，实现操作指令的执行和数据汇总上传。在上传数据时，阅读器会对 RFID 标签原事件进行去重过滤或简单的条件过滤，将其加工成读写器事件后再上传，以减少与中间件及应用软件之间数据交换的流量。

（3）天线（Antenna）。它是 RFID 标签和阅读器之间实现射频信号空间传播和建立无线通信连接的设备。RFID 系统中包括两类天线：一类是 RFID 标签上的天线，它已经和 RFID 标签集成为一体；另一类是阅读器天线，既可以内置于阅读器中，也可以通过同轴电缆与阅读器的射频输出端口相连。目前的天线产品多采用收发分离技术来实现发射和接收功能的集成。天线在 RFID 系统中的重要性往往被人们忽视，在实际应用中，天线设计参数是影响 RFID 系统识别范围的主要因素。

（4）中间件（Middle Ware）。它是一种可以接收应用软件端发出的请求，对指定的一个或多个阅读器发起操作并接收、处理后向应用软件返回结果数据的特殊化软件。中间件在 RFID 应用中除了可以屏蔽底层硬件带来的多种业务场景、硬件接口、适用标准造成的可靠性和稳定性问题外，还可以为上层应用软件提供在多层、分布式、异构的信息环境下业务信息和管理信息的协同。中间件的内存数据库还可以根据一个或多个阅读器的阅读器事件进行过滤、聚合和计算，抽象出对应用软件有意义的业务逻辑信息，构成业务事件，以满足来自多个客户端的检索、发布/订阅和控制请求。

（5）应用软件（Application Software）。它是直接面向 RFID 应用最终客户的人机交互界面，协助使用者完成对阅读器的指令操作及对中间件的逻辑设置，逐级将 RFID 原子事件转化为使用者可以理解的业务事件，并使用可视化界面进行展示。由于应用软件需要根据不同应用领域的不同企业进行专门制定，因此很难具有通用性。

射频识别系统的工作原理如图 8-4 所示。

4．射频识别技术在物流领域的应用

RFID 技术可广泛应用于工业自动化、商业自动化、交通运输控制管理等众多领域，以下列举一些 RFID 的应用实例。

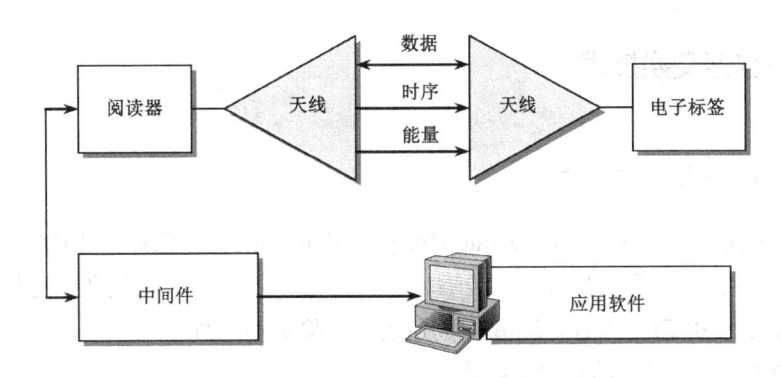

图 8-4 射频识别系统的工作原理

（1）高速公路自动收费及交通管理。高速公路自动收费系统是 RFID 技术最成功的应用之一，RFID 技术应用在高速公路自动收费上能够充分体现它非接触识别的优势。让车辆高速通过收费站的同时自动完成收费，同时可以解决收费员贪污路费及交通拥堵的问题。另外，用 RFID 实时跟踪车辆，通过交通控制中心的网络在各个路段向司机报告交通状况，指挥车辆绕开堵塞路段，并用电子地图实时显示交通状况，能够使得交通流向均匀，大大提高道路利用率。

（2）财产跟踪。将标签贴在物品上面，公司可以自动跟踪管理各种财产，可以跟踪一个物品从某一建筑离开，或者用报警的方式限制物品离开某地。结合 GPS 系统，并利用射频卡，还可以对货柜车、货舱等进行有效跟踪。

（3）仓储管理。将 RFID 系统用于智能仓库货物管理，RFID 有效地解决了仓库与货物流动有关的信息管理。它不但增加了一天内处理货物的件数，还监察着这些货物的一切信息。射频卡贴在货物所通过的仓库大门边上，阅读器和天线都放在叉车上，每个货物都贴有条形码，所有条形码信息都被存储在仓库的中心计算机里，该货物的有关信息都能在计算机里查到。当货物被装运到别地时，由另一阅读器识别并告知计算中心它被放在哪个拖车上。这样管理中心可以实时地了解到已经生产了多少产品和发送了多少产品，并可自动识别货物，确定货物的位置。

（4）商品防伪。防伪技术本身要求成本低，却很难伪造。虽然射频卡的成本相对便宜，但芯片的制造需要有昂贵的芯片工厂，使伪造者望而却步。射频卡本身具有内存，可以储存、修改与产品有关的数据，利于销售商使用；体积十分小，便于产品封装。建立严格的产品销售渠道是防伪问题的关键。利用 RFID，厂家、批发商、零售商之间可以使用唯一的产品号来标识产品的身份。生产过程中在每样产品上封装入射频卡，卡上记载了唯一的产品号。批发商、零售商用厂家提供的阅读器就可以严格检验产品的合法性。

（5）运输设备的识别。例如，通过 RFID，能够得到火车的身份，监控火车的完整性，以防止遗漏在铁轨上的车厢发生撞车事故，同时在车站能将车厢重新编组。如果标签安装在车厢顶端，阅读器安装在铁路沿线，就可得到火车的实时信息及车厢内装的物品信息。

8.2.3 电子数据交换技术

1. 电子数据交换技术简介

电子数据交换（Electronic Data Interchange，EDI）是指按照统一规定的一套通用标准格式，将标准的信息，通过通信网络传输，在贸易伙伴的计算机系统之间进行数据交换和自动处理。由于使用 EDI 能有效地减少直到最终消除贸易过程中的纸质单证，因而人们也称其为"无纸交易"。EDI 具有以下特点。

（1）EDI 是格式化的标准文件，并具有格式检验的功能。

（2）EDI 是计算机之间的自动传输和自动处理，文件客户是计算机系统。

（3）EDI 对于传输的文件具有自动跟踪、确认防篡改、防冒领、电子签名等一系列安全化措施。

从通信的角度来看，EDI 和电子邮件、传真有相似之处，但是它们又存在比较明显的区别，如表 8-3 所示。

表 8-3 EDI 与电子邮件和传真的区别

项　　目	EDI	电子邮件和传真
传输内容	格式化的标准文件并有格式检验功能	文件格式比较自由
客户	计算机系统，自动处理不需人工干预	接收书信需人工干预
安全保密	具有安全保密功能	安全保密功能低
通信网	数据通信网	电话网、电报网

2. EDI 的基本工作流程

EDI 的基本工作流程为信息发送方在自己的计算机系统中输入商业文件，然而通过对照转换成平台文件，再通过翻译形成标准文件，对标准文件加封后传输。接收方收到标准文件后，先进行解封，然后通过计算机系统翻译成自己可识别的文件，再进行对照。EDI 的基本工作流程如图 8-5 所示。

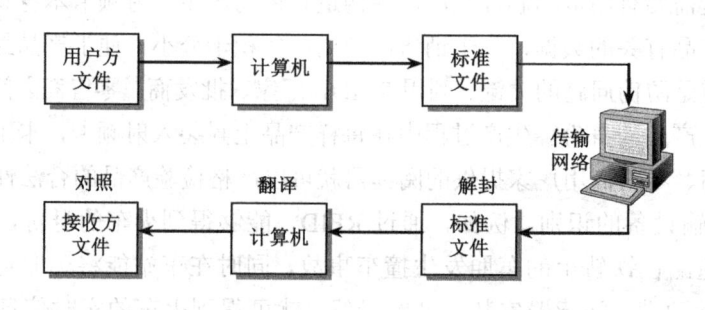

图 8-5 EDI 基本工作流程

3. EDI 的优点

（1）降低过程中的文件及作业成本。根据联合国组织的一次调查，进行一次进出口贸易，双方需交换近 200 份文件和表格，其纸张、行文、打印及差错可能引起的总开销等大约为货物价格的 7%。

（2）提高文件处理的可靠性，减少差错的发生。传统方式下，经常需要将外来的资料重新输入本公司的计算机。调查表明，从一部计算机输出的资料有多达 70%的数据需要再输入其他计算机，既费时又容易出错，利用 EDI，可有效减少差错的发生，提高办公效率和服务质量。

（3）简化工作程序。EDI 使贸易双方能够以更迅速有效的方式进行贸易，大大简化了订货或存货的过程，使双方能充分利用各自的人力和物力资源。

（4）促进贸易伙伴之间建立长期稳定的贸易关系。通过 EDI 可以改善贸易双方的关系，厂商可以准确地估计日后商品的需求量，货运代理商可以简化大量的出口文书工作，商户可以提高存货的周转效率，提高自己的竞争能力。

4. EDI 的主要应用领域

（1）物流业。运输业主可通过 EDI 实现货运单证的电子数据传输，充分利用运输设备、仓位，为客户提供高层次和快捷的服务。对仓储业来说，可加速货物的提取及周转，减缓仓储空间紧张的矛盾，从而提高利用率。

（2）制造业。制造业利用 EDI 能充分理解并满足客户的需要，制定供应计划，达到降低库存、加快资金流动的目的。

（3）外贸业。EDI 可用于外贸业，传输各种贸易单据，也可用于通关和报关，加速货物通关，提高对外服务能力，减轻海关的压力，防止舞弊行为，实现货物通关自动化和国际贸易的无纸化。

（4）金融保险业。利用 EDI 可以实现对外经贸的快速循环和可靠的支付，降低银行间转账所需的时间，增加可用资金的比例，加快资金的流动，简化手续，降低作业成本。

（5）税务部门。税务部门可利用 EDI 开发电子报税系统，实现纳税申报的自动化，既方便快捷，又节省人力、物力。

5. EDI 在物流领域的应用

EDI 在物流领域的应用体现在它可以在货物业主、物流业主及相关单位之间建立联系，彼此进行物流信息的交换，并以此为基础实施物流活动，如图 8-6 所示。

一个典型的物流活动中的 EDI 基本流程如图 8-7 所示。

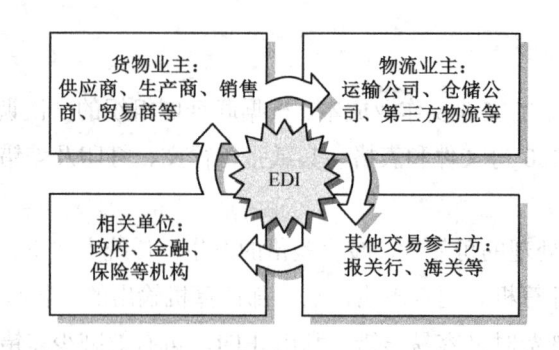

图 8-6　EDI 在物流领域的应用

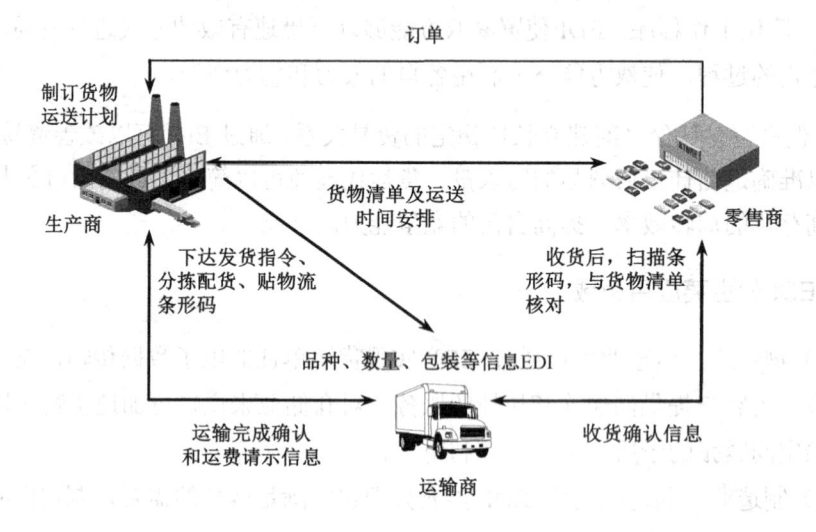

图 8-7　EDI 的基本流程

（1）生产商接到订货后制定货物运送计划，并把运送货物的清单及运送时间安排等信息通过 EDI 发送给运输商和零售商，以便运输商能够预先制定车辆调配计划和零售商制定收货计划。

（2）生产商依据客户订货的要求和货物运送计划下达发货指令、分拣配货、打印出物流条形码（Shipping Carton Marking，SCM），并贴在货物包装箱上，同时把运送货物的品种、数量、包装等信息通过 EDI 发送给运输商和零售商，依据请示下达车辆调配指令。

（3）运输商向生产商取货时，利用车载扫码器读取货物标签的物流条形码，并与预先收到的货物运输数据进行核对，确认运送的货物是否正确。

（4）运输商在物流中心对货物进行整理、集装，制作送货清单，并通过 EDI 向零售商发送发货信息。在货物运送的同时进行货物跟踪管理，并在货物交给零售商之后，通过 EDI 向生产商发送完成运送业务信息和运费请示信息。

（5）零售商在货物到达时，利用扫码器读取货物标签的物流条形码，并与先前收到的货物运输数据进行核对，然后开出收货发票，货物入库，同时通过 EDI 向运输商和生产商发送收货确认信息。

8.2.4 销售时点信息系统

1. 销售时点信息系统简介

销售时点信息系统（Point Of Sales，POS），是指通过自动读取设备在销售商品时直接读取商品销售信息（如商品名、单价、销售数量、销售时间、销售店铺、购买客户等），并通过通信网络和计算机系统传送到相关部门进行分析加工以提高经营效率的系统。POS 系统最早应用于零售业，随后逐渐扩展至其他行业。目前，POS 系统的范围已从企业内部扩展到整个供应链。

2. POS 系统的特点

（1）单品管理、职工管理和客户管理。零售业的单品管理是指对店铺陈列展示销售的商品以单个商品为单位进行销售跟踪和管理的方法；职工管理是指通过终端机计时器的记录，依据每个职工的出勤状况和销售状况进行考核管理；客户管理是指在客户购买商品结账时，通过收银机自动读取零售商发行的客户 ID 或客户信用卡来把握每个客户的购买品种和购买额，从而对客户进行分类管理。

（2）自动读取销售时点的信息。在客户购买商品结账时，系统通过扫描自动读取商品条形码标签上的信息，在销售商品的同时获得实时的销售特征。

（3）信息的集中管理。各个终端获得的销售时点信息以在线联结方式汇总到企业总部，与其他部门发送的有关信息一起由总部的信息系统加以集中并进行分析加工，对商品的销售量与价格、销售量与销售时间之间的关系进行分析，对商品店铺陈列方式、促销方法、促销时间、同类竞争商品的影响进行相关分析等。

（4）连接供应链。通过 POS 能及时把握客户的需求，供应链的参与各方可以利用 POS 系统传递来的信息，并结合其他信息来制定企业的经营计划和市场营销计划。

3. POS 系统的构成

POS 系统由前台 POS 与后台管理信息系统（Management Information System，MIS）两大部分组成，如图 8-8 所示。

（1）前台 POS 系统。前台 POS 系统是指通过自动读取设备（如收银机），在销售商品时直接读取商品销售信息（如商品名、单价、销售数量、销售时间、销售店铺、购买客户等），实现前台销售业务的自动化，对商品交易进行实时服务管理，并通过通信网络和计算机系统传送至后台。通过后台计算机系统的计算，分析与汇总掌握商品销售的各项信息，为企业管理者分析经营成果、制定经营方针提供依据，以提高经营的效率。

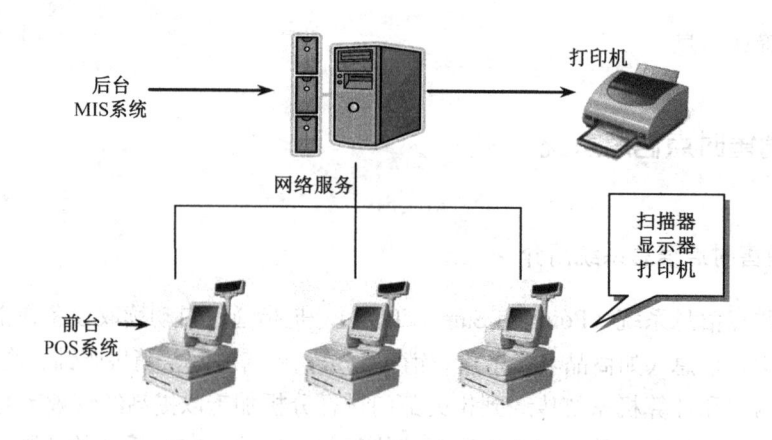

图 8-8 POS 系统的构成

（2）后台 MIS。后台 MIS 主要负责整个商场进、销、调、存的管理及财务管理、库存管理、考勤管理等。它根据商品进货信息对厂商进行管理，同时根据前台 POS 系统提供的销售数据，控制进货数量，合理周转资金，还可以分析统计各种销售报表，快速准确地计算成本与毛利，也可对售货员、收款员的业绩进行考核，是分配职工工资、奖金的客观依据。

4．POS 系统的工作流程

以零售业为例，POS 系统的工作流程有以下五个步骤。

（1）在店内销售的商品上粘贴该商品信息的条形码或光学字符识别（Optical Character Recognition，OCR）标签。

（2）在客户购买商品结账时，收银员使用扫描器自动读取商品条形码或 OCR 标签上的信息，通过店内的计算机确认商品的单价，计算购买总金额等，同时返回收银机，打印出购买清单和付款总金额。

（3）各个店铺的 POS 信息通过 Van，以在线连接方式即时传送给总部或物流中心。

（4）在总部，物流中心和店铺之间利用 POS 信息进行库存调整、配送管理、商品订货等作业。通过对 POS 信息进行加工分析来掌握客户购买动向，找出畅销商品和滞销商品，以此为基础，进行商品品种配置、商品陈列、价格设置等方面的作业。

（5）在零售商与供应链的上游企业结成战略联盟的条件下，零售商利用 Van 把 POS 信息即时传送给上游企业，这样上游企业可以利用销售现场及时准确的销售信息制定经营计划和进行决策。例如，生产厂家利用 POS 信息进行销售预测，掌握客户购买动向；把 POS 信息和电子订货系统信息进行比较分析可以把握零售商的库存水平，以此为基础制订生产计划，进而实现零售商库存的连续补充计划（Continuous Replenishment，CR）。

8.2.5 电子订货系统

1. 电子订货系统简介

电子订货系统（Electric Order System，EOS）是企业间利用通信网络和终端设备，以在线连接方式进行订货作业和订货信息交换的系统。按应用范围不同，可将 EOS 分为企业内部 EOS，如连锁店经营中各个连锁分店与总部之间建立的 EOS；零售商与批发商之间的 EOS 及零售商、批发商和生产之间的 EOS 等。EOS 的基本构架如图 8-9 所示。

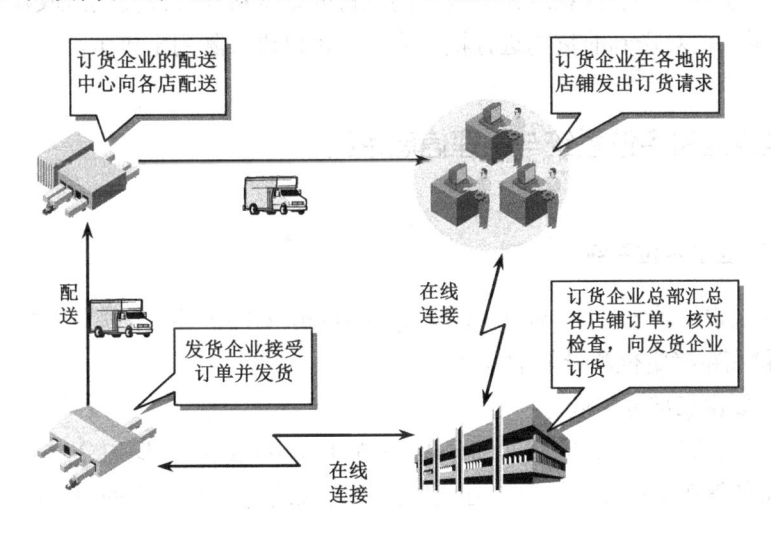

图 8-9 EOS 的基本构架

2. EOS 的优点

（1）EOS 可以缩短从接到订单到发货的时间及订货商品的交货期，减少订单的出错率，节省人工费用。

（2）有利于降低企业的库存水平，提高企业的库存管理效率，同时也能防止商品特别是畅销商品缺货现象的出现。

（3）对生产厂家和批发商来说，通过分析零售商的商品订货信息，能准确判断畅销商品和滞销商品，有利于企业调整商品生产和销售计划。

（4）有利于提高企业物流信息系统的效率，使各业务信息子系统之间的数据交换更加便利和迅速，丰富企业的经营信息。

3. 应用 EOS 的基础条件

（1）订货业务作业的标准化。
（2）商品代码的设计。

(3) 订货商品目录账册（Order Book）的制作和更新。

(4) 计算机及订货信息输入和输出终端设备的布置。

4．EOS 的操作流程

(1) 在零售店的终端利用条形码阅读器获取准备采购的商品条形码，并在终端机上输入订货资料，利用通信网络传给批发商。

(2) 批发商开出提货传票，并根据传票开出拣货单，实施拣货，然后根据送货传票进行商品发货。

(3) 送货传票上的信息成为零售商的应付账款资料及批发商的应收账款资料。

(4) 零售商对送到的货物进行检验后，就可以进行陈列出售了。

8.2.6　全球卫星定位系统与地理信息系统

1．全球卫星定位系统

全球卫星定位系统（Global Positioning System，GPS）由 24 颗卫星组成，是可以全天 24 小时提供高精确定位和导航的系统。

GPS 主要由三部分组成。

(1) 空间部分。GPS 的空间部分由 24 颗工作卫星组成，均匀分布在 6 个轨道面上。卫星的分布使得在全球任何地方、任何时间都可观测到 4 颗以上的卫星，并能在卫星中预存导航信息。

(2) 地面控制系统。地面控制系统由监测站、主控制站和地面天线组成，主要负责收集由卫星传回的信息，并计算卫星星历、相对距离、大气校正等数据。

(3) 客户设备部分。客户设备部分即 GPS 信号接收机，其主要功能是能够捕获到按一定卫星截止角所选择的待测卫星，并跟踪这些卫星的运行，收集数据，计算出客户所在地理位置的经纬度、高度、速度、时间等信息。

目前，全球五大导航定位系统如表 8-4 所示。

表 8-4　全球五大导航定位系统

简　称	GPS	GLONASS	INMARSATE	GALILEO	NORTHERN
全称	Global Positioning System	Global Navigation Satellite System	International Maritime Satellite	Galileo Positioning System	BeiDou (Compass) Navigation System
中文名称	全球卫星定位系统	全球导航卫星系统	国际海事卫星	伽利略定位系统	北斗卫星导航系统
卫星数	24	24	4	30	35
拥有者	美国军方、美国宇航局	俄罗斯军方、俄罗斯航天局	国际海事组织	欧洲航天局、中国	中国

GPS 的应用范围十分广泛，其导航、定位、测量功能非常强大，在物流领域中主要可以得到以下应用。

（1）车辆定位，确定车辆位置。

（2）重要货运车辆的实时监控与跟踪。

（3）作业人员及车辆行驶导航。

（4）高速公路管理及智能运输系统。

（5）列车运行监控与管理。

（6）其他方面的应用。

2．地理信息系统

地理信息系统（Geographical Information System，GIS）是由计算机软/硬件环境、地理空间数据、系统维护和使用人员四部分组成的空间信息系统，可对整个或部分地球表层（包括大气层）空间中有关地理分布的数据进行采集、储存、管理、运算、分析、显示和描述。

GIS 的基本功能是将表格型数据转换为地理图形显示，对显示结果进行浏览、操纵和分析，GIS 系统可实现如下功能。

（1）车辆路线模型。用于解决在一个起始点、多个终点的货物运输中，如何降低物流作业费用，并保证服务质量的问题。

（2）网络物流模型。用于解决寻求最有效的分配货物的路径问题，即物流网点布局问题。

（3）分配集合模型。用以解决确定服务范围和销售市场范围等问题。

（4）设施定位模型。用于确定一个或多个设施的位置。

8.3 电子商务与物流管理

8.3.1 电子商务概述

1．电子商务的含义

电子商务（Electronic Commerce）是指通过网络以电子数据的方式在全球范围内进行的各种商务活动、交易活动、金融活动和相关的服务活动。

电子商务包括电子方式和商务活动两个方面，完整的电子商务是利用网络技术将信息流、商流、资金流和部分物流完整地实现。现代电子商务可以从三个方面去理解。

（1）电子商务是电子化的购物市场。

（2）电子商务是一组电子工具在商务活动中的应用。

(3) 电子商务是实现从售前到售后支持各个环节的电子化、自动化。

2. 电子商务的分类

(1) 按照商业运作的方式划分。

① 完全电子商务。完全电子商务是指完全可以通过电子商务方式实现和完成完整交易的行为和过程，如一些数字产品、电子书刊。这类电子商务使得交易双方跨越了地域、服务时间等限制，能够充分发挥电子商务全球化的优势。

② 非完全电子商务。非完全电子商务是指不能完全依赖电子商务方式实现和完成完整交易的交易行为和过程。非完全电子商务要依赖一些外部因素，如物流配送等。目前大部分企业采取的就是这种运作方式。

(2) 按照参与商务活动的主体不同划分。

① 企业内部（Intranet）的电子商务。企业内部电子商务的主要用途是加强企业内部管理，如制订生产计划、进行成本核算和销售管理等，另外部门之间也可以用它来传递一些信息。

② 企业与企业之间（Business to Business，B2B）的电子商务。企业与企业之间的电子商务是在所有电子商务中所占比重最大的一种。例如，零售商向供货商通过网络下订单或支付货物款项；生产商通过网络和原材料供应商联络，进行采购等。

③ 企业与个人之间（Business to Consumer，B2C）的电子商务。这种电子商务等同于电子零售业。在这种方式下，并不一定要求双方使用统一标准的单据传输，在线支付通常只涉及信用卡或其他电子货币。

④ 个人对个人（Consumer to Consumer，C2C）的电子商务。在这种电子商务下，商品和信息从消费者直接传递到其他消费者，买卖双方借助在线交易平台，卖方可以主动提供商品上网拍卖，买方可以自行选择商品进行竞价。

⑤ 企业与政府之间（Business to Government，B2G）的电子商务。例如，政府将采购细节在互联网上公布，公开进行招标；企业也可以通过电子方式进行投标等。另外，政府通过电子交换的方式向企业征税，也可以在网上发放进出口许可证等。

⑥ 个人与政府之间（Consumer to Government，C2G）的电子商务。这类电子商务刚刚开始发展，主要包括政府的行政部门在未来可以通过互联网对个人进行社会福利的给付，在互联网上进行人事招聘，或个人可以利用互联网向政府报税和纳税。

3. 电子商务的构成要素

从某种意义上来讲，电子商务中的任何一笔交易，都包含信息流、商流、资金流和物流。

(1) 信息流。既包括商品信息的提供、技术支持、售后服务等内容，也包括诸如询价单、报价单、付款通知单、转账通知单等商业贸易单证，还包括交易方的支付能力、支付信誉等。

(2) 商流。指商品所有权转移的过程，具体是指商品交易的一系列活动。

(3) 资金流。主要是指资金的转移过程，包括付款、转账等过程。

(4) 物流。即商品从某地到某地的流动过程。

电子商务可以用一个简单的等式来表示：

$$电子商务 = 网上信息传递 + 网上交易 + 网上支付 + 物流配送$$

在电子商务下，前三种流的处理都可以通过计算机和网络通信设备实现。其中，信息流最为重要，它在一个更高的位置上实现对整个过程的监控。而物流过程的完成，标志着电子商务的结束。过去，人们对电子商务过程的认识往往只局限于信息流、商流和资金流的电子化、网络化，而忽视了物流的过程。随着电子商务的进一步推广与应用，物流的重要性对电子商务活动的影响日益明显，它已成为电子商务发展的一个瓶颈。电子化的工具不应仅仅指计算机和网络通信技术，还应包括叉车、自动导向车、机械手臂等自动化工具。

8.3.2 电子商务对物流各作业环节的影响

1. 对采购的影响

传统的采购过程极其复杂，采购员需要完成寻找合适的供应商、检验产品、下订单、接取发货通知单和货物发票等一系列复杂烦琐的工作，而且采购过程中容易产生暗箱操作、拿回扣等问题。在电子商务环境下，企业的采购过程会变得简单、顺畅。电子商务对采购产生了积极影响，主要表现在降低采购成本、缩短采购周期、提高采购质量、透明采购流程四个方面。

2. 对配送的影响

(1) 配送业的地位得到强化。在电子商务时代，B2C 的物流支持要靠配送来提供，B2B 的物流业务会逐渐外包给第三方物流，其供货方式也是配送。同时，电子商务对制造业和零售业实现"零库存"起到了促进作用，实际上是把库存转移给了配送中心，因此配送中心成为整个社会的仓库。由此可见，配送业的地位大大提高了。

(2) 配送中心的作用更突出。在电子商务环境下，供应商、制造商、配送中心和客户通过电子商务中心共享信息。配送中心根据客户订单，最后将货物送达客户手中。配送中心的作用更加突出，因为它既是制造商的仓库，又是客户的实体供应仓库，它实际上充当了商店的角色，如图 8-10 所示。

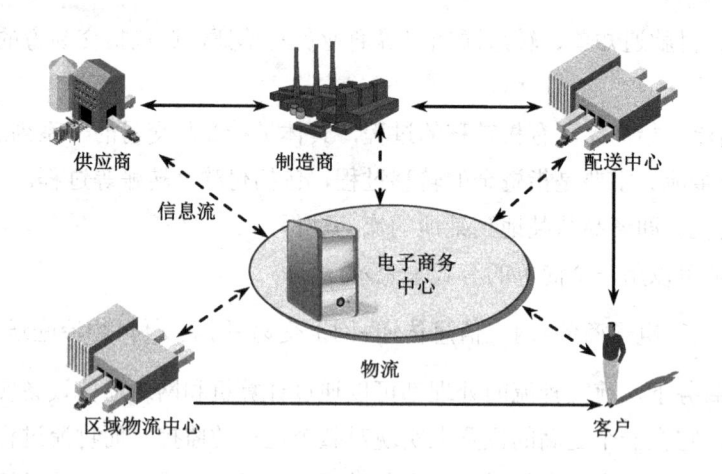

图 8-10　电子商务下配送中心的作用

3. 对运输的影响

在电子商务条件下，速度已上升为最主要的竞争手段。在仓库等设施布局确定的情况下，运输将是决定性的。由于运输活动的复杂性，运输信息共享的基本要求就是运输单证的格式标准化和传输电子化。为了实现运输单证，主要是货运提单、运费清单和货运清单的一票通，实现货运全程的跟踪监控和回程货运的统筹安排，要求在供应链内部使用标准密码；通过管理交易、翻译通信标准和减少通信连接数目来使供应链增值，从而在物流联盟企业之间建立稳定的渠道关系；要求物流系统在相关通信设施和信息处理系统方面进行先期的开发投资，如电子通关、条形码技术、在线货运信息系统、卫星跟踪系统等。电子商务物流与传统物流的区别如表 8-5 所示。

表 8-5　电子商务物流与传统物流的区别

比较项目	电子商务物流	传统物流
通信手段	大量应用互联网及 EDI 技术	电话、传真等
网络设计	仓库分散分布，利用信息传递库存信息，分拨中心更接近客户	集中分布
运送频率	高	低
交付速度	快	慢
订单处理速度	快	慢

8.3.3　电子商务环境下物流的运作流程

在电子商务环境下，企业与企业之间、企业与客户之间，因为实现了信息共享，所以整个效率都提高了。但另一方面，无论对于制造企业还是流通企业，对其物流作业和工艺流程也提出了电子化、自动化的要求。

第8章 物流信息技术

1. 电子商务环境下制造企业的物流运作流程

电子商务环境下，上下游企业之间、企业内部各部门之间，借助信息技术，实现信息共享。信息在制造企业内部及外部客户与供应商之间快速流转。由于信息传递速度快，企业内部各部门之间对订货信息的获取实质上是没有先后顺序的。一个典型的电子商务环境下制造企业的业务流程如图8-11所示。

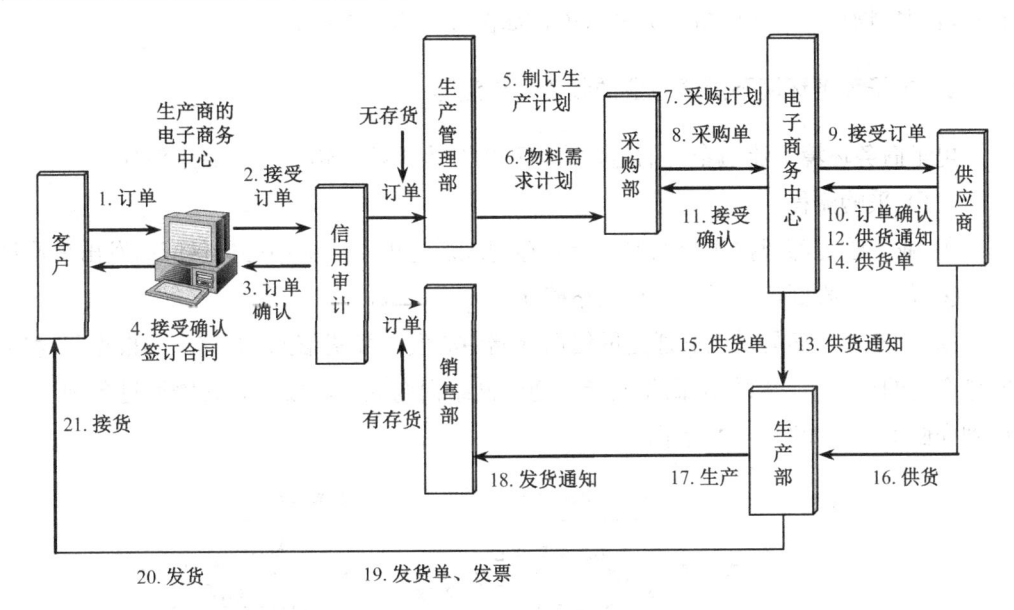

图8-11 电子商务环境下制造企业的业务流程

图8-11中的流程大体上分为以下几个阶段。

（1）客户根据自己的销售情况，确定所需货物的品种和数量，通过网络向生产商的电子商务中心下订单。生产商接受订单后，订单管理系统开始对下达订单的客户进行信用审计。如果客户信用良好，便进行订单的确认，然后根据双方的需要在网上签订合同，确定订货的品种、数量、交货期等问题，如图8-11第1～4步所示。

（2）合同签订以后，如果仓库有存货，则由销售部直接发货给客户；如果没有存货，电子商务中心则将订单信息传递给生产管理部，生产管理部接到任务后借助生产排程系统，制订生产计划和物料需求计划，并发送给采购部，如图8-11第5、6步所示。

（3）采购部根据生产计划和物料需求计划，并结合现有的原材料库存量等信息编制采购计划，确定所需原材料的品种和数量。采购部确定采购计划后，通过网络向原材料供应商发布采购信息，确定原材料供应商。然后通过网络向确定的原材料供应商发出采购单，如图8-11第7、8步所示。

（4）供应商收到订单后，同样也要进行信用审计、订单确认等工作，然后通过网络向生产商发送供货通知、供货单等文件。采购部收到通知后，准备接货和办理结账手续。最

157

后原材料供应商开始供货,同时准备好供货单和发票。生产部收到原材料后,进行验货和办理货物入库手续,如图8-11第9~16步所示。

(5)原材料到库后,生产管理部根据已经安排好的生产任务,由生产部开始组织生产,最后生产出产成品。生产部将完工的信息通过网络同时反馈给生产管理部、销售部和客户。客户收到信息后准备接货和办理结账手续。生产部开始供货,同时准备好发货单和发票。客户收到货物后,进行验货,办理入库,如图8-11第17~21步所示。

2. 电子商务环境下流通企业的物流运作流程

电子商务环境下流通企业的运作流程可以分为采购、销售、仓储三部分。

（1）采购流程

① 业务管理部根据客户的要求及库存情况通过电子商务中心向供应商发出采购订单。

② 供应商收到订单后,通过网络确认。

③ 业务管理部与供应商通过网络向仓储中心发出发货信息,仓储中心根据货物的情况安排合适的仓库,同时供应商将发货单通过网络向仓储中心发送,货物通过各种运输手段送到仓储中心,如图8-12所示。

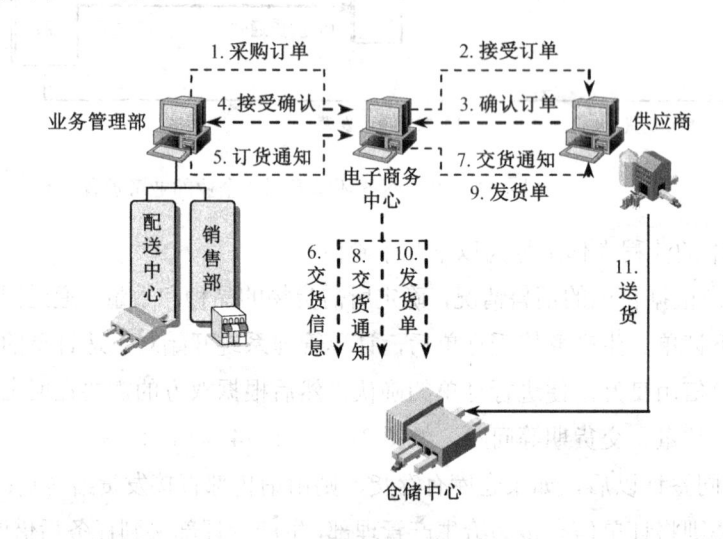

图8-12 流通企业采购业务流程

（2）销售流程

① 客户通过网络向业务管理部发出订单,业务管理部门收到订单后,进行订单确认;

② 客户确认订货后,业务管理部向仓储中心发出配货通知;

③ 仓储中心根据发货种类及数量向客户发出配送通知,确定配送时间和配送数量,同时发出送货单并送货。其流程如图8-13所示。

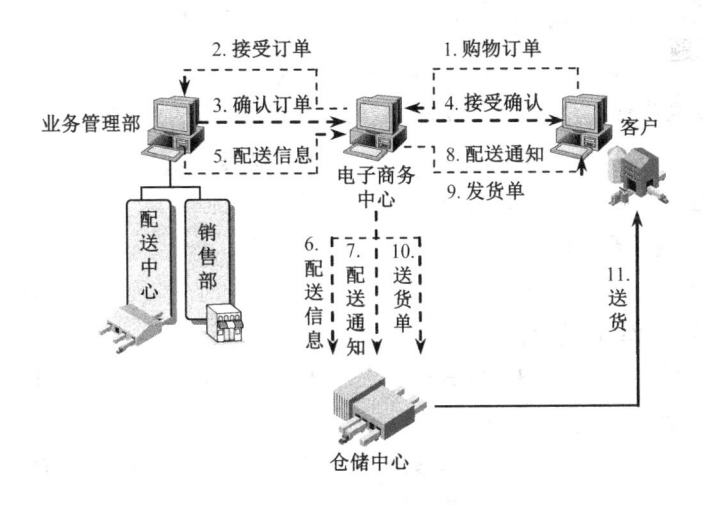

图 8-13 流通企业销售业务流程

（3）仓储流程

① 仓储中心收到供应商的送货单和货物之后，在进货区对新进入的货物通过条形码扫描进行货物验收，直运型货物直接进入发货区，存放型货物进行入库处理，进入拣货区，分拣后进入仓库；

② 发货时，根据发货单上的信息，通过自动分拣系统将货物送到相应出货口，对货物进行包装处理后，装车送货。

本章小结

物流信息具有多样性、联系性、动态性、复杂性等特征。物流信息的类型很多，它在企业中扮演"中枢神经"的角色，条形码技术、RFID 技术、EDI 技术、POS 系统、EOS、GPS 与 GIS 都是物流活动中常用的信息技术。这些信息技术的应用可以帮助管理者有效地控制物流活动，提高物流活动的效率。电子商务是商务活动电子化的表现，但电子商务最终需要物流去实现，同时，电子商务应用于物流领域也使物流过程得到了很大改善。

复习思考题

一、名词解释

1．物流信息技术　　2．条形码　　3．射频识别技术　　4．EDI 技术
5．POS 系统　　6．EOS　　7．GPS　　8．电子商务

二、选择题

1. 物流信息的特征包括（　　）。
   A. 多样性　　　　　B. 联系性　　　　C. 动态性
   D. 安全性　　　　　E. 复杂性　　　　F. 系统性

2. （　　）是条形码的特点。
   A. 唯一性　　　　　B. 永久性　　　　C. 稳定性　　　　D. 无含义

3. （　　）是 RFID 的特点。
   A. 光学识别　　　　B. 距离远　　　　C. 成本低　　　　D. 信息容量大

4. RFID 系统是由（　　）组成的。
   A. 标签　　　　　　B. 阅读器　　　　C. 天线　　　　　D. 中间件
   E. 光电扫描设备　　F. 应用软件

5. POS 系统最早应用于（　　）。
   A. 制造业　　　　　B. 零售业　　　　C. 电子商务　　　D. 服务业

6. GPS 是由（　　）组成的。
   A. 空间部分　　　　　　　　　　　　B. 地面控制部分
   C. 扫码器部分　　　　　　　　　　　D. 客户设备部分

三、判断题

1. 按管理层次分类，物流信息可分为战略层信息、战术层信息和操作层信息。（　　）
2. "产品代码一经分配，就不再更改，并且是终身的"代表的是条形码的唯一性。（　　）
3. 条形码可以写入及存取数据。（　　）
4. RFID 标签必须使用电源供电才能工作。（　　）
5. 主动式的 RFID 标签是利用无线波能量工作的。（　　）
6. EDI 的格式比较自由。（　　）
7. EDI 的安全保密性比传真方式高。（　　）
8. EOS 主要用于仓储管理。（　　）
9. EOS 有利于降低企业的库存水平，提高企业的库存管理效率，同时也能防止商品特别是畅销商品缺货现象的出现。（　　）
10. 电子商务环境下，配送中心的作用更加突出。（　　）

四、简答题

1. 物流信息具有哪些特征？
2. 物流信息有哪些类型？作用是什么？
3. 条形码技术、RFID 技术、EDI 技术、POS 系统、EOS、GPS 及 GIS 分别如何应用在物流领域？试着举几个例子。

4. 电子商务的构成要素有哪些?
5. 电子商务对物流活动有什么影响?
6. 电子商务环境下物流的运作流程是什么?

课后案例

沃尔玛信息技术的应用

在20世纪70年代,沃尔玛率先使用了卫星通信系统。21世纪开始,沃尔玛又投资90亿美元开始实施"互联网统一标准平台"的建设。凭借先发优势及科技实力,沃尔玛的店铺冲出阿肯色州,遍及美国,走向世界。与其说沃尔玛是零售企业,不如说它是科技企业。沃尔玛正是通过信息流对物流、资金流的整合、优化和及时处理,实现了有效的物流成本控制。从采购到最后由销售网络把产品送到消费者手中的过程都变得高效有序,实现了商业活动的标准化、专业化、统一化、单纯化,从而达到实现规模效益的目的。

沃尔玛领先于竞争对手,先行对零售信息系统进行了非常积极的投资:最早使用计算机跟踪存货(1969年),全面实现SKU单品级库存控制(1974年),最早使用条形码(1980年),最早使用CM品类管理软件(1984年),最早采用EDI(1985年),最早使用无线扫描(1988年),最早与宝洁公司(P&G)等大供应商实现VMI、ECR产销合作(1989年)。在信息技术的支持下,沃尔玛能够以最低的成本、最优质的服务、最快速的管理反应进行全球运作。尽管信息技术并不是沃尔玛取得成功的充分条件,但它是沃尔玛成功的必要条件。这些投资都使得沃尔玛可以显著降低成本,大幅提高资本生产率和劳动生产率。

沃尔玛的全球采购战略、配送系统、商品管理、人力资源管理、天天平价战略在业界都是可圈可点的经典案例。可以说,所有的成功都建立在沃尔玛利用信息技术整合优势资源,信息技术战略与传统物流整合的基础之上。强大的信息技术和后勤保障体系使它不仅在经营商品,更在经营物流。

20世纪90年代初,沃尔玛在公司总部建立了庞大的数据中心,全集团的所有店铺、配送中心和经营的所有商品,每天发生的一切与经营有关的购、销、调、存等详细信息,都通过主干网和通信卫星传送到数据中心。任何一家沃尔玛商店都拥有自己的终端,并通过卫星与总部相连,在商场设有专门负责排货的部门。沃尔玛每销售一件商品,都会即时通过与收款机相连的计算机记录下来,每天都能清楚地知道实际销售情况,管理人员根据数据中心的信息对日常运营与企业战略做出分析和决策。

沃尔玛的数据中心已与上万家供应商建立了联系,从而实现了快速反应的供应链管理库存策略。供应商通过这套系统可以进入沃尔玛的计算机配销系统和数据中心,直接从POS系统得到其供应的商品流通动态状况,如不同店铺及不同商品的销售统计数据、沃尔玛各仓库的存货和调配状况、销售预测、电子邮件与付款通知等，以此作为安排生产、供货和送货的依据。生产商和供应商都可通过这个系统查阅沃尔玛产销计划。这套信息系统为生产商和沃尔玛两方面都带来了巨大的利益。

沃尔玛总部的通信网络系统使各分店、供应商、配送中心之间的每一进销调存节点都能形成在线作业，使沃尔玛的配送系统高效运转。这套系统的应用，在短短数小时内便可完成"填妥订单—各分店订单汇总—送出订单"的整个流程，大大提高了营业的高效性和准确性。

沃尔玛要求它所购买的商品必须带有UPC条形码。从工厂运货回来，卡车将停在配送中心收货处的数十个门口，把货箱放在高速运转的传送带上，在传送过程中经过一系列的激光扫描，读取货箱上的条形码。而各门店需要的商品被传送到配送中心的另一端，那里有几十辆货车在等着送货。其十多公里长的传送带作业就这样完成了复杂的商品组合。其高效的计算机控制系统，使整个配送中心用人极少。数据的收集、存储和处理系统成为沃尔玛控制商品及其物流的强大武器。

为了满足美国国内3000多家连锁店的配送需要，沃尔玛公司在美国共有近3万个大型集装箱挂车，5500辆大型货运卡车，24小时昼夜不停地工作。每年的运输总量达到77.5亿箱，总行程6.5亿公里。合理调度如此规模的商品采购、库存、物流和销售管理，离不开高科技手段。为此，沃尔玛公司建立了专门的计算机管理系统、卫星定位系统，拥有世界一流的先进技术。

沃尔玛全球5000多家店铺的销售、订货、库存情况可以随时调出查看。公司5500辆运输卡车，全部装备了卫星定位系统，每辆车在什么位置，装载什么货物，目的地是哪里，总部一目了然，从而合理安排运量和路程，最大限度地发挥运输潜力，避免浪费，降低成本，提高效率。

第 9 章 物流战略管理

本章学习目标

1. 掌握物流战略的含义与特征。
2. 了解物流战略与企业总体战略的关系。
3. 掌握物流战略的基本目标。
4. 熟悉物流战略管理的主要内容。
5. 熟悉物流战略的实施步骤。
6. 掌握物流战略的主要形式。
7. 掌握不同类型物流企业的战略形式。

9.1 物流战略概述

9.1.1 物流战略的含义与特征

企业战略是对企业自身总体和长远发展的分析和规划。战略不同于一般的计划，两者最大的区别在于：战略是对企业总体发展的设想，而计划是对战略实施工作的具体表现。随着物流管理在企业中的地位越来越高，很多企业对物流也有了新的认识，将物流作为一种战略资源进行管理也是时代的必然要求。

物流战略（Logistics Strategy）是指为寻求物流的可持续发展，就物流发展目标及达成目标的途径与手段而制定的长远性、全局性的规划与谋略。物流战略具有以下特征。

1. 全局性

物流战略是以企业大局为对象所规划的物流各个节点的整体运作，追求的是物流系统的整体效益。

2. 长远性

物流战略既是企业为谋取长远利益的规划，又是企业对未来较长时期内生存和发展的通盘考虑。

3. 竞争性

物流战略是关于企业在市场运行中如何与对手"竞争与合作"的行动方案，也是应对来自各方挑战和压力的整体方案。

4. 纲领性

物流战略所规划的是企业整体的长远目标和发展方向，这些都是纲领性的规划，还要经过层层分解，才能成为具体的行动方案。

5. 风险性

物流战略是面向未来的，但因为未来具有不确定性，因而带有一定的风险性，这就要求管理者必须关注环境变化，并根据环境变化做出调整，提高企业承担或抵御风险的能力。

9.1.2 物流战略与企业总体战略

1. 物流战略在企业战略中的地位

企业战略是企业为实现长期经营目标，适应经营环境变化而制定的一种具有指导性的经营规划。战略的选择与实施是企业的根本利益所在，战略的需要高于一切，根据经营环境的状况确定正确的战略在企业决策管理中有着特别重要的地位。

企业战略通常可划分为三个层次：公司级战略、业务级战略和职能级战略。物流战略在工商企业中属于职能级战略，它与营销战略、制造战略、财务战略和人力资源战略等同属一个层次，支持企业的整体战略实现。它的制定要与企业整体的战略目标相一致，更好地完成企业的总体战略。物流战略在企业战略中的地位如图9-1所示。

物流战略与企业战略呈现相辅相成的关系。首先，企业战略统观企业经营的全局，为企业的经营发展确定目标，指明方向。而物流战略则是企业为开展好物流活动而制定的更为具体、操作性更强的行动指南。它作为企业战略的组成部分，必须服从企业战略的要求，与之协调一致。从企业物流运作的角度考虑，在物流战略的制定、实施过程中，都应以是否有利于实现企业战略的总目标为标准衡量其优劣，并依据企业战略的变化来对物流战略进行调整。

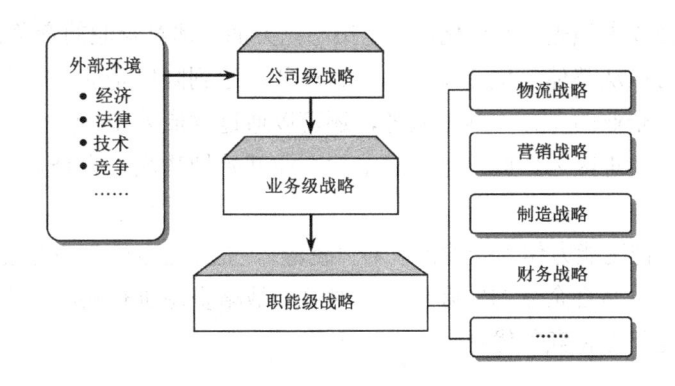

图 9-1 物流战略在企业战略中的地位

其次,为了有效地实现企业战略,需要物流战略等职能级战略的支持和保证,企业战略需要由具体的职能战略来具体落实。没有物流战略和其他相关职能战略的协调和配合,企业战略目标不可能顺利实现。

2. 物流能力对企业竞争优势的作用

现代物流作为一种先进的组织方式和管理技术,已经成为企业降低成本、取得竞争优势的重要途径。迈克尔·波特在他的《竞争战略》一书中提出了企业可以选择的三大一般性战略,分别如下。

(1) 成本领先战略(Cost Leadership)。也称为低成本战略,它是指企业通过有效途径降低成本,使企业的全部成本低于竞争对手的成本,甚至是在同行业中最低的成本,从而获取竞争优势的一种战略。

(2) 差异化战略(Differentiation)。它是指为使企业产品或服务与竞争对手有明显的区别,形成与众不同的特点而采取的一种战略。这种战略的核心是取得某客户价值的独特性,为此企业要突出自己产品或服务与竞争对手的差异性。

(3) 集中化战略(Focus)。也称为目标集聚战略,它是指企业或事业部的经营活动集中于某一特定的客户群、产品线的某一部分或某一地域市场上的一种战略。这种战略的核心是企业应瞄准某个特定的客户群、某种细分的产品线或某个细分市场展开自己的经营。

物流能力对企业竞争优势的作用如图 9-2 所示。

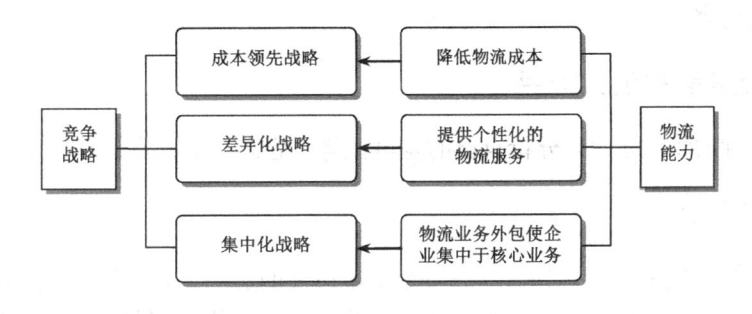

图 9-2 物流能力对企业竞争优势的作用

物流无论在成本领先、差异化，还是集中化方面，都对企业的竞争优势有很大的贡献。对企业而言，可以从整体上优化企业的流通环节，达到降低企业总成本的目的，也可以突出服务特色，为企业的差异化战略服务，还可以通过物流外包使企业把更多的资源投入自己的核心业务上。正因为如此，越来越多的企业开始把物流作为企业发展的战略而给予高度重视。

综上所述，物流能力作为企业的一种"资源"，促使企业管理者站在战略的高度对其进行深入的研究，并结合企业的实际情况，对这一战略资源进行科学而合理的开发，从而提高企业的核心竞争力和竞争优势。

9.2 物流战略管理的内容

物流战略管理是物流经营者通过物流战略环境分析、物流战略定位、物流战略设计、物流战略实施、物流战略控制与评价等环节，调节物流资源、组织结构等最终实现物流系统宗旨和战略目标等一系列动态过程的总和。

在物流战略管理过程中，物流战略设计是物流战略管理的首要环节，指导并决定了整个物流战略系统的运行。物流战略评价渗透在物流管理的各个阶段之中，从组织结构角度分析，在物流战略管理过程中，各个组织层次沿物流战略逻辑过程运行，高层组织的物流战略管理决定并指导着下一层组织的物流战略管理。一般情况下，物流战略引导并决定物流系统的组织结构，在进行物流战略管理的初期尤其是这样。但在特定条件下，物流组织结构也会对物流战略提出修正与完善等要求。

9.2.1 物流战略环境分析

制定物流战略的首要问题是了解影响该战略的内在及外在的相关因素。对战略计划的一项重要投入是评价和控制企业内外部环境的变化，其目的就在于保证物流战略得以顺利实施，并适应外部环境的变化，使企业保持一定的灵活性。企业外在力量的考察通常包括四个方面的内容。

1. 同业竞争者的物流水平

了解同行的物流水平，分析自己的竞争优势，是企业制定战略时必须重视的问题之一。

2. 技术评价

现代的物流技术设施为物流作业带来了革命性的影响，如条形码、数据库、GPS 定位、自动化仓库等，都为物流作业及时、准确、高效地实施提供了技术上的支持。但是，并不是所有的技术都适合某一特定的企业，而应结合企业的具体情况，选择对自身实用性最强的技术。

3. 材料能耗评价

能源短缺会引起产品价格上涨，而环保要求也会使原材料和能源的使用受到限制。管理者在制定物流战略时，要客观地评价企业所需要的资源及潜在的可选择目标，并根据环境变化及时调整目前的战略。

4. 物流渠道结构评价

这里所说的渠道是指实现物流功能的途径。不同的物流战略，要求选择不同的途径。例如，采取配送还是直接购销商品；企业应该把哪些有关联的企业纳入本企业的物流渠道中；自己的计划在其中扮演什么角色。这一切都要进行评价，并根据物流绩效进行选择。

9.2.2 物流战略定位

经过物流战略环境分析，企业对周围的市场情况有了比较清晰的了解，然后企业需要根据市场环境来进行战略定位。物流战略定位以物流成本和质量为出发点，来确定计划期内要达到的水平。

1. 物流服务基准的确定

选择物流服务基准是由一系列步骤组成的工作程序，包括多种可供选择的方法，如最优服务法、标准服务法和逐年递增法等，进而确定自己的物流服务基准。基准的选择不限于单个企业，可以在众多企业中选取其中最好的指标，也可以选取本企业历史最好指标，或者参照国外企业的先进指标修订自己的基准。

2. 物流成本定位

依据物流服务基准，要进一步确定物流成本目标。现行会计在物流成本核算方面的缺陷，导致物流成本核算的不准确。物流成本由直接成本和间接成本组成。直接成本是完全因物流活动的需要而发生的费用支出，可以从成本会计中获得，比较容易确定。而分摊到单项作业的间接成本却十分复杂，分摊的规则和方法对物流系统的设计和运作都会产生较大的影响。

3. 服务质量定位

物流服务质量是指物流服务固有的特性满足客户需求的能力。物流服务质量可以分为物流技术质量和物流功能质量。物流技术质量一般可用某种作业形式度量；物流功能质量是物流的服务过程。虽然物流服务的目的可能是获得该项服务的物流技术，但客户对于功能质量同样敏感。物流服务质量是物流战略的一个重点，由于质量和成本之间的矛盾，参照选定的物流服务基准确定质量上的领先地位，是确定物流服务质量目标最切合实际的方式。

9.2.3 物流战略设计

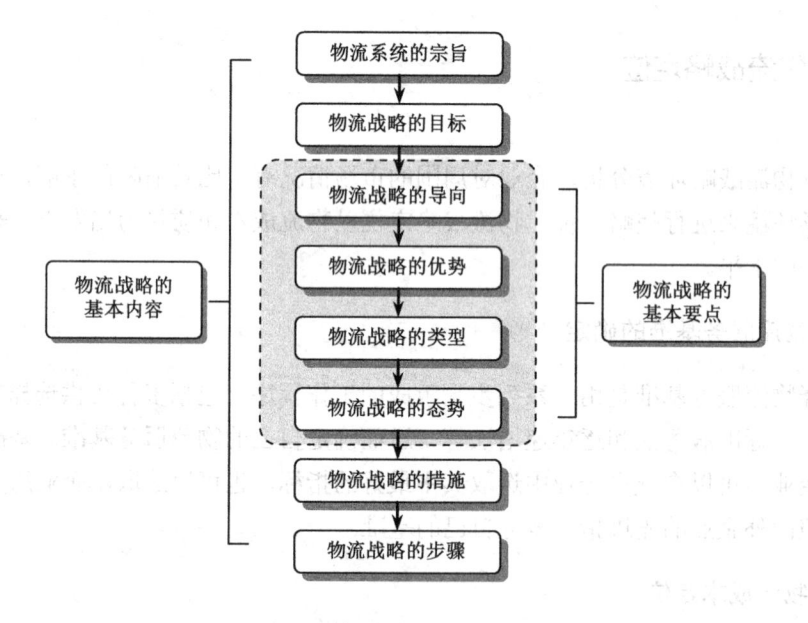

1. 物流战略的基本内容

物流战略的基本内容包括物流系统的宗旨、物流战略的目标、物流战略的导向、物流战略的优势、物流战略的类型、物流战略的态势、物流战略的措施及物流战略的步骤。其中，物流战略的导向、物流战略的优势、物流战略的类型和物流战略的态势四项又被称为物流战略的基本要点，如图9-3所示。

图9-3 物流战略的基本内容

（1）物流战略的宗旨（使命）。物流战略管理的核心内容是确定物流系统的宗旨和战略目标。物流系统的宗旨主要指该系统在社会经济发展中所承担的责任或目的。物流系统宗旨的确立直接影响企业参与物流系统设计与运营的任务和目标。

（2）物流战略的目标。物流战略的目标是指为物流系统期望在一定时期内实现的量化成果或期望值。物流系统的战略目标对物流战略基本要点的设计与选择有重要的指导作用，是物流战略规划中的各种专项策略制定的基本依据。物流战略的目标主要包括：服务水平目标、物流费用目标、社会责任目标、经济效益目标等。

（3）物流战略的要点。物流战略的要点是物流战略系统基本方面的设计与选择，包括四个方面的内容。

① 物流战略的导向——它是指物流系统生存与发展的主导方向。服务、市场、技术、规模、资源、组织、文化等方面都可能成为企业物流系统生存与发展的某一主导方向。

② 物流战略的优势——它能使物流系统在战略上形成有利形势和地位。它可以分为产业优势、资源优势、地理优势、技术优势、组织优势和管理优势等。

③ 物流战略的态势——它是指物流系统的服务能力、营销能力、市场规模不断演变的过程和推进的趋势。

④ 物流战略的类型——它是指依据不同的标准对物流战略做出划分，以更深刻地认识物流战略的基本特点，进一步完善物流战略规划方案。

2．物流战略设计的框架

物流战略通常包含十个关键部分，分别被组织在四个重要层次上，这十个部分确立了物流战略设计的框架，如图 9-4 所示。

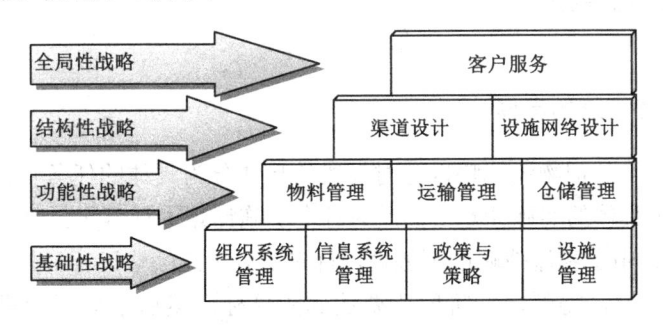

图 9-4 物流战略设计的框架

（1）全局性战略。它的主要任务是根据客户需求确立战略方向，客户需求影响包括制造、营销和物流在内的整个供应链的结构。客户服务战略的简单或复杂取决于企业生产什么产品、服务于什么市场和有着怎样的客户服务目标。清晰地了解客户需要什么，并开发出能够满足客户需求的战略是物流战略的首要任务。

（2）结构性战略。结构性战略包括渠道设计和设施网络设计两部分。渠道设计是指对分销渠道的设计。分销渠道（Distribution Channel）是指当产品从生产者向最后消费者或产业用户移动时，直接或间接转移所有权所经过的途径。按流通环节的多少，可将分销渠道分为直接渠道与间接渠道。

设施网络设计主要解决物流系统中设施的数量、水平、地点等问题，它为物流系统的优化设计提供依据。例如，下列问题就是网络设计要解决的问题。

① 需要多少设施，地点应选在何处，每个地点的任务是什么。
② 每个设施应为哪些客户和产品线服务。
③ 每个设施应保持多少库存以达到既定的服务水平。
④ 应采用何种运输方式来满足客户期望的服务。

⑤ 在此系统下，返还品的货流怎样管理。

（3）功能性战略。功能性战略是要达到降低库存成本和运输费用，优化运输路线，保证按时交货，实现物流过程适时、适量、适地地运作的目的。它主要涉及物料管理、仓储管理和运输管理三方面内容，主要内容包括运输工具的使用与调度、采购与供应、库存控制的方法与策略、仓库的作业管理等。例如，下列就是功能性战略中经常需要考虑的问题。

① 是否应外包更多的物流活动。
② 是否应该考虑仓储或运输上的第三方服务。
③ 对自己的仓储业务是自营、外包还是使用合同仓储服务。

（4）基础性战略。基础性战略为物流系统的正常运行提供基础性的保障，它属于整个战略体系的执行层，包括支持物流的信息系统、指导日常物流运作的政策与策略、设施设备的配置及维护、人员管理问题。

9.2.4 物流战略实施

1. 物流战略实施的步骤

物流战略实施是把物流战略以分时间段的形式分为具体的任务目标，再根据各个阶段的任务目标制定具体的实施计划，然后对各个实施计划进行落实。具体步骤如下。

（1）计划。由于物流战略的纲领性，首先要对物流战略进行目标分解，需要把战略目标按时间阶段分解，得到每一阶段所要达到的目标。然后根据每阶段的目标，制定实施方案，实施方案应包括人、财、物等资源的安排，时间进度、操作程序、评价指标和保障措施等。

（2）组织。计划制定出来之后，就要按照计划组织实施，即组织人员与资源，进行分工与授权，落实责任，共同完成计划任务。

（3）指挥与协调。各个组织的行动，需要有统一的指挥，指挥的依据也是计划。另外，在实施过程中，由于各个部分执行进度不一致或由于执行过程中的一些差错，还需要进行有效协调。

（4）控制。在实施过程中，实施的计划有可能与原定计划不一致，这时就需要进行控制。控制就是发现偏差，分析偏差原因，采取纠正措施的过程。控制的标准还是计划，它的目的是保证计划的完全实现。

2. 影响物流战略实施的因素

（1）人力资源。企业员工，特别是企业的物流工作者是物流战略管理过程的主体，他们的管理水平、理念将严重影响战略实施的效果。

（2）组织结构。企业组织结构的调整是实施物流战略的一个重要环节，任何一项物流战略都需要有一个相适应的组织结构作为保障。

（3）企业文化。在物流战略实施过程中，积极的企业文化将起到支持物流战略的作用。

9.2.5 物流战略的主要形式

1．即时物流战略

即时物流战略是准时制生产的扩展形式，它的基本思想是"在恰当的时间、生产恰当数量的产品，消除生产、经营过程中产生的浪费和不必要的库存"。即时物流战略又表现为即时采购与即时销售两个方面。

（1）即时采购。即时采购是一种先进的采购模式，其基本思想是在恰当的时间、恰当的地点，以恰当的数量及恰当的质量从上游供应商处采购恰当的产品。它是从 JIT 生产发展而来的，是为消除库存和浪费而持续改进的结果。

即时采购是 JIT 生产体系中的重要一环，即时采购与传统采购的区别如表 9-1 所示。

表 9-1 即时采购与传统采购的区别

比较项目	即时采购	传统采购
双方关系	合作关系，通过长期合作，不断提高产品质量，并降低成本	对抗关系，压低采购价格
供应商选择	长期合作，有限源供应	短期合作，多源供应
供应商评价	履约能力、工程设计能力、价值工程能力、部件设计创新能力	合约履行能力
采购批量	小批量，配送频率高	大批量，配送频率低
进货检查	逐渐减少，并向无检查进货发展	每次进货均检查
运输	准时配送，由供应商负责安排	由买方企业负责安排
信息交流	快速、可靠	一般要求

（2）即时销售。即时销售在生产企业和零售企业中的应用并不一样。对生产企业而言，实施即时销售一个最直接的措施是实行厂商物流中心的集约化，即将原来分散在各分公司或中小型物流中心的库存集中到大型物流中心，通过信息技术实现进货、保管、在库管理、发货管理等物流活动的效率化、省力化和智能化。而对零售企业而言，其物流中心有向分散化、个性化发展的趋势，即物流系统的构建应充分对应一定范围内店铺运营的需要，只有这样才能提高配送和流通加工的效率，减少销售损失，加快物流服务的响应速度。

2．一体化物流战略

一体化物流战略是打破单个企业的界限，通过相互协调和统一，构建出最合适的物流运行结构。一体化物流战略主要有三种形式。

（1）横向协同战略形式。它是指同产业或不同产业的企业间就物流管理达成协调、统一的运营机制。前者是同产业内不同企业之间为了有效地开展物流服务，降低因产品多样化和及时配送所产生的高额物流成本，而形成的一种通过物流中心集中处理货物，实现低成本物流的系统。而后者是将不同产业中的企业的商品集中起来，通过配送中心实现企业间物流管理的协调与规模效应。一般来讲，不同产业间的横向协同所处理的商品种类更广泛，而且这种合作也更容易被各个企业所接受。

（2）纵向协同战略形式。它是指处于供应链不同阶段的企业间的相互协调。这种形式既追求物流活动的效率性，又追求物流活动的效果。纵向协同物流战略形式主要有批发商与生产商之间的物流协作、零售商和批发商之间的物流协作等。

（3）通过第三方物流实现协同。这种形式是企业把物流业务外包给专门的物流公司来承担，由第三方物流协调企业之间的物流运输和物流服务，进而提供集成化的物流服务。这种形式能使小批量补给变得更经济，而且能创造出比供需双方采用自营物流方式更快捷、更安全、更高服务水准，且成本相当低廉或更低廉的物流服务。从第三方物流协作的对象看，它既可以依托下游的零售企业，成为众多零售企业的配送、加工中心，也可以依托上游的生产企业，成为生产企业，特别是中小型生产企业的物流代理。

3. 其他物流战略形式

（1）全球化物流战略。在经济全球化背景下，企业要想取得竞争优势，获取超额利润，就必须在全球范围内配置资源，通过采购、生产、营销等方面的全球化实现资源的最佳利用。但是，全球市场的异质性或多样性，决定了企业不仅要考虑通过规模经济的实现来降低成本，更要考虑积极发挥范围经济，既满足多样化的要求，又能有效降低费用。而且，当一个企业服务全球市场时，物流系统会变得更昂贵、更复杂，可能会导致供货前置时间的延长和库存水平的上升。因此，企业在实施全球化物流战略时，必须处理好物流系统集中化与分散化的关系。全球化物流战略包括三种形式。

① 生产企业全球化。作为全球化的生产企业，在世界范围内寻找原材料、零部件来源，并选择一个适合全球分销的物流中心及关键供应物资的集散仓库，在获得原材料及分配新产品时使用当地现有的物流网络，并推广其先进的物流技术与方法。

② 生产企业与第三方物流企业的同步全球化。随着生产企业全球化的进程，将以前已形成的完善的第三方物流网络带入全球市场。

③ 国际运输企业之间的结盟。为了充分应对全球化的经营，国际运输企业之间也可以建立一种覆盖多条航线、相互之间以资源互补为纽带、面向长远利益的战略联盟。这样不仅能使全球物流更便捷地进行，而且能使全球范围内的物流设施得到更有效的利用。

（2）互联网物流战略。由于互联网具有标准公开、使用方便、成本低廉等特点，因此互联网的物流管理具有成本低、实时动态性和客户推动的特征。互联网物流战略表现为：一方面通过互联网进行网上采购和销售，使企业更准确地把握消费者需求，从而推动生产的计划安排和最终实现基于客户订货的生产方式（Make To Order，MTO）；另一方面，企业利用互联网降低与客户的沟通成本和支持成本，增强进一步开发现有市场的新销售渠道的能力。

互联网物流的兴起并不是彻底否定了此前的物流体系和物流网络，虚拟企业之间的合作必然产生大量实体商品的配送和处理，而这些活动必须以物流网络为基础才能够实现，互联网物流是建立在发达的物流网络基础之上的。

（3）绿色物流战略。从可持续发展的角度来看，企业不仅要考虑经济利益和战略需要，也要考虑商品消费后的循环物流，具体包括及时、便捷地将废弃物从消费地转移到处理中心，以及在产品从供应商转移到最终消费者的过程中减少垃圾的产生。除此之外，还应当考虑如何让现有的物流系统减少对环境产生的负面影响，如拥挤的车辆、污染物排放等。要解决这些问题，企业需要在配送计划、物流标准化、运输方式等方面有一个完善、全面的规划，特别是在建立物流管理体系时，企业不能仅考虑自身的物流效率，还必须与其他企业协同起来，从综合管理的角度，共同管理生产和物流活动。

9.3 物流企业战略管理

9.3.1 物流企业战略管理的含义

物流战略不只是工商企业的职能级战略，同样专业化的物流企业也需要物流战略。从一般意义上来讲，物流企业战略管理是物流企业将战略管理运用于企业的管理过程中，为增强物流企业的竞争力，实现可持续发展，而进行的长远性、全局性的规划。

战略管理的思想可以帮助物流企业的高层管理者更加深刻地了解物流企业战略的制定、实施、评价等活动之间的内在联系，在创造物流企业未来的过程中采取主动出击的做法，而不是简单、被动地应对环境的变化。只有这样才能更好地决定物流企业自身的发展方向，建立明确的业绩目标，开发能够适应物流企业内外环境的、有助于实现这些业绩目标的战略，从而确保物流企业能够在激烈的竞争立于不败之地。

9.3.2 物流企业的分类

在确定物流企业之前，首先应对物流企业的类型进行划分，可以从物流功能的整合程度及物流服务范围两方面进行考虑，如图9-5所示。

物流功能的整合程度是指企业所提供的物流功能的多少；物流服务范围是指业务服务区域的广度、运送方式的多样性、保管和流通加工服务的广度等。通过以上两个维度，可将物流企业分为四类。

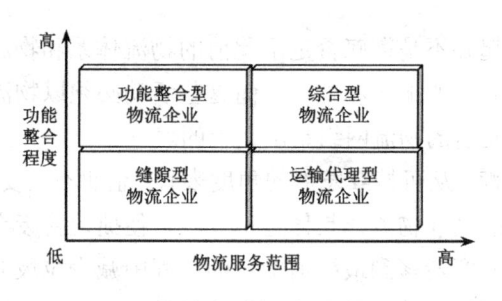

图 9-5 物流企业的基本类型

1. 综合型物流企业

综合型物流企业的特点是不但自身拥有大量的专用性资产，而且有很强的资产整合能力。综合性物流企业具有独特的品牌优势，规模庞大，业务水平高，仓储运输设备先进，拥有遍布全国甚至全球的网络体系、经验丰富的物流人才和先进的信息技术。

2. 功能整合型物流企业

这类企业功能整合程度高，但服务范围狭窄，一般自己不拥有或只拥有少量的资产。这类物流企业在过去广泛的客户资源基础之上拓展业务，因此客户分布比较广泛。它具有很强的社会物流资源整合能力，能够实现社会资源的共有化，充分利用闲置的社会资源。这类企业一般取得物流项目的总承包后再进行二次分包，通过系统化提高整合度来充分发挥竞争优势。

3. 运输代理型物流企业

这类物流企业的特点是服务范围广泛，但对物流功能的整合能力较弱，它们主要是市场中的仓储或运输代理者，属于特定经营管理型的物流企业。这类企业一般为特定的长期合作客户投资运输设备，建立专门的仓库，虽然综合运用铁路、航空、船舶运输等手段开展货物混载代理业务，但运作成本较高，缺乏网络化服务能力，信息技术水平较低。

4. 缝隙型物流企业

这类企业的整合能力较弱，物流服务范围狭窄，一般来讲都是小型物流企业。它们起步晚，规模小，在资源数量和质量方面都受到限制，通常是以局部市场为对象，将特定的物流服务活动集中于特定的客户群体。目前这方面比较突出的物流服务主要有搬家综合服务、代收商品服务、网上订书、鲜花递送等个性化消费品的配送服务。

9.3.3 物流企业战略的主要形式

1. 综合型物流企业——先驱型企业战略

综合型物流企业能为货主的全球化经营进行国际物流运作，能够实现一站式托运。随着货主企业活动的不断扩大，发货及入货范围逐渐延伸到全国或海外市场，整合社会资源，对不同的运输工具通过多式联运完成全程运输，利用自身的管理整合能力，充分利用闲置的社会资源，使其在效益方面产生乘数效应。这类企业不断引进学习国外先进的管理技术和管理方法，巩固资产专用性，加强其社会资源的整合能力，注重规模优势，提升规模经济壁垒，确立其行业龙头地位。

2．功能整合型物流企业——系统化物流战略

功能整合型企业的战略特点是以货物为核心，从事系统化的物流作业，通过推进货物分拣与追踪，提供高效、迅速的输送服务。同时，从集货到配送等活动全部由企业自身承担，实现高度整合。

在这类物流企业中，很少由企业通过市场的进一步细分和突出物流服务的特色来追求企业的效益。与进一步细分市场的战略相反，还有一部分企业从集中市场的战略转向多元化战略，其目的是分散对特定市场依赖的风险，在特定市场成熟以后再寻求新的市场。

功能整合型物流企业应加强物流资源整合能力，培养专业人才，引进先进的信息技术，提升信息处理能力，扩展服务种类，向综合性物流企业发展。

3．运输代理型物流企业——柔软型物流战略

运输代理型物流企业综合运用各种运输方式开展货运代理业务，其最大优点就是企业经营具有柔性，物流企业可以根据货主的需求提供最合适的物流服务。作为运输代理型物流企业，一方面可以对传统运输仓储业务进行拓展，提供增值服务，如再包装、贴标签、商品质量检验、回收物流等，进而逐步向物流过程管理、库存控制、订货方向发展；另一方面可以向无资产的第三方物流企业发展，这样虽然企业实质上并不拥有物流功能，但也可以灵活地提供全面的物流服务。

4．缝隙型物流企业——差别化、低成本物流战略

这类企业因为规模小，在从事单一物流服务的情况下，实现服务差别化比较困难。以运输服务为例，只要货车、车库等设施达到一定数量，任何企业都能够参与，因此这种提供无差别服务的企业只有不断降低费用，实行低价竞争才能够生存、发展。通常的措施除了加强企业内管理外，还可以根据运输周期或货物特性实行弹性价格政策。例如，对旺季以外的货物运输或对用机械装卸的货物运输运费可以打折扣或给予优惠。

尽管缝隙型物流企业较难实现差别化，但是也存在通过集中给特定客户提供附加服务，成功实现差异化的例子。例如，搬家综合服务公司除了从事专业化的搬家物流服务外，还替客户办理清扫、整理、杀虫、处理垃圾等事务；在代收商品服务中，物流业者通过代行繁杂的代收商品、样品等业务，然后用货车进行配送，增加物流服务的附加价值；仓储租赁服务是刚兴起不久的新兴物流形式，它通过出租仓储，安全保管客户存放的任何货物来突出物流服务的差别化，此外，在差别化物流服务中，高频次、小批量的共同配送也非常引人注目，它已成为物流企业实现差异化的有力武器，获得了广泛推广。

本章小结

物流战略是为实现物流企业的目标而进行的长远的、全局性的规划，它在企业中属于职能级战略，与企业总体战略呈现相辅相成的关系。物流能力对于加强企业核心竞争力也能起到很好的促进作用。物流战略的基本目标有成本最低、投资最少、服务最好等。物流战略管理主要包括物流战略环境分析、物流战略定位、物流战略设计、物流战略实施及物流战略控制与评价等活动。物流战略主要可分为即时战略、一体化战略、全球化战略、互联网战略及绿色物流战略等。物流企业可分为综合型、功能型、运输代理型、缝隙型四种类型，每类物流企业的物流战略不尽相同。

复习思考题

一、名词解释

1．物流战略　　　　2．成本领先战略　　　　3．差异化战略
4．集中化战略　　　5．物流战略管理　　　　6．物流战略定位
7．全局性战略　　　8．结构性战略　　　　　9．功能性战略
10．物流战略控制与评价　　11．即时物流战略　　12．一体化物流战略

二、选择题

1．以下不是物流战略的特征的是（　　）。
　A．长远性　　　B．纲领性　　　C．周期性　　　D．风险性
2．物流战略在企业战略中的地位属于（　　）。
　A．公司级战略　　B．业务级战略　　C．职能级战略　　D．竞争战略
3．迈克尔·波特提出的三大一般性战略包括（　　）。
　A．多元化战略　　　　　　　　B．成本领先战略
　C．差异化战略　　　　　　　　D．集中化战略
4．以下属于物流战略的基本要点的是（　　）。
　A．物流战略的导向　　　　　　B．物流战略的优势
　C．物流战略的类型　　　　　　D．物流战略的目标
　E．物流战略的措施　　　　　　F．物流战略的态势
5．以下属于即时采购的特征的是（　　）。
　A．合作关系　　　　　　　　　B．压低采购价格
　C．每次进货检查　　　　　　　D．长期合作，有限源供应
6．功能整合型物流企业的特征是（　　）。

A．功能整合程度高，服务范围大　　　　　B．功能整合程度高，服务范围小
C．功能整合程度低，服务范围大　　　　　D．功能整合程度低，服务范围小
7．差别化、低成本物流战略适合于（　　）。
A．综合型物流企业　　　　　　　　　　　B．功能整合型物流企业
C．运输代理型物流企业　　　　　　　　　D．缝隙型物流企业

三、判断题

1．在企业战略中，物流战略与营销战略属于同一层次的战略。（　　）
2．差异化战略就是企业或事业部的经营活动集中于某一特定的客户群、产品线的某一部分或某一地域市场上的一种战略。（　　）
3．物流战略的目标就是指该系统在社会经济发展中所承担的责任或目的。（　　）
4．结构性战略包括渠道设计和信息系统设计两部分。（　　）
5．即时采购与JIT的思想基本一致。（　　）
6．横向协同战略是指处于供应链不同阶段的企业间的相互协调。（　　）
7．通过第三方物流实现协同是一体化战略的一种。（　　）

四、简答题

1．物流战略的特征是什么？
2．物流战略在企业中的地位是什么？它与企业总体战略有什么关系？
3．物流战略的基本目标有哪些？
4．物流环境分析需要做哪些工作？
5．怎样进行物流战略的定位？
6．物流战略设计包括哪些内容？
7．物流战略实施的步骤包括哪些活动？
8．怎样进行物流战略控制与评价？
9．物流战略的主要形式有哪些？
10．不同类型物流企业应采用什么样的战略？

课后案例

戴尔模式成功的原因分析

1984年成立的戴尔电脑公司，仅用了17年，便成长为全球性的大公司，并步入世界500强的行列。2001年1季度，戴尔公司通过直销模式取得了PC市场全球第一和服务器市场美国第一的市场份额，首次超过Compaq，成为"全球最大PC制造商"。戴尔成功的重要原因之一要归功于美国先进的物流业。美国的物流管理技术自1915年发展至

今已有80多年的历史，通过利用各种机械化、自动化工具及计算机和网络通信设备，早已日臻完善。如世界物流业领先的物流企业联邦快递、DHL等，不仅有先进的运输、储存、包装等子系统，还有遍布全球的物流跟踪网络通信系统。

另外，以下因素，也是戴尔公司成功的关键。

1. 直接面向顾客的需求

戴尔公司的直销模式本身就是以面向客户需求为特征的。例如，戴尔公司的网站是完全以顾客为中心的，顾客一旦登录，网络就会问你属于什么类型的企业，以便提供不同的解决方案。而我国企业的站点大多还停留在单纯的自我宣传阶段，而不是从顾客的需要角度来设计界面。

2. 一流的基础设施建设

戴尔公司拥有先进的、自动化的流水线。工人在流水线上按定工单装配产品，然后这台产品会在流水线上被自动地进行各种检测、预装软件，形成产成品后，会在流水线上被自动包装。另外，条码技术、电平叉车、真空提升机等的运用，方便了生产管理和物流，也为日后的售后服务打下了基础。

3. 科学的工艺流程

戴尔公司各个生产厂的设计，都符合快速反应的电子商务的要求。例如，戴尔在中国的客户中心厂房呈"丰"字形。从保税中心运来的原材料集装箱货车很容易在"丰"字的左边卸货；原材料经过不同的生产线，生成产成品时，就来到了"丰"字的右边，方便第三方物流企业上门收货。这种流程提高了生产和物流的效率。

4. 较大的生产规模，满足电子商务物流的需求

戴尔中国客户中心每天的出货量是数千台。几乎每个周六，生产线都要加班，因为周五销售人员又下了很多客户订单。

5. 信息化的内部各项管理

戴尔公司的网站每日接收到的电子订单数以千计，这就涉及定单信息的统计、分类及正确地传到生产部门。戴尔公司有一套成熟、先进的ERP等企业管理软件来集成这一功能，如物料需求系统、库存管理和控制系统、需求供应及全球采购管理系统、客户按需配置销售系统、订单管理系统、订单生产状态跟踪系统等。通过这套ERP企业管理软件，戴尔公司将供应商的原材料供应管理、销售管理、客户订单管理和客户关系管理、财务管理、生产管理等有机地集成在一起，为公司业务的高效运作提供了强大的支持。同时，戴尔公司建立了全球范围内的公司内部网，使得公司内部高效地运作。

6. 开放的网络平台，与供应商结成战略联盟

戴尔公司为每个供应商都设计了网络连线，加强了与供应商的信息交流，包括按照戴尔公司本身标准衡量的零件品质、当前的成本结构，以及目前需求与未来预测等信息。例如，戴尔公司为Intel公司设计的网络连线，让戴尔公司能更迅速有效地管理订货流通与紧急补货所需的存货。更紧密的连接，也能改进存货流通的速度。提供及时资料给供应商，帮他们权衡产量，把库存量降到最低。

7. 产品的模块化管理技术

戴尔公司所有的产品和配件都以模块化的方式进行管理。戴尔公司积累 17 年的直销经验，形成了其独有的数据库系统，对原材料采购、产品定购、生产、物流、售后服务进行关联管理。

8. 采用第三方物流企业完成其物流活动

利用第三方物流的优势，戴尔公司大大降低了物流成本，提高了物流效率。

9. 优质的售后服务

一方面，戴尔公司为客户设立了专门的技术支持网站，提供技术咨询和软件下载服务。通过设立网上自我故障排除和技术支持信箱等服务，让顾客能够通过网络便捷地解决自己遇到的问题。同时，对于维修等不能通过网络解决的，戴尔公司通过第三方服务的方式，将其外包出去，委托和授权当地的服务商在全国众多城市提供现场服务，这样既节省了自己的成本，又能够为用户提供优质的服务。

第 10 章 企业物流管理

本章学习目标

1. 掌握企业物流管理的范畴。
2. 掌握企业物流管理中的活动。
3. 掌握供应物流、生产物流、销售物流及逆向物流的内容。
4. 熟悉 MRP、DRP、JIT 的基本原理及其应用。
5. 了解供应链的含义及特征。
6. 熟悉供应链的类型。
7. 掌握供应链管理与物流管理的关系。

10.1 企业物流管理概述

10.1.1 企业物流的含义

企业物流（Internal Logistics）是指在企业生产经营过程中，从原材料供应开始，经过生产加工，一直到产成品和销售，以及伴随生产消费过程中所产生的废弃物的回收及再利用的完整循环活动。

企业物流是具体的、微观的物流活动，其目的是在保证物流服务水平的前提下，通过物流功能的最佳组合，实现物流成本的最低化。也可将企业物流管理看作企业管理的一个分支，它是对企业内部的物流活动，诸如物资的采购、运输、包装、配送、储备、装卸等进行的计划、组织、指挥、协调和控制活动。

10.1.2 企业物流管理的范畴

企业物流可分供应物流、生产物流、销售物流、逆向物流等阶段,如图 10-1 所示。

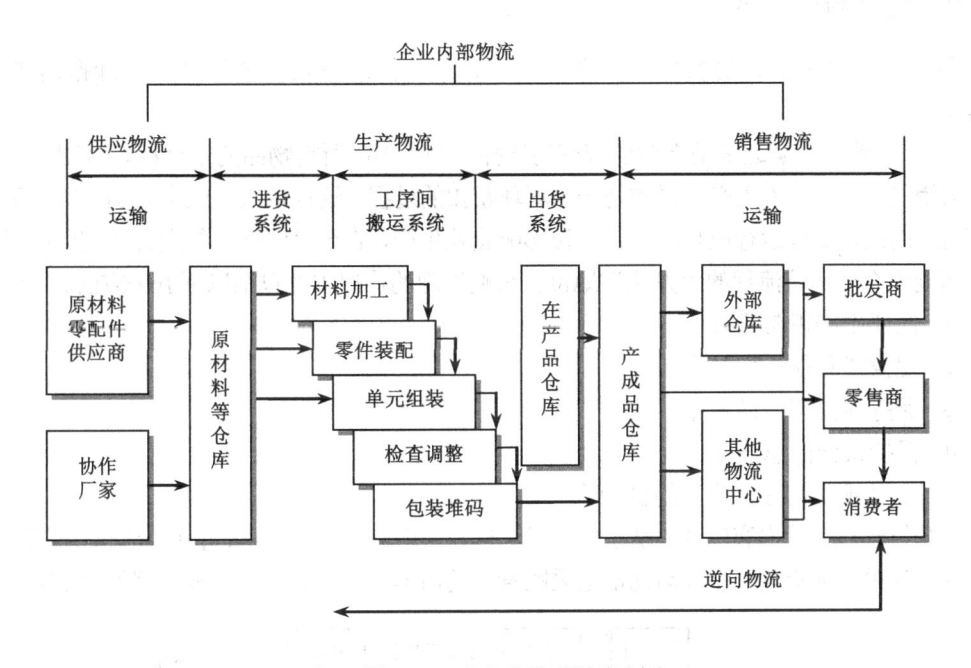

图 10-1 企业物流的阶段划分

在以上四个阶段中包括的所有物流活动都包含在企业物流管理的范畴之内,具体包括因原材料采购、工序传递、成品销售及回收物流所发生的仓储、运输、包装、装卸搬运等活动,以及相关的物流需求预测计划、订单处理、货物跟踪、信息反馈等信息流活动。另外,像工厂选址、存货控制、物流网络建设等决策方面的活动也包括在企业物流的范畴之内。

10.2 企业物流管理中的活动

10.2.1 供应物流

1. 供应物流的含义

供应物流(Supply Logistics)是指为生产企业提供原材料、零部件或其他物品时,物品在供应方与需求方之间的实体流动，包括原材料等一切生产物资的采购、进货运输、仓储、库存管理、用料管理和供应管理，也称为原材料采购物流。供应物流与生产系统、财务系统、生产企业的其他各部门及企业外部的资源市场、运输部门有密切的联系。供应物流对企业生产的正常、高效进行发挥着重要的保障作用。

2．供应物流的内容

供应物流由采购、物料供应、仓储管理、库存控制及相关的运输、装卸搬运等活动组成。

（1）采购。采购通常是指对供应商的选择和购买生产所需物品的全过程。对制造企业而言，为销售而生产、为生产而采购是一个环环紧扣的过程，这样依次构成了采购、生产和销售等流程。而采购流程运行成功与否会直接影响企业生产，直至最终产品的定价和获利情况。采购物流处于企业运营流程的"龙头"地位。采购管理的作用主要包括以下五个方面。

① 保证生产正常进行。
② 使投资和损失保持最小。
③ 保持并提高产品质量。
④ 保持最低的总成本。
⑤ 发现或发展有竞争力的供应商。

采购管理包含的内容广泛，从了解需求、选择供应商、协议价格、签订合同、选择运输方案、跟踪订单，到验收入库等活动都是采购管理的内容。具体的采购管理流程如图10-2所示。

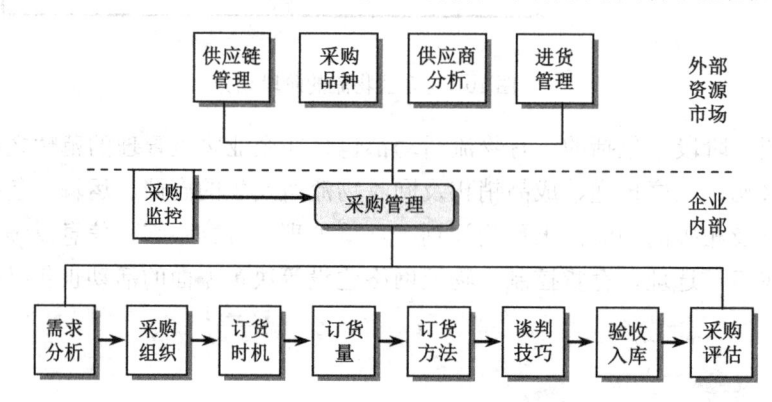

图10-2　企业采购管理流程

（2）物料供应。物料供应是依据供应计划和消耗定额进行生产资料供给的过程，主要负责原材料消耗的控制。物料供应环节是供应物流与生产物流的衔接点，具体包括制定供料计划、确定供料方式和方法等活动。

（3）仓储管理。仓储管理主要是对仓库设施及仓库内的物料所进行的管理，如生产资料的接货、发货、物料保管等工作。它是仓储单位为了充分利用仓储资源，提供高效的仓储服务所进行的计划、组织、控制和协调的过程。具体来说，仓储管理包括仓储资源的获得、仓储流程管理、仓储作业管理、保管管理、安全管理等工作。

(4)库存控制。库存控制是依据企业生产计划,制定供应和采购计划及库存控制策略,并执行和反馈修改的活动。它的主要作用是在供需之间建立缓冲区,解决客户需求与企业生产能力之间、最终装配需求与零配件之间、零件加工工序之间、生产厂家需求与原材料供应之间的矛盾。

3. 供应物流的模式

根据从事供应物流的主体不同,供应物流共有三种模式:供应商代理供应物流模式、第三方物流企业代理供应物流模式和企业自供物流模式。

(1)供应商代理供应物流模式。在买方市场条件下,作为采购方,企业可以利用买方的主导力量,向原材料供应商提出进行供应服务的要求,作为向供应商进行采购订货的前提条件。

这种模式的优点是企业可以充分利用市场经济造就的买方市场优势,对供应商,也是物流的执行者进行选择和提出要求,有利于实现企业理想的供应物流目标。缺点是销售方的物流水平可能存在欠缺,可能难以满足企业供应物流高水平、现代化的要求。

(2)第三方物流企业代理供应物流模式。这种模式是由供应商和生产商之外的第三方去从事物流活动,从事供应物流的第三方应当是专业性的,而且有非常好的服务水平。这种模式的优点是:不同的专业物流公司瞄准的物流对象不同,有自己特有的设备、设施和人才,能够承接这一项业务的物流企业,必定是专业物流企业,有高水平、低成本、从事专业物流的条件,这使企业有广泛的选择余地,有利于供应物流的优化。

(3)企业自供物流模式。在这种模式下,是由企业自己组织采购的供应工作,这种模式常见于卖方市场环境下。

10.2.2 生产物流

1. 生产物流的含义

生产物流(Production Logistics)是生产过程中,原材料、在产品、产成品等在企业内部的实体流动过程。具体来讲,它是原材料等投入生产后,经过下料、发料,运送到各加工点和存储点,以在产品的形态,从一个生产单元转入另一个生产单元,按照规定的工艺过程进行加工、存储,借助各种运输设备,在某个点内流转,又从某个点内流出,始终体现着物料实物形态的流转过程。生产物流是制造企业所特有的活动,如果生产物流中断,生产也会随之中断。生产物流的发展历经了人工物流、机械化物流、自动化物流、集成化物流、智能化物流五个阶段。

2. 生产物流的内容

(1)工厂布置设计。工厂布置是指在工厂范围内,各生产手段位置的确定,各生产手段之间的衔接及这些生产手段的实现方式。具体来讲,就是机械装备、仓库、厂房等生产手段和实现生产手段的建筑设施的位置确定。这是生产物流的前提条件，也是生产物流活动的一个环节。在确定工厂布置时，只考虑工艺是不够的，还必须考虑整个物流过程。

（2）工艺流程设计。工艺流程是技术加工过程、化学反应过程及物流过程的统一体。生产物流是一种工艺过程性物流，一旦企业生产工艺、生产装备及生产流程确定，企业物流就成了一种稳定性的物流。在以往的工艺过程中，有许多不合理的运动，如厂内起始仓库搬运路线不合理，搬运装卸次数过多；仓库对各车间的相对位置不合理；在工艺过程中物料过长地运动、迂回运动、相向运动等，这些问题都反映了工艺过程缺乏物流方面的考虑。

（3）工序间的装卸搬运系统。工序间装卸搬运系统是保证生产正常进行的必要子系统，是连接各生产工序的纽带。工序间的装卸搬运系统受工厂布置及工艺流程设计的影响，同时又决定着生产的平顺进行及生产的效率。关于装卸搬运的相关知识在第 7 章做了更详细的阐述。

3．生产物流的模式

根据生产的重复程度，生产模式可分为项目型生产、单件小批量生产、大量生产、成批生产、大规模定制化生产五种。五种模式下的生产物流也会表现出不同的特点，如表 10-1 所示。

表 10-1　不同模式下生产物流的特点

模　式	模式的特点	生产物流的特点
项目型生产	在生产过程所需物资流动性不强，几乎处于停止状态。 与客户接触好，一般都是客户直接订货生产。物资投入大，产品造价高，产品生产周期长	物资采购量大，供应商多变，外部物流较难控制。生产过程中原材料、在产品占用大，几乎无产成品占用。 由于加工场地、加工路线变化大，物流方向不确定，工序之间的物流联系不规律，加上项目一次性的特点，使生产过程的库存控制、质量控制、成本控制较难
单件小批量生产	生产对象基本上是一次性需求的专用产品，一般不重复生产。 产品设计和工艺设计低重复性	生产重复程度低，物料需求与具体产品制造存在对应关系。在生产状态复杂多变的情况下，一般宜按工艺专业化原则，采用机群式布置的生产物流组织形式。 由于品种多样性，物料消耗不易确定，外部物流较难控制
大量生产	生产对象品种少，但每种产品的批量大，不断重复地进行生产。一般这类产品在一定时期内具有相对稳定的需求，一般有 1~2 个工序	物料加工重复度高，物料需求的外部独立性和内部相关性易于计划和控制。产品设计和工艺设计相对标准和稳定，物料消耗定额易于确定。由于品种单一，供应商较固定，外部物流较易控制
成批生产	生产对象是通用产品，生产具有重复性，介于大量生产和单件小批量生产方式之间。 建立正规的生产线和生产水线的难度较大，一般是制定生产频率，采用混流生产。工序介于 2~40 个之间	在生产物流管理上根据轮番重复生产这一特点，可按对象专业化原则组织生产。在生产物流的组织上，合理安排每种产品的轮番间隔和生产批量。既要减小批量，保证生产的比例性和压缩在产品，又要避免批量频繁变换，影响设备的利用率。由于生产的品种多，生产的稳定性差，外部物流较难控制

续表

模　式	模式的特点	生产物流的特点
大规模定制化生产	大批量生产和传统定制化生产的有机结合。 在满足客户特定需求的同时，进行大批量生产	物料的采购、设计、加工、装配、销售等流程要满足个性化定制要求。 产品设计的定制化程度与生产及物流技术的柔性与敏捷性有很大关联

4．生产物流合理化的基本要求

（1）连续性。物料顺畅、最快、最省地走完各个工序，直到成为最终产品。

（2）平行性。各个支流平行流动。

（3）节奏性。生产过程中各阶段都能有节奏、均衡地进行。

（4）比例性。考虑各工序内的质量合格率及装卸搬运过程中的可能损失，零部件数量在各工序间有一定的比例，形成了物流过程的比例性。

（5）适应性。企业生产组织向多品种、少批量发展，要求生产过程具有较强的应变能力，物流过程同时具备相应的应变能力。

10.2.3　销售物流

1．销售物流概述

销售物流（Distribution Logistics）是指生产企业、流通企业出售商品时，物品在供需双方之间的实体流动。销售物流的顺畅关系到企业能否及时地将产品送到客户手中，进而达到促进销售、加快资金周转、降低流通费用的目的。

一般情况下，销售物流的起点是生产企业的产成品仓库，然后经过分销物流，完成长距离的干线物流，再经过配送完成市内和区域范围的物流活动，到达企业、商业用户或最终消费者。

销售物流是一个逐渐发散的物流过程，这和供应物流形成了一定程度的对比。通过这种发散的物流，使资源得以广泛的配置。在买方市场环境中，销售物流活动带有很强的服务性，销售往往以送达用户并经过售后服务才算终止，因此，销售物流的空间范围很大，这是销售物流的难度所在。销售物流最终要实现的目标包括以下几个。

① 适当的交货期，准确地向客户发送商品。

② 尽量减少商品缺货或脱销现象发生。

③ 合理设置仓库和配送中心，保持合理的商品库存。

④ 运输、装卸、保管和包装等作业省力化。

⑤ 维持合理的物流费用，使订单到发货的流动畅通无阻。

⑥ 将销售额等订货信息反馈给采购部门、生产部门和销售部门做决策之用等。

2. 销售物流的组织形式

（1）生产企业自己组织销售物流。这是在买方市场环境下，销售物流常见的模式之一，即生产企业自己组织销售物流，实际上等于把销售物流作为企业生产的一个延伸，或者看成生产的继续。

（2）第三方物流负责组织销售物流。实际上是生产企业将销售物流外包给第三方物流负责，将销售物流社会化。其最大优点在于，第三方物流企业是社会化的物流企业，它向很多生产企业提供物流服务，因此可以将企业的销售物流和企业的供应物流一体化。

（3）客户自己提货的形式。这种形式实际上是将生产企业的销售物流转嫁给客户，变成了客户自己组织供应物流的形式，而对销售方来讲，已经没有了销售物流的职能。这是在计划经济时期广泛采用的模式，目前，除非特殊情况，一般不会采用此种形式。

3. 销售物流管理的内容

销售物流是由包装、储存、订单处理、销售渠道的构建、运输、装卸搬运等一系列活动组成的。

（1）包装。包装可分为商业包装和工业包装，它既是生产物流的终点，又是销售物流的起点。包装在销售物流过程中主要是对产品起到保护商品，方便运输和促进销售的作用。受装卸方式、仓储条件、商品特性、运输工具及运输距离的影响，销售物流中的包装问题主要涉及包装形式、包装材料和方法的选择等。

（2）储存。具体包括仓储作业管理、商品养护和库存控制等工作。保持合理的库存水平，及时满足客户需求，是产品储存的最终目的。

（3）订单管理。订单管理包括订单的接收、核查、确认、记录、整理和准备发货等工作，订单管理的每个环节都直接影响到销售物流的效率和客户服务水平。

（4）销售渠道的构建。销售渠道的结构根据参与成员的不同可以分为三种类型，如图 10-3 所示。

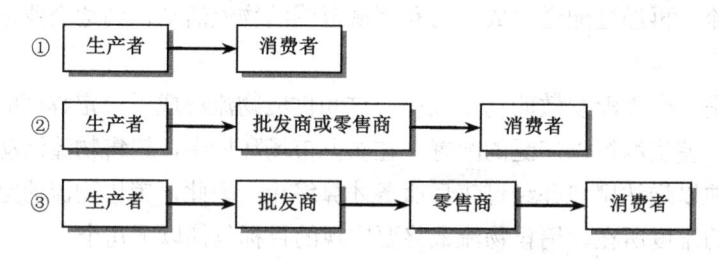

① 生产者 → 消费者
② 生产者 → 批发商或零售商 → 消费者
③ 生产者 → 批发商 → 零售商 → 消费者

图 10-3　三种典型的销售渠道结构

影响销售渠道构建的因素主要有政策因素、产品因素、市场因素和生产企业本身的因素。另外，销售物流的组织与产品类型有关，如钢材等产品，其销售渠道一般选择第一种和第二种结构；但如日用消费品等商品则更多地会选择第二种和第三种结构。

（5）运输。销售物流中的运输主要涉及运输方式及运输路线的选择等问题，而这些决策又受产品批量、运输距离、运输费率、地理位置等因素的影响。

（6）装卸搬运。在运输及仓储过程中必然会发生装卸搬运作业，装卸搬运的作业质量会影响到产品的完好性，以及其他环节的作业效率。

10.2.4 逆向物流

1．逆向物流概述

逆向物流（Reverse Logistics）是指与传统供应链反向，为价值恢复或处置合理，而对原材料、在产品、最终产品及相关信息从消费地到起始点的有效实际流动所进行的计划、管理和控制的过程。逆向物流的表现形式很多，它的处理对象包含了来自客户的产品及其包装品、零部件、物料等物资的流动。

逆向物流有广义和狭义之分，狭义的逆向物流是指由于环境问题或产品已过时的原因，而对产品、零部件或物料进行回收的过程。它是将废弃物中有再利用价值的部分加以分拣、加工、分解，使其成为有用的资源重新进入生产和消费领域的过程。广义的逆向物流除了包含狭义的逆向物流的定义之外，还包括废弃物物流，其最终目标是通过减少资源使用达到减少废弃物的目标，同时使正向及回收物流更有效率。逆向物流的一般过程如图 10-4 所示。

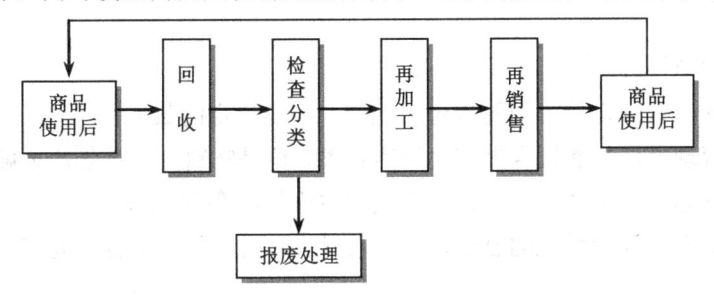

图 10-4 逆向物流的一般过程

逆向物流有双重作用：一方面，逆向物流处理得好，可以增加资源的利用，降低能源的消耗，降低经济成本，减少对环境污染，提高经济效益；另一方面，逆向物流如果处理不当，会给社会造成许多公害。

2．逆向物流的特点

逆向物流作为企业价值链中特殊的一环，与正向物流相比，既有共同点，也有不同点。二者的共同点在于：都具有包装、装卸、运输、储存、加工等物流功能。但是，逆向物流与正向物流相比，又具有以下几个鲜明的特点。

（1）分散性。逆向物流产生的地点、时间、质量和数量往往是难以预见的。废旧物资流可能产生于生产领域、流通领域或生活消费领域，涉及任何领域、任何部门、任何个人，在社会的每个角落日夜不停地发生。而正向物流则不然，按量、准时和指定发货点是其基本要求。这是由于逆向物流发生的原因通常与产品的质量或数量的异常有关。

（2）缓慢性。人们不难发现，开始的时候逆向物流数量少，种类多，只有在不断汇集的情况下才能形成较大的规模。废旧物资的产生往往不能立即满足人们的某些需要，它需要经过加工、再处理等环节，甚至只能作为原料回收使用，这一过程的时间是较长的。同时，废旧物资的收集和整理也是一个较复杂的过程。

（3）混杂性。回收的产品在进入逆向物流系统时往往难以划分为产品，因为不同种类、不同状况的废旧物资常常是混杂在一起的。当回收产品经过检查、分类后，逆向物流的混杂性才会逐渐衰退。

（4）多变性。由于逆向物流的分散性及消费者对退货、产品召回等政策的滥用，有的企业很难控制产品的回收时间与地点，这就导致了多变性。

10.3 企业物流管理的主要方法

10.3.1 物料需求计划

1. 物料需求计划概述

企业怎样才能在规定的时间及规定的地点，按照规定的数量得到真正需要的物料？换句话说，库存管理怎样才能符合生产计划的要求？这是物料需求计划所要解决的问题。

物料需求计划起初出现在美国，并由美国生产与库存管理协会倡导而发展起来。物料需求计划是企业资源计划系统的雏形，它不仅是一种计划管理方法，也是一种生产及物流的组织方式。

物料需求计划（Material Requirement Planning，MRP）是一种以物料需求计划为核心的生产管理系统，它根据总生产进度计划中规定的最终产品的交货日期，编制构成最终产品的装配件、部件、零件的作业进度计划、对外的采购计划、对内的生产计划。它可以用来计算物料需求量和需求时间，从而降低库存量。

2. MRP 的基本原理

MRP 要实现的目标有两个。

（1）从最终产品的生产计划（独立需求）导出相关物料（原材料、零部件等）的需求量和需求时间（相关需求）。

（2）根据物料的需求时间和生产或订货周期来确定开始生产或订货的时间。

MRP 是在产品结构与制造工艺的基础上，利用制造工程网络原理，根据产品结构各层次物料的从属与数量关系，以物料为对象，以产品完工日期为时间基准，按照反工艺顺序的原则，根据各物料的加工提前期计算物料的投入数量与日期。MRP 的基本原理如图 10-5 所示。

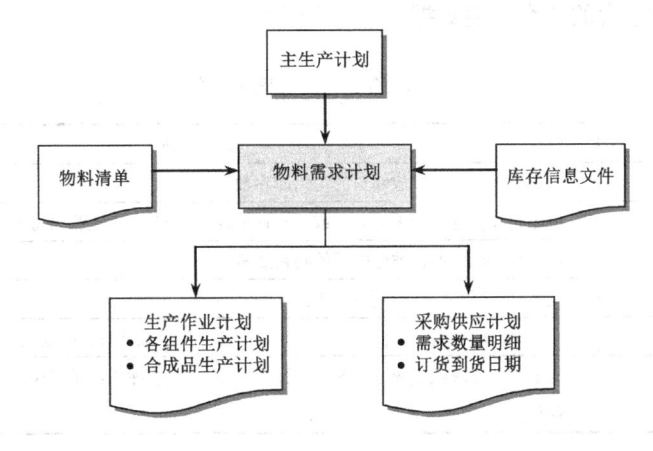

图 10-5　MRP 的基本原理

从图 10-5 可是看出，MRP 包含的基本文件主要有主生产计划（Master Production Schedule，MPS）、物料清单（Bill of Materials，BOM）和库存信息文件（Inventory）。

（1）主生产计划。MPS 是 MRP 展开的主要依据，它确定了每一具体的最终产品在每一具体时间段内的生产数量。MPS 的计划期通常以周为单位，在某些情况下，也可以是日、旬或月。MPS 详细规定了生产什么、什么时段应该产出，它属于独立需求计划。

（2）物料清单。BOM 是 MRP 的核心文件，也叫产品结构文件，是关于产品所需零部件的明细表及其结构的文件。具体而言，BOM 说明了产品、部件、组件、零件、原材料之间的结构关系，以及每个组装件包含的下属部件（或零件）的数量及提前期（Lead Time）。BOM 中的"物料"有着广泛的含义，它是所有产品、半成品、在产品、原材料、毛坯、配套件等与生产有关的物料的统称。BOM 的基本结构如图 10-6 所示。

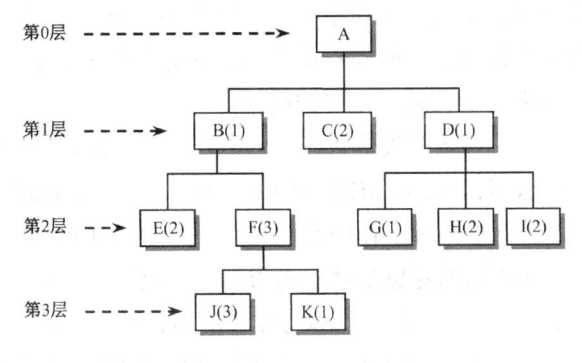

图 10-6　BOM 的基本结构

（3）库存信息文件。库存信息文件是保存企业所有产品、零部件、在产品、原材料等存在状态的数据库。在 MRP 系统中，将产品、零部件、在产品、原材料甚至工装工具等都统称为"物料"或"项目"。为便于计算机识别，必须对物料进行编码。物料编码是 MRP 系统识别物料的唯一标识。

库存信息文件将每个物料项目的现有库存量和计划接受量的实际状态反映出来，表 10-2 是库存信息文件中包含的几个主要数据。

表 10-2　库存信息数据

名　　称	描　　述
现有库存量	企业仓库中实际存放物料的可用库存数量
计划收到量（在途量）	根据正在执行中的采购订单或生产订单，在未来某个时段物料将要入库或将要完成的数量
已分配量	保存在仓库中但已被分配掉的物料数量
提前期	执行某项任务由开始到完成所消耗的时间
订购（生产）批量	在某个时段内向供应商订购或要求生产部门生产某种物料的数量
安全库存量	为了预防需求或供应方面的不可预测的波动，在仓库中经常应保持最低库存数量作为安全库存量

根据表 10-2 中的各项数值，可以计算出某项物料的净需求量为

$$净需求量 = 毛需求量 + 已分配量 - 计划收到量 - 现有库存量$$

3. 闭环 MRP

尽管 MRP 的出发点是围绕物料转化，组织制造资源，按需准时生产，但是实际上，基本的 MRP 并没有能够获得真正的按需准时生产，因为 MRP 采用的是在无限能力的基础上来确定物料需求计划，没有考虑产能约束等问题，因此这样的计划是不能真正达到准时生产的。为了解决这样的问题，在物料需求计划之后需要一个能力需求计划（Capacity Requirement Planning，CRP），进行能力与负荷的平衡，然后调整物料需求计划，使物料需求计划建立在生产能力的基础上，切实可行。CRP 的主要任务包括以下几项。

（1）将物料需求计划转化为对车间设备、人力等资源的能力需求。

（2）按照时段和设备组（或工作中心）对所需能力进行汇总。

（3）用能力需求报告或负荷图检查能力与负荷之间的差异。

（4）提供解决能力与负荷之间差异的措施。

这样，基本 MRP 系统进一步发展，把能力需求计划、执行及控制计划的功能也包括进来，形成一个环形回路，称为闭环 MRP（Close MRP），其原理如图 10-7 所示。

在闭环 MRP 系统中，把关键工作中心的负荷平衡称为粗能力计划（Rough Cut Capacity Planning，RCCP）[1]，它计划的对象是独立需求件，主要面向的是主生产计划；把全部工作中心的负荷平衡称为能力需求计划，或称为详细能力计划，它的计划对象为相关需求件，主要面向的是车间。由于 MRP 和 MPS 之间存在内在的联系，所以资源需求计划与能力需求计划之间也是一脉相承的，而后者正是在前者的基础上进行计算的。

---

1. 粗能力计划是对关键工作中心的能力进行运算而产生的一种能力需求计划，它的计划对象只针对设置为"关键工作中心"的工作能力，计算量要比能力需求计划小许多。粗能力计划忽略了一些基本的信息，目的是简化和加快能力计划的处理过程。

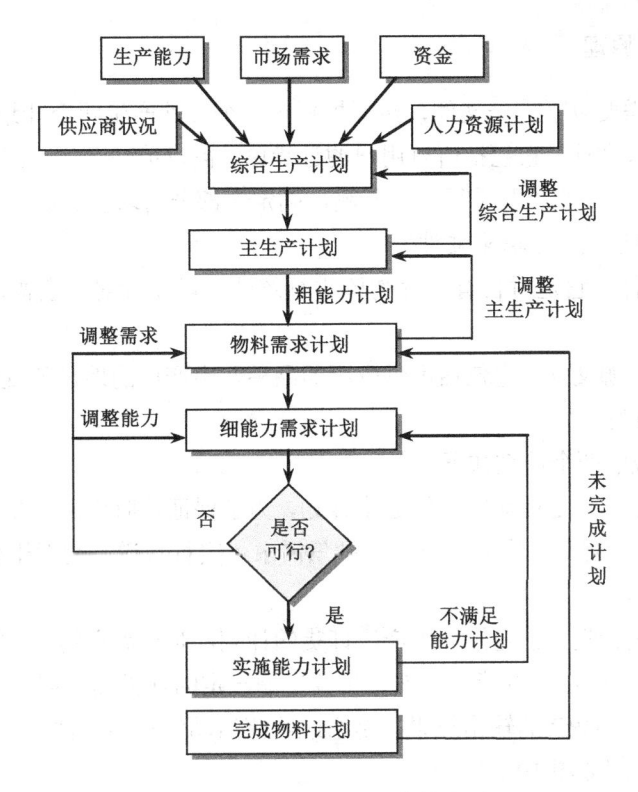

图 10-7 闭环 MRP 的基本原理

10.3.2 分销需求计划

1. 分销需求计划概述

分销需求计划（Distribution Requirement Planning，DRP），又称配送需求计划。它的基本原理和 MRP 相似，可以把它看作 MRP 原理在流通领域的应用。其基本目标为：合理进行分销物资和资源配置，达到既保证有效满足市场需求又使配置费用最少的目的。

DRP 主要解决分销物资的供应计划和调度问题，主要可以应用在以下两类企业中。

（1）流通企业。特别是一些含有物流业务的企业，如储运公司、配送中心、物流中心等。这些企业的基本特征是：不一定搞销售，但一定有储存和运输的业务，目标是在满足客户需要的原则下，追求资源的有效利用，既搞生产又搞流通，产品全部或部分自己销售。

（2）生产企业。部分生产企业拥有自己的销售网络和储运设施，其产品全部或部分自己销售，企业中设有流通部门，专门承担分销任务。

这两类企业具有一些共同的基本特征：都是以满足社会需求为本企业的宗旨；都是依靠一定的物流能力作为基本手段来满足社会的需求；都是为满足社会需求要从生产厂或产品资源市场组织物资资源。

2. DRP 基本原理

实施 DRP 时需要以下三个文件,然后根据这三个文件产生两个计划。

(1)社会需求文件。它包括所有用户的订货单、提货单和供货合同及下属子公司、企业的订货单。此外,企业还要进行市场预测,确定一部分需求量。所有需求按品种和需求时间进行统计,整理成社会需求文件。

(2)库存文件。它是对自有库存物资进行统计,以便针对社会需求量确定必要的进货量。

(3)生产厂资源文件。它包括可供资源的品种及生产厂的地理位置信息,地理位置与订货提前期紧密相关。

DRP 最后生成的两个计划如下。

(1)送货计划。它是针对客户的送货计划,为了保证按时送达,要考虑作业时间和路程远近,提前一定时间开始作业,对于大批量需求可实行直送,而对于数量众多的小批量需求可以进行配送。

(2)订货进货计划。它是指从生产厂订货的计划,对于需求物资,如果仓库内无货或库存不足,则需要向生产厂订货。当然,也要考虑一定的订货提前期。

以上两个计划是 DRP 的输出结果,是组织物流活动的指导文件。

DRP 的基本原理如图 10-8 所示。

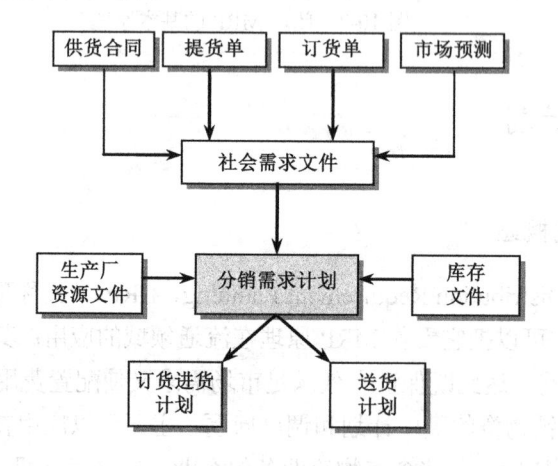

图 10-8 DRP 的基本原理

以一个物流中心的运作为例,对物流中心而言,要决定某种产品的需求量,首先要知道该产品的预测需求量,然后检查该产品的库存量并计算库存能够维持多长时间。如果需要维持安全库存,还必须将安全库存量从计算维持时间的库存量中扣除。如果没有在途产品,这里计算的日期是库存缺货日期;如果考虑在途产品,则必须将在途产品加入库存量中,以决定库存能够维持的时间。这样,将库存产品加上在途产品数量之和耗用完的时间就是下次订货到达的最佳时间。

另外，产品到达物流中心的日期与供应点的装运配送日期可能会不一致，所以还需考虑从供货点订货的提前期，这段时间包括该物流中心装运、运输的时间及该物流中心验货收货的时间等，进货批量应当是规定的订货批量。同样，对产品需求方的处理也应当考虑送货提前期，以此来确定送货日期，即由客户的需求时间倒推送货提前期，以确定该物流中心向客户的送货日期。这样，既可以确定该物流中心向供应方的订货日期和数量，又可以确定向客户送货的日期和数量，这就是 DRP 计算的逻辑过程。

10.3.3 准时制生产

1．JIT 的基本思想

准时制生产方式（Just In Time，JIT）是丰田汽车公司最先施行的一种生产方式，是为适应 20 世纪 60 年代需求多样化、个性化的特点而建立的一种生产模式及相应的物流体系。

从 20 世纪 70 年代中期以后，伴随着丰田汽车公司在世界市场竞争中的节节胜利，众多的欧美企业界人士和管理学家开始探索日本企业成功的秘密，JIT 被当作日本企业成功的秘诀受到广泛的关注。在 JIT 生产方式下，库存将被减至最小限度，因此 JIT 又称为"零库存"管理。近年来，JIT 不仅作为一种生产方式，也作为一种管理模式在其他领域得到推行。

JIT 的中心思想可用一句话概括："在必要的时间将必要的零件以必要的数量送到生产线上，并且只生产必要数量的产品。" JIT 通过生产的计划和控制及库存的管理，追求无库存或最小的库存量，为此丰田公司开发了包括"看板"在内的一系列具体管理方法，并逐渐形成了一套独具特色的生产经营体系。

2．JIT 的典型做法

JIT 生产方式的主要目的是使生产过程中物品（零部件、半成品及产成品）有秩序地流动并且不产生物品库存积压、短缺和浪费，因此有几个关键的做法必须施行，包括流程化生产、均衡化生产及合理配置资源。

（1）流程化生产。流程化生产是指按生产所需的工序从最后一个工序开始往前推，确定前面工序的类别，并依次恰当地安排生产流程。根据流程与每个环节所需库存数量和时间先后来安排库存和组织物流，尽量减少物资在生产现场的停滞与搬运，让物资在生产流程上无阻碍地流动。

为了实现适时适量生产，首先需要实现生产的同步化，即工序之间不设置仓库，前一工序的加工结束后，立即转到下一工序，装配线与机械加工几乎平行进行。

（2）均衡化生产。均衡化生产是指总装配线在向前工序领取零部件时，应均衡地使用各种零部件生产各种产品。为此，在制订生产计划时就必须考虑均衡化生产，然后将其体现于产品生产顺序计划之中。JIT 生产是按周或按日平均进行的，它与传统的大批量生产的方式不同，JIT 的均衡化生产中没有批次生产的概念。

（3）合理配置资源。合理配置资源是指在生产线内外，所有的设备、人员和零部件都得到最合理的调配和分派，在最需要的时候以最及时的方式到位。例如，生产线上的设备包括相关模具，应能够实现快速装换和调整。另外，设备的合理布局可以大大简化运输作业，使单位时间内零件制品运输次数增加。对人员来讲，要求培养多技能工，每个工人能同时操作多道工序的作业。

3. 看板管理

（1）看板管理简介。JIT 有时也被称作看板生产方式，因为 JIT 是一种拉动式生产系统，它需要一个工具从最后一道工序向上一道工序传递信息，而这种传递信息的载体就是看板。如果没有看板，JIT 就无法进行。

具体来说，看板管理是 JIT 中控制现场生产流程的核心工具。它采用逆向思维的方法，从结果入手，即从最后一道工序开始往前推进，每道工序都把后一道工序看成自己的客户，按照客户的需要进行生产，而客户把自己的需要详细地写在一块醒目的看板上，这样就可以通过看板来控制整个生产过程。采用看板控制生产流程，并配合定量、固定装货容器等方式，可以使信息的流程缩短，从而使生产过程中的物料流动更加顺畅。

（2）看板管理的基本原理。看板分为很多种，在生产过程中使用最多的有两种：取货看板和生产看板。取货看板标明后一道工序向前一道工序拿取工件的种类和数量，而生产看板则标明前一道工序应生产的工件的种类和数量。看板的使用方法中最重要的一点就是看板必须随实物一起移动。使用看板控制生产的基本原理如图 10-9 所示。

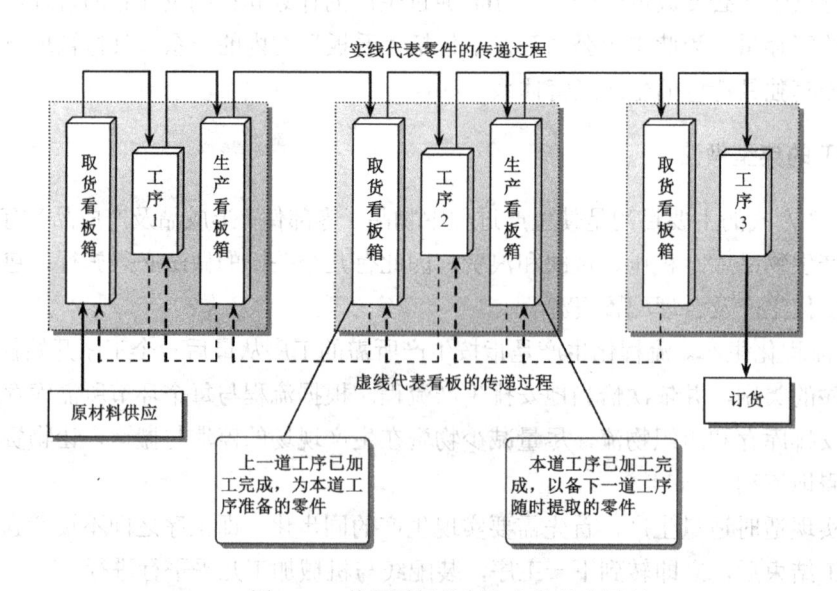

图 10-9 使用看板控制生产的基本原理

在图 10-9 中，假设生产过程包括三道工序，工序两侧各放置一个零件箱，左侧为取货看板箱，存放上一道工序已加工完成、为本道工序准备的零件，零件上附有取货看板；右侧为生产看板箱，零件箱附有生产看板。从最后一道工序开始，当工人开始生产时，需要从其左侧的取货看板箱中取出零件，并将取货看板取下，去上一道工序的生产看板箱中补充零件，然后将生产看板箱中零件上的生产看板取下交给上一道工序的工人，工人看到生产看板便开始生产，其他工序依次类推。这样，通过看板就可以将整个生产过程有机地组织起来。

（3）看板的使用原则。看板是 JIT 生产方式中独具特色的管理工具，看板的操作必须严格符合规范，否则起不到应有的效果。概括地讲，在使用看板的过程中应遵循以下 6 个原则。

① 没有看板不能进行生产，也不能运送。
② 看板只能来自后工序。
③ 前工序只能生产取走的部分。
④ 前工序要按照收到看板的顺序进行生产。
⑤ 看板必须和实物一起，不能相互分离。
⑥ 前工序必须保证质量，不能把不良品交给后工序。

（4）看板的作用。看板经过近 60 多年的发展和完善，目前已经在很多方面都发挥着重要的作用。

① 生产及运送工作指令。生产及运送工作指令是看板最基本的机能。公司总部的生产管理部根据市场预测及订货而制定的生产指令只下达到总装配线，各道工序的生产都根据看板来进行。看板中记载着生产和运送的数量、时间、目的地、放置场所、搬运工具等信息，从装配工序逐次向前工序追溯。

② 防止过量生产和过量运送。看板必须按照既定的原则来使用。其中的原则之一是："没有看板不能进行生产也不能运送"。根据这一原则，各工序如果没有看板，就既不进行生产，也不进行运送；看板数量减少，则生产量也会相应减少。由于看板所标出的只是必要的量，因此运用看板能够防止过量生产及过量运送。

③ 进行"目视管理"的工具。根据看板的"看板必须和实物一起，不能相互分离"、"前工序要按照收到看板的顺序进行生产"这两个原则，作业现场的管理人员对生产的优先顺序能够一目了然，很容易管理。只要通过看板所表示的信息，就可知道后工序的作业进展情况、本工序的生产能力利用情况、库存情况及人员的配置情况等。

④ 改善生产的工具。看板的改善功能主要通过减少看板的数量来实现。看板数量的减少意味着工序间在产品库存量的减少。如果在产品存量较高，即使设备出现故障、不良产品数量增加，也不会影响到后工序的生产，所以容易掩盖问题。在 JIT 生产方式中，通过不断减少数量来减少在产品库存，就使得上述问题不可能被忽视。这样通过改善活动不仅解决了问题，还使生产线的"体质"得到加强。

4．JIT 对物流的影响

将 JIT 的原理应用于物流领域，就是指将正确的商品，以正确的数量，在正确的时间，送到正确地点。这当然是一种理想的状态，但是，在多品种、小批量、多批次、短周期的消费需求压力下,生产商、供应商及物流配送中心、零售商必须调整自己的生产、供应、流通流程,按下游的需求时间、数量、结构及其他要求组织好均衡生产、供应和流通,在这些作业内部可以采用看板管理中的一系列手段来削减库存,合理规划物流作业。

10.4 物流管理与供应链管理

10.4.1 供应链管理概述

在过去,大多数企业追求通过纵向一体化拥有经营中的每项要素,从而实现对上游原材料供应、生产、下游销售渠道的控制。而现代企业管理更强调"虚拟"的一体化供应链联盟,用高度的企业间协作获得过去难以获得的竞争优势。可以说现在的市场竞争已不是企业与企业之间的竞争,而是供应链与供应链之间的竞争。

供应链(Supply Chain)就是围绕核心企业,通过对信息流、物流、资金流的控制,从采购原材料开始,到在产品及最终产品,最后由销售网络把产品送到客户手中,将供应商、制造商、分销商、零售商,直到最终用户连成一个整体的功能网链的结构模式。

供应链可以说是一个范围更广的企业结构模式,它包含所有加盟的节点企业,从原材料的供应开始,经过链中不同企业的制造加工、组装、分销等过程直到最终用户。它不仅是一条连接供应商到用户的物料链、信息链、资金链,还是一条价值链,物料在供应链上因加工、包装、运输等过程而增加其价值,相关企业都可以获益。

一条完整的供应链中应包括供应商、制造商、分销商、零售商及最终用户等成员。同一企业可能构成这个网络的不同组成节点,但更多的情况下是由不同的企业构成这个网络中的不同节点。例如,在某个供应链中,同一企业可能既在制造商、仓库节点,又在配送中心节点占有位置。分工越细,专业要求越高,供应链中的不同节点越是由不同的企业组成。在供应链各成员间流动的原材料、在产品和产成品等就构成了供应链上的物流。而且,实物流动的同时,必然还有信息流和资金流伴随其中。供应链的构成如图10-10所示。

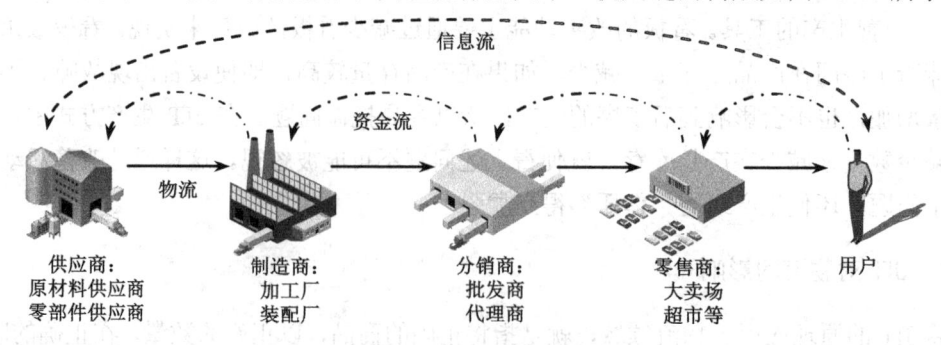

图10-10 供应链的构成

供应链管理（Supply Chain Management，SCM）是一种集成的管理思想和方法，它执行供应链中从供应商到最终用户的物流的计划和控制等职能。如果从单一的企业角度来看，供应链管理是指企业通过改善上、下游供应链关系，整合优化供应链中的信息流、物流、资金流，以获得企业的竞争优势。供应链管理涉及四个主要领域：供应（Supply）、生产计划（Schedule Plan）、物流（Logistics）和需求（Demand）。供应链管理的目标在于提高用户服务水平和降低总的交易成本，并且寻求两个目标之间的平衡。归纳起来，供应链管理包括五大基本内容：计划、采购、制造、配送及退货。

10.4.2 供应链的特征

现实中的供应链并非一个链状结构，而是一个网链结构，由围绕核心企业的供应商、供应商的供应商和客户等组成。一个企业是一个节点，节点与节点之间是一种供需对应的关系。供应链主要具有以下特征。

（1）复杂性。由于供应链节点企业组成的跨度不同，供应链往往由多个、多类型的企业构成，所以供应链结构模式比一般单个企业的结构模式更为复杂。

（2）动态性。供应链管理因企业战略和适应市场需求变化的需要，节点企业必须动态地进行更新，这就使得供应链具有明显的动态性。

（3）交叉性。节点企业可以是多条供应链的成员，众多的供应链形成交叉结构，增加了协调管理的难度。

（4）面向客户需求。供应链的形成、存在、重构，都是基于一定的市场需求而发生的，并且在供应链的运作过程中，客户的需求拉动是供应链中信息流、产品、服务流、资金流运作的驱动力量。

10.4.3 供应链的类型

供应链的类型有很多种，最典型的分类方法，是将供应链按照其功能的不同分为效率型供应链和响应型供应链。

1. 效率型供应链

效率型供应链（Efficient Supply Chain）主要体现供应链的物理功能，即以最低的成本将原材料转化成零部件、在产品、产品，以及在供应链中的运输等。

具体来说，这种供应链是在满足产品或服务供给要求的同时，成本又能达到最低。它在设计时以如何降低成本为主题，它应用的对象大多为产品差异性小、竞争激烈、利润率不高的企业。最典型的例子如连锁超市，它的目标是对每个门店的货物配送实现准确、及时，并力求让成本达到最低。这要求供应链的各个环节，包括搜寻货源、采购、运输、货物接收、库存、销售、退货等环节，都要在不影响销售额的条件下，以低成本状态运作。

2. 响应型供应链

响应型供应链（Responsive Supply Chain）主要体现供应链的市场中介功能，即把产品分配到满足客户需求的市场，它是以快速地响应客户的需求为宗旨的供应链。它的应用对象包括设备维修、维修所需要的紧急零部件供应等，其目标是在短时间内满足客户提出的要求。它与客户的联系比较紧密，需要具备额外的生产能力和运输能力，以满足紧急要求。

10.4.4 物流管理与供应链管理的关系

供应链管理可以认为是物流管理的延伸，物流管理更多的是强调同一经济主体中物流系统的最优化，而供应链管理则在此基础上强调作为经济实体的企业之间的密切合作关系。两者既有区别，又有联系。

1. 从管理目标角度看

物流管理是为了满足客户需要所发生的从生产地到销售地的产品、服务和信息的流动过程，以及为使保管能有效、低成本进行而从事的计划、实施和控制行为。而供应链管理则是在提供产品、服务和信息的过程中，对最终客户到原始供应商之间关键商业流程进行集成，从而使客户和其他所有流程参与者实现增值。

物流管理与供应链管理在为客户服务的目标上基本上是一致的。但是，供应链管理更突出了处理和协调供应商、制造商、分销商、零售商，直到最终客户间存在的各种关系的任务；而物流管理则重点表现的是具有一定物流生产技能的物流工作者，运用物流设施、物流机械等劳动手段，作用于物流对象的活动。

2. 从管理内容角度看

物流管理的内容包括物流活动和与物流活动直接相关的其他活动，包括从原材料供应到产品销售的全部物流活动。而供应链管理所涉及的内容要庞大得多，供应链管理是通过前馈的信息流和反馈的物料流及信息流，将供应商、制造商、分销商、零售商，直到最终客户连成一个整体的模式。供应链管理既包括信息流、资金流的管理，也包括物流的管理。由此可见，物流管理属于供应链管理的一部分。

3. 从管理方法角度看

供应链管理是基于信息技术的运作方式，商流、信息流、资金流在电子工具和网络通信技术的支持下，可以通过网上传输轻松地实现。而物流，即物质资料的空间位移，具体的运输、储存、装卸、配送等活动是不可能直接通过网上传输的方式来完成的。虽然现代物流也离不开信息技术，也要使用互联网技术，但是互联网不是构成物流管理的必需手段。

本章小结

企业物流管理关注的是企业内部的物流活动，它涉及供应物流、生产物流、销售物流及逆向物流四个阶段的内容，在每个阶段又存在不同的关注重点。MRP、DRP、JIT 都是企业物流管理的方法，它们的实质都是做出计划的方式，但方法不同，对企业内部的物流管理也会不同。供应链管理是物流管理发展到一定程度的必然产物，它已经跨越了单一企业的范畴，更加关注企业与企业之间的物流、信息流与资金流的传递。供应链管理的出现标志着企业与企业之间的竞争转变为供应链与供应链之间的竞争。

复习思考题

一、名词解释

1．企业物流　　　　2．供应物流　　　　3．生产物流
4．销售物流　　　　5．库存管理　　　　6．逆向物流
7．物料需求计划　　8．主生产计划　　　9．物料清单
10．分销需求计划　　11．供应链　　　　12．供应链管理
13．效率型供应链　　14．响应型供应链

二、选择题

1．采购属于（　　）中的一项活动。
A．供应物流　　　B．生产物流　　　C．销售物流　　　D．逆向物流

2．（　　）不属于供应物流的范畴。
A．供应　　　　　B．仓储管理　　　C．库存管理　　　D．流通加工

3．（　　）属于仓储管理的范畴。
A．仓储流程管理　　　　　　　　　B．仓储作业管理
C．保管管理　　　　　　　　　　　D．制定库存控制策略

4．（　　）属于生产物流的范畴。
A．工厂布置设计　　　　　　　　　B．工艺流程设计
C．工序间的装卸搬运系统　　　　　D．采购管理

5．（　　）是逆向物流的特征。

A．分散性 B．缓慢性 C．风险性
D．混杂性 E．稳定性 F．多变性

6．在生产或流通过程中，对包装物、生产中的残次品、可再利用的报纸、书籍、金属废弃物等的处理形成了（　　）。

　A．生产物流 B．社会物流 C．销售物流 D．逆向物流

7．MRP 包含的基本文件主要有（　　）。

　A．MPS B．BOM C．采购供应计划 D．库存信息

8．MRP 最后生成的两个计划是（　　）。

　A．送货计划 B．订货进货计划 C．生产作业计划 D．采购供应计划

9．闭环 MRP 是在原有 MRP 基础上加上了（　　）。

　A．DRP B．CRP C．TOC D．OPT

10．属于 JIT 生产范畴内的方法有（　　）。

　A．流程化生产 B．大规模采购 C．均衡化生产 D．合理配置资源

11．DRP 需要的三个文件是（　　）。

　A．社会需求文件 B．库存文件
　C．主生产计划 D．生产厂资源文件

12．DRP 最后生成的两个文件是（　　）。

　A．送货计划 B．订货进货计划 C．作业进度计划 D．采购供应计划

13．（　　）属于看板管理原则。

　A．没有看板不能进行生产也不能运送
　B．看板只能来自前工序
　C．前工序可以根据自己的需要确定生产数量
　D．前工序必须保证质量，不能把不良品交给后工序

三、判断题

1．企业物流包括供应物流、生产物流、销售物流三个阶段。（　　）
2．企业自供物流模式常见于买方市场环境下。（　　）
3．在看板管理方法中，信息是由后工序向前工序传递的。（　　）
4．物料清单的作用是确定每一具体的最终产品在每一具体时间段内的生产数量。（　　）
5．DRP 只能应用在生产企业之中。（　　）
6．DRP 生产的两个计划是送货计划和采购供应计划。（　　）
7．同一家企业不可能构成供应链上的不同节点。（　　）
8．效率型供应链是以快速地响应客户的需求为宗旨的供应链。（　　）

四、简答题

1．企业物流管理的目标是什么？

2. 企业物流管理可以划分为几个阶段？每个阶段的起点与终点是什么？
3. 供应物流、生产物流、销售物流及逆向物流分别包括哪些活动？
4. MRP、DRP、JIT 的基本原理是什么？
5. 看板管理的基本原理是什么？使用看板管理生产流程有什么好处？
6. 供应链的含义与特征是什么？它主要可以分为几种类型？
7. 供应链管理与物流管理的关系是什么？

课后案例

德尔菲公司的现代物流管理

总部设在美国阿拉斯加的德尔菲公司，生产深海鱼油和各种保健品。虽然它在产品设计和开发方面始终保持优势，但德尔菲公司由于其复杂、昂贵和无效率的物流系统而面临着利润下降的危险。德尔菲公司发现过多的承运人和过多的系统正在全面地失去控制。为了重新获得控制，德尔菲公司不得不重新组织其物流作业。德尔菲公司新物流结构的实施是将全部物流作业都转移到联邦快递的一家分支机构——商业物流公司为开端的。商业物流公司的任务是重新构造、改善和管理德尔菲公司供应链上的货物流和信息流的每个方面。

在重组之前，德尔菲公司有 6 个大型仓库、8 家最重要的承运人和 12 个相互独立的管理系统。其结果是在客户订货到客户交货之间存在漫长的等待时间、数量巨大的存货，以及太多的缺货。如果一位客户向德国的一家仓库寻求一种销售很快的商品，他会被告知该商品已经脱销，新的供应品要等几个月才能运到。与此同时，该商品却在威尔士的一家仓库中积压着。按平均计算，所有生产线中 16% 的产品在零售店脱销。

德尔菲公司认识到它需要重新分析其现有设施的位置。其建议是，除一家外，关闭所有其他设在美国的仓库，它们将从仅为当地客户服务转变为向全球客户服务。单一的地点位于靠近美国的制造工厂现场，它成为一个世界性的"处理中心"，充当着德尔菲公司产品的物流交换所。虽然这种单一中心的概念可能要花费较高的运输成本，但是德尔菲公司认为，这种代价将会由增加的效率来补偿。在过去，意想不到的需求问题会导致更高的存货成本。

公司知道，单一的服务地点与若干小型的服务地点相比，会有更多可以预料的流动。现在，随机的需求会在整个市场领域内得到普遍的分享，使得某个领域的水平提高就会降低另一个领域的需求水平。

运输成本通过存货的周转率得到弥补。事实上，德尔菲公司发现，由于减少了交叉装运的总量，单一中心系统实际降低了运输成本。从美国仓库立即运到零售店，虽然从订货到送达的前置时间大致相同，但是产品只需一次装运，而不是在许多不同的地点进行装运。

德尔菲公司的认识已超出了仅仅降低成本的范围。该公司正在瞄准机会，增加服务和灵活性，它计划在24~48小时之内，向世界上位于任何地点的商店进行再供货。先进的系统和通信将被用于监督和控制世界范围的存货。联邦快递的全球化网络将确保货物及时抵达目的地。德尔菲公司还在计划发动一项邮购业务，其特色是48小时内将货物递送到世界上任何地点的最终客户手中。

第 11 章

第三方物流

本章学习目标

1. 了解第三方物流产生的背景与原因。
2. 掌握第三方物流的含义与特征。
3. 掌握第三方物流的运作模式。
4. 熟悉第三方物流的发展战略。
5. 熟悉第三方物流业务开发的一般程序。
6. 掌握企业物流业务自营与外包的决策方法。
7. 了解第四方物流的产生背景及含义。

11.1 第三方物流概述

11.1.1 第三方物流产生的背景与原因

1. 第三方物流产生的背景

第三方物流（Third-Party Logistics，TPL 或 3PL）的概念源于外包（Out-sourcing）理论，外包是指企业动态地配置自身和其他企业的功能和服务，利用外部的资源为企业内部的生产经营服务。第三方物流实际上就是外包理论在物流领域的体现。

第三方物流的出现可以追溯到 20 世纪 60 年代。当时，在美国已经出现了合同仓库（Contract Warehouse）、配载运输（Consolidation Transport）等形式的物流服务，这是第三方物流的雏形。直到 20 世纪 80 年代，美国的各大公司将重组和重构作为经营合理化的手段，对经营内容、资源的配置进行了重新调整，提出了以核心业务为主，非主营业务外包的经营模式。这种业务外包产生的背景可总结为下列几个方面。

（1）环境方面。经济的低速增长；企业收益水平下降；信息技术的发展；业务的多样化、专业化。

（2）外包企业方面。具有很强的资金能力；核心竞争力明确；具有现代信息系统；人才与顾问能力强；拥有弹性的系统。

（3）委托企业方面。具备较强的管理能力；企业自身某些方面存在不足；具备现代的信息系统。

2．第三方物流产生的原因

（1）社会化分工更细的结果。随着外包等新型管理理念的出现，各企业为增强市场竞争力，将企业有限的资源投入到其核心业务上去，寻求社会化分工协作带来的效率和效益的最大化。社会化分工的结果导致许多非核心业务从企业生产经营活动中分离出来，其中包括物流业，由此逐渐形成专业化的物流企业。

（2）新型管理方法的出现导致对物流服务更高的要求。进入20世纪90年代后，信息技术的高速发展与社会分工的进一步细化，推动着管理技术和思想的迅速更新，由此产生了供应链、虚拟企业等一系列强调外部协调和合作的新型管理理念。这些新型的管理理念既增加了物流活动的复杂性，也对物流活动提出了零库存、准时制、快速反应、有效的客户响应等更高的要求，这使一般企业很难承担此类业务，由此产生了对专业化物流服务的需求。

（3）改善物流与强化竞争力相结合的产物。物流研究与实践经历了成本导向、利润导向、竞争力导向等几个阶段。将物流改善与竞争力提高的目标相结合是物流理论与技术成熟的标志。

（4）物流领域的竞争激化导致综合物流业务的发展。随着经济自由化和全球化的发展，物流领域的政策和管制不断放宽，导致物流企业之间竞争的激化。为获得市场上的竞争优势，物流企业不断地拓展其服务范围，从而导致传统物流企业向第三方物流转变。

11.1.2　第三方物流的含义与特征

1．第三方物流的含义

第三方物流是指生产经营企业为集中精力搞好主业，把原来属于自己经营的物流活动，以合同方式委托给专业物流服务企业，同时生产企业通过信息系统与物流服务企业保持密切联系，以达到对物流全程的管理和控制的一种物流运作与管理方式。第三方物流服务商是为货主企业提供全方位物流服务的企业，或是在合同期间，提供若干或全部物流服务的企业。由于第三方物流的服务方式一般是与企业签订一定期限的服务合同，所以第三方物流也被称为合同物流（Contract Logistics）。

第三方物流既不属于第一方，也不属于第二方，一般来讲，第三方物流不拥有商品，不参与商品的买卖，而是为客户提供以合同为约束、以结盟为基础的，系列化、个性化、信息化的物流代理服务。最常见的服务包括物流系统设计、EDI 能力、报表管理、货物集运、选择承运人、货运代理、报关代理、信息管理、仓储、咨询、运费支付、运费谈判等。

在我国《国家标准物流术语》中给出的第三方物流的定义为："第三方物流是指由供方与需方以外的物流企业提供物流服务的业务模式。"第三方就是指提供物流交易双方的部分或全部物流功能的外部服务提供者。

2．第三方物流的特征

从发达国家物流业发展的状况来看，第三方物流在发展中已逐渐形成了一些鲜明特征，突出表现在以下三点。

（1）合同化的关系。第三方物流根据契约规定的要求，提供多功能直至全方位一体化的物流服务，并以契约来管理所有提供的物流服务活动及其过程。另外，第三方物流发展物流联盟也是通过契约的形式来明确各物流联盟参与者之间的责权关系的。

（2）个性化服务。首先，第三方物流需要根据不同客户在企业形象、业务流程、产品特征、客户需求特征、竞争需要等方面的不同要求，提供针对性强的个性化物流服务和增值服务。其次，从事第三方物流的物流经营者也因为市场竞争、物流资源、物流能力的影响需要形成自己的核心业务，不断强化所提供物流服务的特色，以增强市场竞争力。

（3）系统化及网络化的管理。第三方物流需要建立现代管理系统及信息系统才能满足运行和发展的基本要求，第三方物流应具有系统化的物流功能。在物流服务过程中，信息技术的发展实现了信息的实时共享，促进了物流管理的科学化。

11.1.3 第三方物流的优势

第三方物流具有以下几个方面的优势。

（1）使企业能够实现资源的优化配置。使用第三方物流能使企业将有限的人力、财力集中于核心业务，进行重点研究，发展基本技术，开发出新产品参与市场竞争。

（2）节省费用，减少库存。专业的第三方物流提供者利用规模生产的专业优势和成本优势，通过提高各环节的利用率来实现费用节省，使企业能从分离费用结构中获益。

（3）提升企业形象。真正的第三方物流提供者与客户之间应是战略伙伴关系。第三方物流提供者通过"量体裁衣"式的设计，制定出以客户需求为导向、低成本、高效率的物流方案，使客户在同行中脱颖而出，为企业在竞争中取胜创造了有利条件。

（4）帮助企业克服管理上的真空。第三方物流企业对生产流通企业物流部门负责，为各地的销售部门提供物流服务，这样的制约关系有利于克服生产流通企业在管理上存在的缺陷。由于第三方物流企业有严格的作业流程，可以确保账货相符的实现。

（5）充当供应链管理的角色。在供应链中，要想让供应链上的每个成员都可以用最少的库存为客户提供最好的服务，但由于各环节分属于不同的利益主体和指挥者，很容易出现目标上的冲突，不易沟通和协调。供应链的管理者除了应具备足够的硬件条件（如专业设施、现代化电子信息管理手段、专业物流技术）和软件条件（如专业的经营管理理念、管理方法），更重要的是必须具有第三方（非本位主义）的立场。无疑，第三方物流正好具有以上特征。

11.2 第三方物流的运作

11.2.1 第三方物流的运作模式

按照服务内容的层次、资源整合的方式、服务的范围等标准，第三方物流有不同的运作模式分类。第三方物流运作模式的类型如图 11-1 所示。

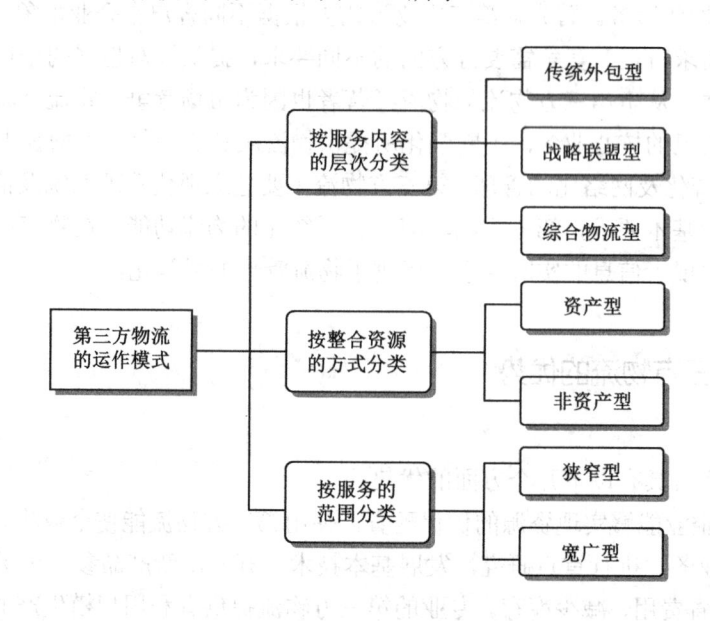

图 11-1 第三方物流运作模式的类型

1. 按服务内容的层次分类

（1）传统外包型。在这种运作模式下，第三方物流企业承包一家或多家生产商或销售商的部分或全部物流业务。这种模式以生产商或销售商为中心，第三方物流企业几乎不需添置设备和进行业务训练，第三方物流只完成承包服务，不介入企业生产和销售计划的制订。

（2）战略联盟型。在这种模式下，多个具有不同物流功能的第三方物流以契约形式结成战略联盟，相互间协作，通过信息平台，实现了信息共享。各成员在联盟内部优化资源，同时信息平台可作为交易系统，完成产销双方的订单和对第三方物流服务的预订购买。

（3）综合物流型。第三种模式是组建综合物流公司或集团。综合物流公司集成物流的多种功能，如仓储、运输、配送、信息处理等。综合第三方物流扩展了物流服务范围，对上游生产商可提供产品代理、管理服务和原材料供应服务，对下游销售商可为其提供配货送货服务，同时可完成商流、信息流、资金流、物流的传递。

2. 按整合资源的方式分类

（1）资产型。资产型第三方物流一般自行投资建设网点和购买装备，除此之外，通过兼并重组或建立战略联盟的方式获得资源。虽然投入巨大，但由于拥有自己的物流网络与装备，因此可以更好地控制服务过程，整体服务质量也有保证。雄厚的资产还能展示一个公司的实力，有利于同客户建立信任关系。

（2）非资产型。非资产型第三方物流主要通过整合社会上的物流资源提供物流服务，基本上不进行大规模的固定资产投资，仅拥有少数必要的设备设施。这种方式在国外比较常见，很多国外的第三方物流企业并没有任何固定资产仍能提供较高水平的物流服务，这是因为底层的物流市场已经很成熟，社会资源容易获取而且选择余地较大。

3. 按服务的范围分类

（1）狭窄型。这类第三方服务范围相对较窄、集中，仅为单一或少数行业提供服务。
（2）宽广型。这类第三方物流服务范围广泛，可以为多个行业提供服务。

11.2.2 第三方物流业务开发的一般程序

第三方物流企业在业务开发过程中，为了在业务开发、合作过程中与客户建立良好的关系，需遵循一定的业务开发程序，如图 11-2 所示。

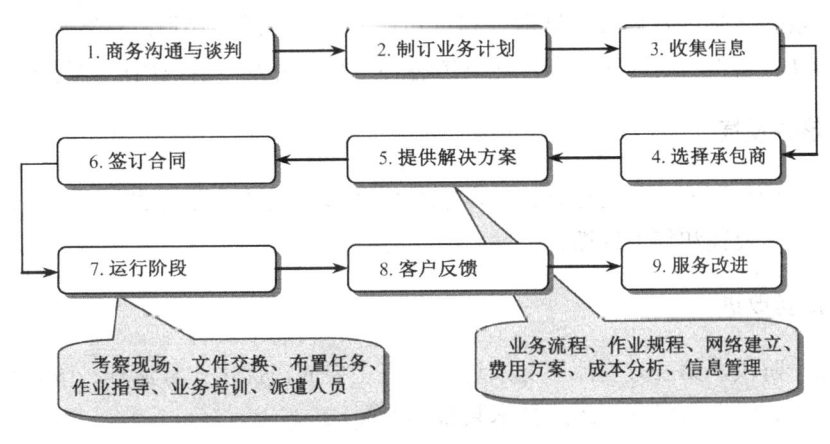

图 11-2 第三方物流业务开发的一般程序

1. 商务沟通与谈判

双方就合作意愿及合作过程中各自关心的问题进行沟通与谈判。

2. 制订业务计划

谈判完后,如果客户愿意接受企业提供的物流服务,企业应提供一个初步的物流业务计划书,计划书的内容应包括公司简介、物流资源、技术条件、客户资源、业务设想、费用方案等。

3. 收集信息

如果第三方物流企业位于业务发展初期,没有足够的物流资源信息,则必须根据客户的需求,收集能够提供相应服务的代理商或承包商的资源信息和价格信息。

4. 选择承包商

根据收集的物流资源信息,确定承包商的备选方案。在每个单项的承包商中必须选择两个以上作为备选。

5. 提供解决方案

在客户对业务计划书的内容表示认可的条件下,企业应当对服务内容向客户提供更加详尽的报告,即解决方案。解决方案一般包括业务流程、作业规程、网络建立、费用方案、成本分析、信息管理等内容。

6. 签订合同

第三方物流与客户签订正式合同,明确合作的细节事项。

7. 运行阶段

运行阶段包括准备运行、试运行和正式运行,主要活动包括:对客户和承包商的实地考察和确认;协调自身与客户和承包商的各种运作,并及时解决出现的问题等。

8. 客户反馈

为了使合作双方信息更通畅,问题能得到及时的反馈,还需建立客户反馈机制,客户反馈分为日常反馈和集中反馈。

9. 服务改进

在这一阶段,第三方物流服务改进的重点主要放在优化业务流程、改善作业规程、优化网络结构、优选承包商、改进技术装备等方面。

11.3 企业使用第三方物流的方法

11.3.1 企业选择第三方物流的程序

1．成立多功能的工作团队

首先，企业应该组建一支由企业内部各个部门的重要成员组成的多功能团队。团队需要由一个或一个以上的成员直接向企业高层领导汇报工作情况，以获得高层的支持。工作组也可以借助外部顾问的援助，从而使物流外购更加容易和顺利。

2．树立双赢目标

当合作中由于市场环境变化或其他因素引起某一方的利益受损时，合作双方应秉着公平与灵活的原则进行适当的变更，确保共赢目标的实现。

3．明确自己的需求和目标

企业应该确定外购的目的和期望，即使自己的需求概念化。例如，到底需要什么样的物流服务，服务的水平要达到一个什么程度等。

4．制定第三方物流服务商的选择标准

选择标准应该非常具体，如第三方物流的财务实力、信息系统的兼容性、操作和定价上的弹性、专业管理技术的深度和文化差异等，同时挑选的标准必须准确地反映出企业的目标和目的。

5．建立第三方物流的候选名单

一旦确立了挑选标准，就可以建立一个第三方物流候选名单。这些候选人应被专业机构、企业厂商和客户所认可。

6．候选人的征询和招标

审核候选人的资格后，可向对合作计划表现出兴趣的第三方物流供应商进行征询，然后复查和评定最后入围的第三方物流供应商的财务稳定性、策略的吻合性、管理哲学及企业文化等方面的资料。

7．双方签订合同

一旦工作团队完成了对供应商的最后选择，就可以草拟一份合同协议书。

8. 建立具体的绩效考核指标

具体执行物流合作方案时，必须在明确合作各方工作任务的基础上，根据合作目标制定完成各项任务的规则和要求，按照相应标准对工作绩效进行定期评估。

9. 建立交流机制

众多合作失败的主要原因在于没有及时进行交流或交流的程度不够。作为物流服务的使用方也需建立开放式交流机制。

10. 合作协议中明确终止条款

合作协议对于合作关系的稳定、合作责任及义务的明确等方面起着重要作用，与第三方物流合作的终止和变更非常常见，所以合作协议中还应明确合作的终止条款。

11.3.2 企业物流业务自营与外包决策

与自营物流相比，企业从第三方物流获得便利的同时，也会给企业带来诸多的不利。例如，企业不能直接控制物流职能；不能保证供货的准确和及时；不能保证客户服务的质量和维护与客户的长期关系；企业将放弃对物流专业技术的开发等。因此，究竟将物流业务自营还是外包是需要慎重考虑的问题。

与传统模式不同，现在企业在进行物流决策时，除了考虑自己的需要和资源条件以外，还会综合考虑以下因素。

（1）物流对企业成功的影响程度和企业自身的物流能力。物流对企业成功的影响程度较低（物流能力是否是企业的核心能力），同时企业处理物流的能力也低，则选择外包；物流对企业影响程度很高，且企业处理物流能力也高，则选择自营，如图 11-3 所示。

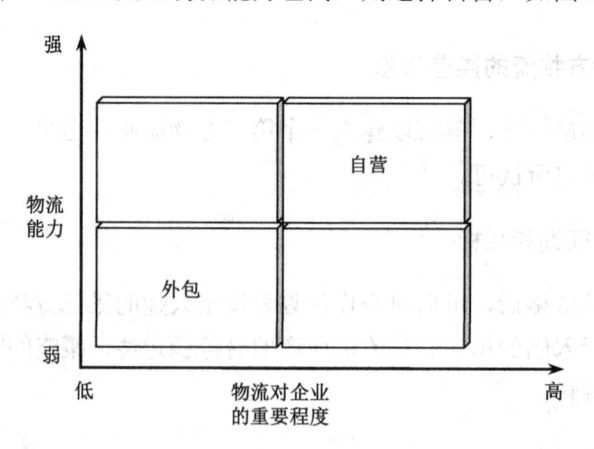

图 11-3 企业物流自营与外包决策

判断物流对企业的影响程度，一般可从以下几个方面入手。

① 物流功能是否高度影响企业业务流程。

② 物流功能是否需要先进的技术，采用这些技术能否使公司在行业中领先。

③ 物流能力在短期内能否被其他企业所模仿。

（2）企业对物流控制力要求。越是竞争激烈的产业，企业越是要强化对供应和分销渠道的控制，此时企业倾向于选择自营物流。

（3）企业产品自身的物流特点。例如，对于大宗工业品原料的回运或鲜活产品的分销，则应利用相对固定的专业物流服务供应商和短渠道物流；对全球市场的分销，宜采用地区性的专业物流公司提供支援。

（4）企业规模和实力。一般来说，大中型企业由于实力较雄厚，有能力建立自己的物流系统，制订合适的物流需求计划，保证物流服务的质量。另外，它们还可以利用过剩的物流资源拓展外部业务。而小企业则受人员、资金和管理等资源的限制，物流管理效率难以提高。因此，小企业为把资源用于主要的核心业务上，适宜把物流交给第三方物流公司。

（5）物流功能替代性的强弱。如果物流功能替代性弱，很少有物流公司能提供企业需要的物流服务，只有企业自己才能完成，这种情况下，自营物流是明智的选择。

（6）物流系统总成本。在选择物流业务自营还是外包时，还需要考虑两种模式物流系统总成本的情况。每个可能的物流方案都隐含着一套总成本，可用数学公式表示如下：

$$D=T+S+L+F_w+V_w+P+C \quad (11\text{-}1)$$

式中，D 为物流系统总成本；T 为物流系统的总运输成本；S 为库存维持费用，包括库存管理费用、包装费用及返工费；L 为批量成本，包括物料加工费和采购费；F_w 为物流系统的总固定仓储费用；V_w 为物流系统的总变动仓储费用；P 为订单处理和信息费用；C 为客户服务费用，包括缺货损失费用、降价损失费用和丧失潜在客户的机会成本。而且要注意的是，以上这些成本之间存在着效益背反的现象。

（7）第三方物流服务能力的强弱。在选择物流模式时，考虑成本尽管很重要，但第三方物流为本企业及企业客户提供服务的能力也至关重要。

（8）自有资产和非自有资产第三方物流的选择。自有资产第三方物流是指有自己的运输工具和仓库，从事实际物流操作的专业物流公司。它们规模较大，客户基础雄厚，专业化程度较高，但灵活性受到一定限制。非自有资产第三方物流是指不拥有硬件设施或只租赁运输工具等少量资产。它们主要从事物流系统设计、库存管理和物流信息管理等职能，而将货物运输和仓储保管等具体作业活动交给别的物流企业承担，但它们需要对系统运营承担责任。这类公司运作灵活，能修订服务内容，可以自由混合和调配供应商，管理费用较低。企业应根据自己的需求对两种模式加以选择。

11.4 第三方物流的发展情况

11.4.1 第三方物流在国外的发展情况

现代意义上的第三方物流只是一个有 30 左右年历史的行业。在发达国家，第三方物流已经是现代物流产业的主体。全世界的第三方物流市场具有潜力大、渐进性和高增长率的特征。这种状况使第三方物流业拥有大量服务提供者。大多数第三方物流服务公司是从传统的"类物流业"为起点而发展起来的，如仓储业、运输业、空运、海运、货运代理和企业内的物流部门等，它们根据客户的不同需要，通过提供各具特色的服务而成功。

在美国，第三方物流业被认为尚处于生命周期的发展期；在欧洲，尤其在英国，第三方物流市场已经具有一定的成熟度。据调查，欧洲的大型企业使用第三方物流的比例高达76%，而且 70%的企业不只使用一家。在欧美国家，由于供需双方的共同推动，极大地刺激了第三方物流的发展，供需双方的推动作用如表 11-1 所示。

表 11-1 物流服务需求方对第三方物流发展的推动

使用第三方物流的原因	比例（%）
服务水平的提高	62
作业成本的降低	60
集中于核心业务	56
雇员的减少	50
资产的减少	48

其他推动因素还包括产品生命周期的缩短，有利于各节点企业的整合，有利于确立简单与统一的供应链，能力及产地的限制，缺少专门知识，组织变化，劳动力问题，合并与兼并，新产品与市场，不断变化的客户服务等。

由于很多国家的公路运输行业竞争非常激烈，资金回报下降，利润率降低，也促使这些企业向第三方物流转型，提供服务增加价值。第三方物流的服务内容创新如表 11-2 所示。

表 11-2 第三方物流的服务内容

项　　目	新服务内容
存储	托盘化
分装	包装/重新包装
集运	贴标签
订单分拣	质量控制/产品试验

续表

项　　目	新服务内容
存货控制	客户化
分拣包装	售后服务
货物跟踪	咨询服务

11.4.2　第三方物流在我国的发展情况

作为一种新兴的物流形式，第三方物流在我国也存在巨大的潜在市场。在我国，本土的第三方物流主要由传统的物流类企业或工商企业的物流部门转化而来。这些物流企业依托各自的优势，正积极开拓现代物流服务领域。相对来讲，我国的第三方物流市场与欧美国家还存在一定差距，主要表现为：物流服务内容比较原始、单一；物流运作效率不高，缺乏先进的硬件和软件条件；服务网络建设不足等。

11.5　从第三方物流到第四方物流

11.5.1　第四方物流产生的背景

从管理的效率和效益来看，对物流服务的需求方来说，为获得整体效益的最大化，它们更愿意与一家公司合作，将业务统一交给能提供综合物流服务和供应链解决方案的物流企业。而且，由于供应链中的信息管理变得越来越重要，也有必要将物流管理活动统一起来，以充分提高信息的利用率和共享机制，提高外包的效率和效益。

虽然第三方物流的出现给企业带来了诸多好处，但是，随着企业供应链管理的兴起，企业对物流服务的要求也变得越来越高。由于部分第三方物流企业缺乏系统化的功能，缺少整合应用技术的能力，以及服务范围的局部化，使企业在物流业务外包时不得不选择多个单独的第三方物流服务提供商，从而增加了供应链管理的复杂性和难度，由此第四方物流悄然兴起。

11.5.2　第四方物流的含义

第四方物流（Fourth-Party Logistics，4PL）是一个供应链的集成商，是供需双方及第三方物流的领导力量。它不是物流的利益方，而是通过拥有的信息技术、整合能力及其他资源，可提供一套完整的供应链解决方案，以此获取一定的利润。它帮助企业实现降低成本和有效整合资源，并且依靠优秀的第三方物流供应商、技术供应商、管理咨询顾问及其他增值服务商，为客户提供独特和广泛的供应链解决方案。

一般来说，第四方物流不是一个基于一定的资产进行经营的物流服务提供商，常常是非资产性的机构。第四方物流为满足市场和客户的需求，将众多的第三方物流的资源和行为统一起来进行管理，对其参与的供应链的整体效益承担全部责任。第四方物流与第三方物流相比，其服务的内容更多，覆盖的地区更广，服务层次更高，增值服务更新颖。第四方物流更像第三方物流间的"协调者"，也是货主的"物流方案集成商"。

要想发展第四方物流，一定要有一个成熟的第三方物流市场。以下几种能力是成为第四方物流企业的前提条件，也是第四方物流比第三方物流更加优越的地方。

（1）具有管理供应链、业务流程再造、技术集成和人力资源管理的能力。
（2）在业务流程管理和外包的实施方面有一大批富有经验的供应链管理专业人员。
（3）能够同时管理多个不同的供应商，具有良好的关系管理和组织能力。
（4）有对全球化的地域的覆盖能力和支持能力。
（5）有对组织变革问题的深刻理解和管理能力。

11.5.3 第四方物流服务的层次划分

第四方物流主要通过为客户提供最佳的供应链解决方案来凸显自身的服务特色。供应链解决方案可以分为四个层次。

1. 执行

在这一层次，第四方物流主要负责具体供应链职能和流程的运作，包括采购、制造、库存管理、供应链信息技术、需求预测、网络管理、客户服务管理和行政管理等职能。

2. 实施

在这一层次，第四方物流主要负责业务流程的优化，以及客户公司和服务供应商之间的系统集成和运作衔接。主要目的是避免虽然有好的方案设计，但因为具体的流程实施非常无效，影响项目的预期成果。

3. 变革

在这一层次，第四方物流主要致力于提升供应链中某一具体环节的效率，如分销管理、采购策略和客户支持等。在这一层次上，供应链管理技术对方案的成败变得至关重要，如先进的信息技术、卓越的战略思想、流程再造和组织变革管理能力等。

4．再造

再造是第四方物流服务的最高层次，主要负责供应链过程的协作和供应链过程的再设计。再造过程基于传统的供应链管理咨询技巧，使公司的业务策略和供应链策略协调一致。同时，技术在这一过程中也至关重要，将起到整合和优化供应链内部和外部因素的作用。

总之，第四方物流能够通过提供全方位的供应链解决方案来满足企业所面临的广泛而复杂的需求。它关注供应链管理的各个方面，既提供持续更新和优化的技术方案，又能满足不同客户的独特需求。

11.5.4 第四方物流的运作模式

将咨询服务和第三方物流及技术支持相结合造就了第四方物流的运作模式，所以它综合了管理咨询服务和第三方物流的优点，能从更大的范围去改善整个供应链的管理，对供应链的复杂要求做出高效率的反应。具体来讲，第四方物流的运作模式主要可以分为三种。

1．协同运作模式

该运作模式下，第四方物流只与第三方物流有内部合作关系，即第四方物流不直接与企业客户接触，而是通过第三方物流实施其提出的供应链解决方案或再造的物流运作流程方案。这就意味着，第四方物流与第三方物流共同开发市场。在开发的过程中，第四方物流向第三方物流提供技术支持、供应链管理决策、市场准入能力及项目管理能力等。

2．方案集成商模式

该运作模式下，第四方物流作为企业客户与第三方物流的纽带，将企业客户与第三方物流连接起来，这样企业客户就不需要与众多第三方物流服务供应商进行接触，而是直接通过第四方物流服务供应商来实现物流运作的管理。在这种模式下，第四方物流作为方案集成商，除了提出供应链管理的可行性解决方案外，还要对第三方物流资源进行整合，统一规划，为企业客户服务。

3．行业创新者模式

行业创新者模式与方案集成商模式有相似之处，都是作为第三方物流和客户沟通的桥梁，将物流运作的两个端点连接起来。两者的不同之处在于：行业创新者模式的客户是同一行业的多个企业，而方案集成商模式只针对一个企业客户进行物流管理。这种模式下，第四方物流提供行业整体物流的解决方案，这样可以使第四方物流运作的规模更大限度地得到扩大，使整个行业在物流运作上获得收益。

本章小结

第三方物流与一般的业务外包有着本质的区别，它是个性化、合同化、专业化，并以信息沟通为基础的物流服务方式。第三方物流的运作模式主要有传统外包型、战略联盟型、综合物流型、资产型、非资产型等多种类型。第三方物流的业务开发需遵循一定的程序，企业与第三方物流的合作成功与否取决于双方能否建立双赢的关系。企业在进行物流业务外包决策时，必须考虑物流对企业的影响程度及企业自身的物流能力等多种因素。第四方物流是在第三方物流发展过程中出现的新概念，它的服务内容更加高端，服务方式更加灵活。

复习思考题

一、名词解释

1. 第三方物流　　　　　2. 综合物流型第三方物流
3. 资产型第三方物流　　4. 非资产型第三方物流

二、选择题

1. 按资源整合的方式分类，第三方物流可分为（　　）。
   A. 资产型　　　B. 非资产型　　　C. 狭窄型　　　D. 宽广型
2. 以下（　　）应该选择物流业务自营。
   A. 物流对企业重要程度高，企业的物流能力高
   B. 物流对企业重要程度高，企业的物流能力低
   C. 物流对企业重要程度低，企业的物流能力高
   D. 物流对企业重要程度低，企业的物流能力低
3. 第四方物流的服务层次可划分为（　　）。
   A. 执行　　　B. 实施　　　C. 变革　　　D. 再造

三、判断题

1. 第三方物流一般都是短期服务。　　　　　　　　　　　　　　　　　　（　　）
2. 越是竞争激烈的产业，企业越是要强化对供应和分销渠道的控制，此时企业倾向于选择物流外包。　　　　　　　　　　　　　　　　　　　　　　　　　　　　　（　　）
3. 如果物流功能需要先进的技术，采用这些技术能使公司在行业中领先，则代表物流对企业的重要程度高。　　　　　　　　　　　　　　　　　　　　　　　　　（　　）
4. 如果物流功能替代性弱，很少有物流公司能提供企业需要的物流服务，只有企业自己才

能完成，这种情况下，自营物流是明智的选择。 （ ）
5．第四方物流是一种全新的概念，它与第三方物流没有关系。 （ ）
6．第四方物流的服务层次由低到高可分执行、实施、再造、变革。 （ ）

四、简答题

1．请简述第三方物流产生的原因。
2．第三方物流的含义与特征是什么？它与一般的物流外包的区别是什么？
3．第三方物流运作的模式有几种？分别是什么？
4．第三方物流业务开发的一般程序是什么？
5．企业物流如何判定物流业务应该自营还是外包？
6．第四方物流是如何产生的？它与第三方物流关系是什么？
7．第四方物流的运作模式有哪些？

课后案例

DHL——从 3PL 到 LLP

第三方物流的概念还在不断发展中，DHL 公司已经把第三方物流进行了升级，叫作领先物流提供商（Lead Logistics Provider，LLP）。LLP 目前被认为是国际先进的物流服务模式之一。与 3PL 相比，它不仅提供分拣、包装、逆向回收等增值服务，还连接客户的生产、销售流程，帮助客户计划、控制库存，管理 IT 系统。由于 LLP 涉及客户整个供应链的管理，需要物流服务商除具备运输、仓储、货代、供应链解决方案设计、国际网络等综合实力外，还必须与客户有长期稳定的合作关系，因此在国际上能做到 LLP 的物流公司屈指可数，而 DHL 便是其中为数不多的一家。

2003 年，丹沙（Danzas）解决方案公司更名为 DHL 解决方案，根据"2～3 年内，中国将成为新 DHL 全球最大市场"的目标，必须让 DHL 的物流品牌尽快传播。

丹沙是欧洲著名的 LLP 物流提供商，拥有海陆空运输和提供综合解决方案的能力，为惠普、诺基亚、宝马、飞利浦等多家公司提供合同物流。DHL 是世界知名的全球快递品牌，在世界 220 多个国家和地区拥有网络。2003 年 1 月 1 日，德国邮政做主，将旗下的丹沙与 DHL 整合，统一使用 DHL 品牌。整合后的 DHL 势力更加强大。丹沙拥有十几年的物流经验和国际大客户，DHL 拥有 318 个城市的配送网络和一个潜在的物流需求客户群。整合之后的新 DHL 成为从十几克重的信件到大型货物都可以运送的全货品物流公司，这样的公司在国际上并不多见。正是有了这样的实力，DHL 得以在国际上轻松跨进 LLP 的队列。

在与 DHL 合并前，丹沙在中国主要从事包装食品物流，客户以跨国公司为主，而真正要求 LLP 服务的只有一家。"客户在国际上要求我们做 LLP，但在中国要求我们做的更多的是 3PL。"

据介绍，在欧洲、美国及成熟的市场，客户最关注质量。首先这些客户会对物流公司的服务和业绩水平进行证实，之后会签订长达10年的合同。由于彼此信任，即使开辟一个新市场，客户也会与物流服务商签订LLP的服务合同，共同承担风险。

但是跨国公司将生产基地落户中国后，首要关心的是价格。它们宁愿花钱投资在工厂、管理团队及其他能控制的元素上，而希望物流风险都由物流公司承担。在物流采购上，也由"合同交易"改为"眼球交易"，即必须看到物流伙伴有过硬的硬件设施才会选择服务。于是仓储成为跨国公司选择物流伙伴的一个重要指标。据《国际商报》所做的《来华跨国公司物流需求调查》显示，目前企业外包业务项目最多的是仓储保管，比例达到70.6%。

在国际上一直提供LLP服务的DHL意识到，要想在中国做LLP，首先要从3PL的仓储做起，将网络铺开。

2003年，一个按照国际标准建造的新仓库出现在新DHL北京分销中心。这是一座全封闭钢结构仓库，仓储面积有1万平方米，分为4个储物区，主要用作食品储存。由于食品的特殊性，这个新仓库拥有温度和湿度控制系统，全年的温度保持在12~18摄氏度，到了夏天还要除湿，定期邀请具有专业资格的公司灭鼠杀虫。仓库有一套IT系统，直接与客户的系统对接。客户产品生产出来后，会先送到这里，DHL根据客户的要求进行分拣和包装，然后负责运输到各个终端。在它的对面，是一座5层楼高的经过改造的老式仓库，连同周围几个小的仓库，共同构成DHL向全国分拨和周边配送的一个区域分销中心（Distribution Center，DC）。

在国外，LLP的物流服务主要是采用外包的形式，由于国外的仓库已经发展成熟，因此很容易租到质优价廉的仓库。在中国，虽然也存在很多仓库，但是符合食品行业对温度、湿度、清洁度要求的仓库却很少。如果投资建设一个符合客户要求的仓库，不仅需要大量的资金投入，还必须保证大量源源不断的货物支撑才能收回成本。这显然不符合公司"轻资产以外包为主"的原则。于是DHL选择了以租用为主、少量投资的模式。

每到一地，首先挑选合适的本地仓储合作者，然后鼓励他们投资兴建仓库。丹沙提供建设图纸、项目经理及一些特殊要求的系统，如温度控制、空调系统等，然后签订长期使用租约。只有DC一级的中心，丹沙才会投入一部分资金。这样既节省资金，又建立了合作关系。

经过了几年的发展，目前丹沙在全国已经拥有了6个DC，分别分布在沈阳、北京、上海（2个）、武汉和广州，每个中心下设有几个小型仓库作为补充。这些仓储中心的应用，为丹沙在中国的物流铺就了网络。而DHL的进入，无疑将丹沙的网络快速升高了一级，也缩短了推广LLP的前期时间。

对于DHL这样的顶级公司，仅在中国进行一个食品行业的物流远远不够。在国际市场上，DHL有电子、医药、时装等多个行业的LLP成功经验。最重要的是，这些行业可以充分发挥DHL全球网络的优势。目前DHL在全球市场有330个仓库，在世界各地有10个分销中心，另外还在亚洲、欧洲、北美地区有区域呼叫中心，这些呼叫中心可以为全球的配送提供服务。

第 12 章

物流成本管理

本章学习目标

1. 了解物流成本的含义。
2. 掌握效益背反说与物流冰山说的内容。
3. 掌握物流成本的构成。
4. 了解影响物流成本控制的主要因素。
5. 熟悉物流成本控制的方法。

12.1 物流成本概述

12.1.1 物流成本的含义

在企业中,物流渗透在各项活动之中,由于物流成本没有被列入企业的财务会计制度之中,生产制造企业习惯将物流费用计入产品成本,商业企业则把物流费用与商品流通费用混在一起。因此,无论是生产制造企业还是商业企业,不仅难以按照物流成本的内涵完整地计算出物流成本,而且连已经被生产领域或流通领域分割开来的物流成本,也不能单独真实地计算并反映出来。所以正确认识物流成本的构成,对物流成本进行正确的核算与管理对企业至关重要。

物流成本(Logistics Cost)是指物流活动中所消耗的物化劳动和活劳动的货币表现,即产品在包装、运输、储存、装卸搬运、流通加工、物流信息、物流管理等过程中所耗费的人力、物力和财力的总和,以及与存货有关的资金占用成本、物品损耗成本、保险和税收成本。

12.1.2 与物流成本相关的两大理论

物流成本的计算与管理有其独特之处,其中有两个重要理论需要注意,分别是效益背反说与物流冰山说。

1. 效益背反说

效益背反说在第 2 章已经介绍过,是指物流若干功能要素之间此消彼长的关系,一方效益的上升,可能导致另一方或几方的效益下降。这种现象在物流成本领域非常突出。因为各种成本之间存在互相关联的关系,所以必须考虑整体的最佳成本。

一方面,构成物流系统的各项功能要素都有自己追求的目标,如运输追求运输速度,仓储追求周转速度,装卸搬运追求效率的提升等。而各个目标之间很可能存在冲突,如果每个功能都做出自己的最优决策,最终整体的结果往往不是最优的,所以在做出物流决策时,应以"总成本"来统一衡量,从整体经济效益上比较总的损益,才能做出正确的决策。

另一方面,物流成本也并非越低越好,因为物流成本与能够达到的服务水平密切相关。客户总希望少付费用而满足自己所有的服务要求,而物流服务提供者则希望在提供高质量服务时能够得到高的效益回报。一般来讲,高水平的物流服务必然需要付出更高的物流成本,相应的服务价格也会随之上升,这两个矛盾也遵循效益背反的规律。例如,批发商或零售商由于销售情况不稳定,或者为了避免商品过时,都在极力减少库存。如果他们无节制地要求多批次、小批量配送,或进行多批次的库存补充,物流工作量将大大增加,物流成本必然提高。

2. 物流冰山说

"物流冰山说"最早是由日本早稻田大学的西泽修教授从物流成本核算的角度提出的一种比喻,在物流学界,已经把它延伸为基本理论之一。西泽修教授把物流成本比做大海中的冰山,大家只看到露在海面以上的"冰山一角",实际上,海面以下的冰山才是整个冰山的主体部分。物流成本的大部分就是隐藏在"海水"中的,是人们所不易发现的。其主要表达的意思是:物流成本的大部分都隐藏在其他费用之中,所以在物流成本的核算过程中,很难看到其全貌,并将物流成本核算清楚。物流冰山说的基本原理如图 12-1 所示。

物流冰山说之所以成立,有三个方面的原因。

(1) 物流成本的计算范围大。物流活动包括原材料物流、工厂内物流、从工厂到仓库和配送中心的物流、从配送中心到商店的物流、逆向物流等。涉及的单位多,牵涉面广,很容易漏掉其中的某一部分,计算哪部分、漏掉哪部分,都会造成物流成本的计算结果相差甚远。

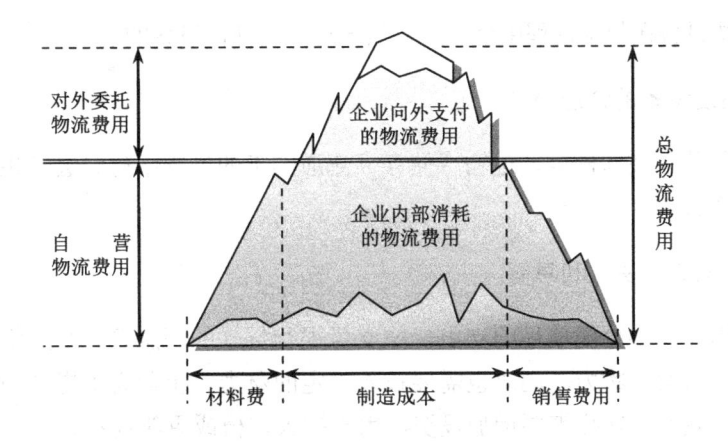

图 12-1 物流冰山说的基本原理

（2）物流成本计算的对象繁多。运输、保管、包装、装卸及信息等各物流环节中，以哪几种环节作为物流成本的计算对象也是一个重要问题。如果只计算运输和保管费用，不计其他费用，与运输、保管、装卸、包装及信息等费用全部计算，两者的费用结果差别相当大。

（3）物流活动中的隐性费用多。企业向外部支付的运输费、保管费、装卸费等一般都容易列入物流成本，可是本企业内部发生的物流费用，如与物流相关的人工费、物流设施建设费、设备购置费、折旧费、维修费、电费、燃料费等是否也列入物流成本中，却没有明确的规定，执行的弹性比较大。

12.2 物流成本的构成

12.2.1 物流成本的计算范围

物流成本的计算范围主要可以概括为以下七个方面。

1. 物流工作人员的工资、奖金、补贴等

企业内直接从事产品的包装、装卸搬运、运输、储存及流通加工的工作人员和从事物流管理工作的管理人员的工资、补贴、奖金、加班费等各种劳务支出，为这部分人员提供的各种培训教育费用和各种福利费，以及相关退休人员的工资都是物流成本的组成部分。

2. 物流过程中的物资消耗

一方面，产品在物流过程中进行包装，需要消耗一定的包装原材料；另一方面，在物流过程中需要一定的设备，如用于运输的车辆、用于装卸货物的自动搬运设备、自动堆码取货

设备等，这些设备在使用过程中会产生自然损耗；另外，设备的运营需要燃料、能量等。

3. 产品及设备的合理损耗

产品在包装、装卸搬运、运输、储存、流通加工的过程中有时会产生损坏、遗失、缺货、差货等现象。

4. 支付的银行贷款利息等

此类费用属于再分配项目的支出，如支付银行贷款的利息等。企业物流部门的运行需要投入一定的人力、物力，同时也需要投入一定的财力。企业为了提高物流服务水平，创造更好的经济效益，往往需要增加投资，用于扩大规模或更新设备。

5. 在组织物流活动中发生的其他费用

此类费用包括与物流活动有关的差旅费、办公费、交通费、招待费等。

6. 生产过程中发生的储存、运输、装卸等费用

此类费用包括原材料、半成品、在制品、产成品等的运输、装卸搬运、储存等费用。

7. 物流过程的研究设计、重构和优化等费用

由于现代技术的不断发展，竞争的日益激烈，人们对物流服务的要求也越来越高。企业为了满足用户的需求，提高物流服务水平，提高自身的竞争力，往往会投入一定的资金对物流过程进行研究设计，或者重构企业的物流系统，推动企业物流系统的合理化和优化，这种投资也应纳入物流成本计算范围。

目前，物流过程的实现有两种方式，一种是依靠企业自己的物流系统完成，另一种是委托第三方物流来完成。企业依靠自己的物流系统完成物流过程，其物流成本应该包括以上物流成本的七个组成部分。如果采用第二种方式则与企业自营时发生的物流成本有所区别，这是因为第三方物流一般不从事产品的生产，主要是接受货主企业的委托，实现货物从制造商到最终消费者的流动。因此，第三方物流企业的物流成本一般应包括上面所说的物流成本的组成部分中的 1、2、3、4、5 和 7，而 6 中所说的生产过程中的物流费用在第三方物流企业中并不存在。

12.2.2 我国对物流成本的划分标准

在我国 2007 年 5 月实施的国家标准《企业物流成本构成与计算》中，将企业物流成本按物流成本项目、物流范围和物流成本支付形态三个类别进行了划分。

1．成本项目类别物流成本

成本项目类别物流成本是指以物流成本项目作为物流成本计算对象，分为物流功能成本和存货相关成本两方面。其中，物流功能成本指在包装、运输、仓储、装卸搬运、流通加工、物流信息和物流管理过程中所发生的物流成本。存货相关成本指企业在物流活动过程中所发生的与存货有关的资金占用成本、物品损耗成本、保险和税收成本。具体内容如表 12-1 所示。

表 12-1 成本项目类别物流成本的构成

	成本项目	说　明
物流功能成本	物流运作成本 运输成本	一定时期内，企业为完成货物运输业务而发生的全部费用，包括从事货物运输业务的人员费用、车辆（包括其他运输工具）的燃料费、折旧费、维修保养费、租赁费、养路费、过路费、年检费、事故损失费、相关税金等
	仓储成本	一定时期内，企业为完成货物储存业务而发生的全部费用，包括仓储业务人员费用、储设施的折旧费、维修保养费、水电费、燃料与动力消耗等
	包装成本	一定时期内，企业为完成货物包装业务而发生的全部费用，包括包装业务人员费用、包装材料消耗、包装设施折旧费、维修保养费、包装技术设计、实施费用及包装标记的设计、印刷等辅助费用
	装卸搬运成本	一定时期内，企业为完成装卸搬运业务而发生的全部费用，包括装卸搬运业务人员费用、装卸搬运设施折旧费、维修保养费、燃料与动力消耗等
	流通加工成本	一定时期内，企业为完成货物流通加工业务而发生的全部费用，包括流通加工业务人员费用、流通加工材料消耗、加工设施折旧费、维修保养费、燃料与动力消耗费等
	物流信息成本	一定时期内，企业为采集、传输、处理物流信息而发生的全部费用，指与订货处理、储存管理、客户服务有关的费用，具体包括物流信息人员费用、软硬件折旧费、维护保养费、通信费等
	物流管理成本	一定时期内，企业物流管理部门及物流作业现场所发生的管理费用，具体包括管理人员费用、差旅费、办公费、会议费等
存货相关成本	资金占用成本	一定时期内，企业在物流活动过程中负债融资所发生的利息支出（显性成本）和占用内部资金所发生的机会成本（隐性成本）
	物品损耗成本	一定时期内，企业在物流活动过程中所发生的物品跌价、损耗、毁损、盘亏等损失
	保险和税收成本	一定时期内，企业支付的与存货相关的财产保险费及因购进和销售物品应交纳的税金支出

2．范围类别物流成本

范围类别物流成本是指以物流活动的范围作为物流成本计算对象，具体包括供应物流、企业内物流、销售物流、回收物流和废弃物流等不同阶段所发生的各项成本支出。具体内容如表 12-2 所示。

表 12-2　范围类别物流成本的构成

成本范围	说　明
供应物流成本	指经过采购活动,将企业所需原材料(生产资料)从供应商的仓库运回指定仓库为止的物流过程中所发生的物流费用
企业内物流成本	指从原材料进入企业仓库开始,经过出库、制造形成产品及产品进入成品库,直到产品从成品库出库为止的物流过程中所发生的物流费用
销售物流成本	指为了进行销售,产品从成品仓库开始,经过流通环节的加工制造,直到运输至中间商的仓库或消费者手中的物流活动过程中所发生的物流费用
回收物流成本	指退货、返修物品和周转使用的包装容器等从需方返回供方的物流活动过程中所发生的物流费用
废弃物流成本	指将经济活动中失去原有使用价值的物品,根据实际需要进行收集、分类、加工、包装、搬运、储存等,并分送到专门处理场所的物流过程中所发生的物流费用

3. 支付形态类别物流成本

支付形态类别物流成本是指以物流成本的支付形态作为物流成本计算对象,具体包括委托物流成本和企业内部物流成本。其中,企业内部物流成本的支付形态具体包括材料费、人工费、维护费、一般经费和特别经费。具体内容如表 12-3 所示。

表 12-3　支付形态物流成本的构成

支付形态		说　明
企业内部物流成本	材料费	资材费、工具费、器具费等
	人工费	工资、福利、奖金、津贴、补贴、住房公积金等
	维护费	土地、建筑物及各类物流设施设备的折旧费、维护维修费、租赁费、保险费、税金、燃料与动力消耗费等
	一般经费	办公费、差旅费、会议费、通信费、水电费、煤气费等
	特别经费	存货资金占用费、物品损耗费、存货保险费和税费
委托物流成本		企业向外部物流机构所支付的各项费用

12.2.3　物流成本的其他划分标准

1. 按照成本是否可控划分

(1) 可控成本,是指在会计期内,责任单位可以采取措施进行调整的成本,其中控制力较低的属于低度可控成本,与之相反的是高度可控成本。

(2) 不可控成本,是指企业无法控制的成本因素,如宏观经济环境变化导致价格涨落带来的成本变化就属于不可控成本。可控成本与不可控成本的划分有利于区分控制责任。

2．按照与业务量的关系划分

（1）固定成本，是指不受业务量变化影响的成本类别。

（2）变动成本，是指成本在很大程度上会随着业务量的多少而变化。

3．按照是否实际发生划分

（1）实际成本，是指由实际发生交易所导致的成本，实际成本可以计入账册。

（2）机会成本，是指在备选方案中做出选择时，因放弃其他方案而牺牲的可能获取的价值量。机会成本并不是一般意义上的成本，它不构成企业的实际支出，在损益表中不体现机会成本，但它是进行决策时必须考虑的因素。

4．按照物流中所发生的风险划分

（1）跌价成本，是指货物无法再按原价销售、不得不降价处理的成本之和。

（2）货损成本，是指在运输、仓储和其他物流活动过程中，因货物的损坏导致的价值损失。

（3）窃损成本，是指因被盗、失窃而导致的损失，这一成本通常与企业的安保措施有关。

（4）易地成本，是指因库存管理的需要，将货物从某一仓储地运送到另一仓储地而发生的成本。

12.3　物流成本控制

12.3.1　物流成本控制的含义

物流成本控制（Logistics Cost Control）是对物流活动中发生的物流成本按照事先拟定的目标或标准，严格加以监督，发现偏差后及时找出原因，采取纠正措施，从而使物流过程中的各项资源的消耗和费用限制在标准规定的范围之内，保证物流成本目标和成本运算的完成。物流成本控制是通过成本去管理物流，即管理的对象偏重于物流活动而不是成本。物流成本控制可以说是以成本为手段的物流管理方法。

12.3.2　影响物流成本控制的主要因素

1．库存管理水平

库存管理主要包括库存控制与库存保管制度两部分。无论是生产企业还是流通企业，对存货实行控制，严格掌握进货数量、次数和品种，都可以减少资金占有、贷款利息支出，降低库存、保管、维护成本。另外，良好的物品保管、维护、发放制度，可以减少物品的损耗等事故，从而降低物流成本。

2．订货周期

企业物流系统的高效运行必然缩短企业的订货周期，降低客户的库存，从而降低客户的库存成本，提高企业的客户服务水平和竞争力。

3．运输管理水平

运输管理包括运输工具与运输方式选择两部分。不同的运输工具和方式，成本高低不同，运输能力大小不等。运输工具和方式的选择，一方面取决于所运货物的体积、重量及客户的要求，另一方面取决于企业对某种物品的需求程度及工艺要求。所以，选择运输工具和方式要兼顾保证生产与销售的需要，又使物流成本最低两个方面。

4．产品价值

产品价值的高低会直接影响物流成本的大小，一般来讲，产品的价值越大，对运输工具的要求越高。另外，仓储和库存成本也会随着产品价值的增加而上升。

5．产品密度

产品密度越大，相同运输工具所载的货物越多，运输成本就越低。同理，仓库中一定空间中存放的货物也就越多，库存成本也就会降低。

6．产品废品率

影响物流成本的另一个重要方面还在于产品的质量，生产高质量的产品可以杜绝因次品、废品等回收、退货而发生的各种物流成本。

7．物品易损性

易损的物品对物流各环节，如运输、包装、仓储等都提出了更高的要求。

8．管理费用

管理费用与生产和流通没有直接的数量关系，却直接影响着物流成本的大小，如节约办公费、水电费、差旅费等可以降低物流成本总水平。

9．财务费用

企业使用贷款开展物流活动时，必然要支付一定的利息，资金利用率的高低，影响着利息支出的多少，从而也影响着物流成本的高低。

10．空间费用

空间费用是指物流系统中，企业制造中心或仓库相对于目标市场或供应点的位置而发生的相关物流费用。空间距离的远近会对运输、配送费用产生直接的影响。

12.3.3 物流成本控制的方法

1．绝对成本控制法

绝对成本控制法是把成本支出控制在一个绝对金额以内的成本控制方法。绝对成本控制法从节约各项费用支出、杜绝浪费的途径进行物流成本控制，要求把营运生产过程中发生的一切费用支出都列入成本控制范围。标准成本和预算控制是绝对成本控制的主要方法。

2．相对成本控制法

相对成本控制法是通过成本与产值、利润、质量和功能等因素的对比分析，寻求在一定制约因素下取得最有经济效益的一种控制方法。相对成本控制法扩大了物流成本控制领域，要求人们在努力降低物流成本的同时，充分注意与成本关系密切的因素，诸如产品结构、项目结构、服务质量水平、质量管理等方面的工作，目的在于提高控制成本支出的效益，即减少单位产品成本投入，提高整体经济效益。两种成本控制方法的比较如表 12-4 所示。

表 12-4　绝对成本控制法与相对成本控制法的比较

项　目	绝对成本控制法	相对成本控制法
控制对象	成本支出	成本与其他因素的关系
控制目的	降低成本	提高经济效益
控制方法	成本与成本指标之间的比较	成本与非成本指标之间的比较
控制时间	主要在成本发生时或发生后	主要在成本发生前
控制性质	属实施性成本控制	属决策性成本控制

12.3.4 企业降低物流成本的主要方法

1．通过效率化的配送来降低物流成本

企业通过效率化的配送，减少运输次数，提高装载率及合理安排配车计划，选择最佳的运送手段，从而降低配送成本。

2．利用物流外包降低企业物流成本

企业把物流外包给专业化的第三方物流公司，可以缩短商品在途时间，减少商品周转

过程的费用和损失。有条件的企业可以采用第三方物流公司直供上线，实现零库存，降低成本。

3. 借助信息管理系统控制和降低物流成本

在传统的手工管理模式下，企业的成本控制受诸多因素的影响，往往不易也不可能实现各个环节的最优控制。企业采用信息管理系统，一方面可使各种物流作业或业务处理能准确、迅速地进行；另一方面通过信息系统的数据汇总，进行预测分析，可控制物流成本发生的可能性。

4. 加强企业职工的成本管理意识

把降低成本的工作从物流管理部门扩展到企业的各个部门，并从产品开发、生产、销售整个生命周期中，进行物流成本管理，使企业员工具有长期发展的"战略性成本意识"。

5. 对商品流通的全过程实现供应链管理

使由生产企业、第三方物流企业、销售企业、消费者组成的供应链整体化和系统化，实现物流一体化，使整个供应链利益最大化，从而有效降低企业物流成本。

本章小结

物流成本是指物流活动中消耗的物化劳动和活劳动的货币表现，对物流成本进行控制本身就是物流系统优化的工作之一。由于物流活动的复杂性，物流成本的核算非常困难，所以有的学者提出了物流冰山说。而且物流各项成本之间存在效益背反现象，所以需要从整体考虑成本的最优。我国对物流成本的划分主要可分为成本项目类别、范围类别、支付形态类别三类。库存管理水平、订货周期长短、运输管理水平、产品价值、产品密度、产品废品率、物品易损性、管理费用、财务费用、空间费用都是影响物流成本控制的因素。

复习思考题

一、名词解释

1. 物流成本
2. 物流冰山说
3. 成本项目类别物流成本
4. 范围类别物流成本
5. 支付形态物流成本
6. 物流成本管理
7. 绝对成本控制
8. 相对成本控制

二、选择题

1. （　　）属于成本项目类别物流成本。
   A．供应物流成本　　　B．运输成本　　　C．资金占用成本　　　D．物流信息成本
2. （　　）属于范围类别物流成本。
   A．仓储成本　　　B．物流管理成本　　　C．废弃物流成本　　　D．销售物流成本
3. （　　）属于支付形态物流成本。
   A．人工费　　　B．一般经费　　　C．维护费　　　D．委托物流成本
4. 按与业务量的关系划分，可将物流成本划分为（　　）。
   A．固定成本　　　B．机会成本　　　C．变动成本　　　D．可控成本
5. 按照物流中所发生的风险划分，可将物流成本划分为（　　）。
   A．跌价成本　　　B．货损成本　　　C．窃损成本　　　D．易地成本

三、判断题

1. 产品及设备的合理损耗包括在物流成本的计算范围之内。　　　　　　（　　）
2. 因物流方面的投资而发生的贷款利息属于物流成本。　　　　　　　　（　　）
3. 相对成本控制法的控制目的主要是降低成本。　　　　　　　　　　　（　　）
4. 绝对成本控制法的控制时间主要在成本发生时或发生后。　　　　　　（　　）

四、简答题

1. 物流成本的含义是什么？
2. 效益背反说的主要内容是什么？试着举几个物流活动中效益背反的例子。
3. 物流冰山说的主要内容是什么？为什么会出现物流冰山现象？
4. 物流成本由哪些成本项目构成？
5. 影响物流成本控制的主要因素有哪些？
6. 物流成本控制的主要方法有哪些？

课后案例

安利中国的物流成本管理

降低物流成本是每个物流企业所关心的问题，而如何降低物流成本是物流企业所关注的话题。面临信息缺乏、物流基建落后、第三方物流公司资质参差不齐的实际情况，国内同行物流成本居高不下，而安利中国的储运成本仅占全部经营成本的4.6%。安利的成功主要依靠以下几个措施。

1. 非核心环节借助外包完成

安利的物流储运系统，其主要功能是将安利的产品及向其他供应商采购的印刷品、辅销产品等先转运到位于广州的储运中心，然后通过不同的运输方式运抵各地的区域仓库（主要包括沈阳、北京及上海）暂时储存，再根据需求转运至设在各省市的店铺，并通过家居送货或店铺等销售渠道推向市场。

与其他公司所不同的是，安利储运部同时还兼管着全国近百家店铺的营运、家居送货及电话订货等服务。物流系统的完善与效率，在很大程度上影响着整个市场的有效运作。但是，由于目前国内的物流信息短缺，它们很难获得物流企业的详细信息，如从业公司的数量、资质和信用等，而国内的第三方物流供应商在专业化方面也有所欠缺，很难达到企业的要求。

在这样的状况下，安利采用了适应中国国情的"安利团队+第三方物流供应商"的全方位运作模式。核心业务如库存控制等由安利统筹管理，实施信息资源最大范围的共享，使企业价值链发挥最大的效益。

而非核心环节，则通过外包形式完成。例如，以广州为中心的珠三角地区的产品主要由安利的车队运输，其他绝大部分货物运输都是由第三方物流公司来承担。另外，全国几乎所有的仓库均为外租第三方物流公司的仓库，而核心业务，如库存设计、调配指令及储运中心的主体设施与运作则主要由安利本身的团队统筹管理。

目前，已有多家大型第三方物流公司承担安利公司大部分的配送业务。公司会派人员定期监督和进行市场调查，以评估服务供货商是否提供具有竞争力的价格，并符合公司要求的服务标准。这样，既能整合第三方物流的资源优势，建立坚固的合作伙伴关系，又能通过对企业供应链的核心环节——管理系统、设施和团队的掌控，保持安利的自身优势。

2. 仓库半租半建

在美国，安利仓库的自动化程度相当高；而在中国，很多现代化的物流设备并没有被采用，因为美国土地和人工成本非常高，而中国这方面的成本比较低。两相权衡，安利中国弃高就低。

刚刚启用的安利新的物流中心也很好地反映出安利的"实用"哲学。新物流中心占地面积达 40 000 平方米，是原来仓库的 4 倍，而建筑面积达 16 000 平方米。这样大的物流中心如果全部自建的话，仅土地和库房等基础设施方面的投资就需要数千万元。

安利采取和另一物业发展商合作的模式，合作方提供土地和库房，安利租用仓库并负责内部的设施投入。只用了 1 年时间，投入 1500 万元，安利就拥有了一个面积充足、设备先进的新物流中心。而国内不少企业，在建自己的物流中心时将主要精力都放在了基建上，不仅占用了企业大量的周转资金，而且费时费力，效果并不见得很好。

3. 核心环节加大投入

安利在信息管理系统上投资了 9000 多万元，其中主要的部分之一，就是用于物流、库存管理的 AS400 系统，它使公司的物流配送运作效率得到了很大的提升，同时大大地降低了各种成本。

安利先进的计算机系统将各个分公司的存货数据联系在一起，各分公司与美国总部直接联机，详细储存每项产品的生产日期、销售数量、库存状态、有效日期、存放位置、销售价值、成本等数据。

有关数据通过数据专线与各批发中心直接联机，使总部及仓库能及时了解各地区、各地店铺的销售和存货状况，并按各店铺的实际情况及时安排补货。在仓库库存不足时，公司的库存及生产系统也会实时安排生产，并预订补给计划，以避免个别产品出现断货情况。

第 13 章

绿 色 物 流

本章学习目标
1. 掌握绿色物流的含义。
2. 了解绿色物流出现的背景。
3. 熟悉绿色物流的理论基础。
4. 掌握绿色物流的特征。
5. 掌握绿色物流系统的构成与模式。

13.1 绿色物流概述

13.1.1 绿色物流的含义

绿色物流（Environmental Logistics）的目的是使物流资源得到充分利用，从管理学的角度讲，绿色物流是指为了实现顾客满意，连接绿色需求主体和绿色供给主体，克服空间和时间限制的有效、提供快速的绿色商品和服务的绿色经济管理活动过程。

绿色物流是一个多层次的概念，既包括企业的绿色物流，又包括社会对绿色物流的管理、规范和控制。从绿色物流的范围来看，它既包括各个单项的绿色物流功能要素（如绿色运输、绿色包装、绿色储存等），又包括为实现资源再利用而进行的废弃物循环物流。因而，可以把绿色物流分为微观与宏观两个层次。

13.1.2 绿色物流出现的背景

绿色物流的概念是 20 世纪 90 年代初期，西方国家的企业界及物流学术界的学者们提出的,从此它很快就得到了各国政府、学术界和企业界的高度重视。很多国家和地区的政府通过立法来限制物流过程对环境的影响。例如,欧盟国家、美国和日本等都制定了严格的法规限制机动车尾气排放和废弃物污染;很多跨国公司也都积极响应这一行动,施乐、柯达、美辛、惠普等大型跨国公司都实施了逆向物流的项目,并且收益显著。绿色物流的理论与实践正是在这种背景下出现的。绿色物流出现的原因可以归结为以下几点。

1. 民众环保意识的增强

世界经济高速发展的同时,人类的生存环境也在不断恶化。能源危机、环境污染、生态系统失衡等问题越来越严重。从20世纪60年代开始,环境保护运动开始崭露头角。消费者不仅关心自身的安全和健康,还关心环境的改善,拒绝接受不利于环境保护的产品、服务及相应的消费方式。另外,近年来,各国都力争走可持续发展的道路,进而促进绿色物流的发展。这些都对绿色物流的发展起到了促进的作用。

2. 各国政府和国际组织的大力倡导

绿色物流的发展与政府行为密切相关。各国政府在推动绿色物流发展方面所起的作用主要表现在:一是追加投入以促进环保事业的发展;二是组织力量监督环保工作的开展;三是制定专门政策和法令来引导企业的环保行为。另外,联合国环境署、世贸组织环境委员会等国际组织展开了许多关于环保的国际会议,签订了诸多环保方面的国际公约与协定,这也在一定程度上为绿色物流的发展铺平了道路。

3. 经济全球化潮流的推动

随着经济全球化的发展,一些传统的关税和非关税壁垒逐渐淡化,环境壁垒逐渐兴起。为此,ISO 14000成为众多企业进入国际市场的通行证,其基本思想是预防污染和持续改进。它要求建立环境管理体系,使其经营活动、产品和服务的每个环节对环境的影响最小化。ISO 14000不仅适用于第一、二产业,也适用于第三产业,当然也适用于物流业。物流企业要想在国际市场上占一席之地,发展绿色物流是其理性选择。

13.1.3 绿色物流的理论基础

绿色物流是以经济学一般原理为基础,建立在可持续发展理论、生态经济学理论、生态伦理学理论等基础上的物流科学发展观。

1. 可持续发展理论

(1)生态持续。生态持续要求改变单纯追求经济增长、忽视生态环境保护的传统发展方式,切实保持整个生态支持系统的完整性,保持生物多样化,保护人类赖以生存的大气、淡水、海洋、土地、森林等自然资源不受污染和侵害，积极治理和恢复已遭受破坏和污染的环境。

（2）经济持续。经济持续要求通过产业结构调整和开发应用高新技术，转变经济增长方式，改善质量、优化配置、节约能源、降低消耗、增加效益，实行清洁生产和文明消费，减少有害废弃物的流出和排放，使经济和发展既能满足当代人的需要，又不致对后代人构成危害。

（3）社会持续。社会持续要求以提高人类生活质量为目的，积极促进社会向文明、公正、安全、健康的方向发展。

由此可见，可持续发展既不是单指经济发展或社会发展，也不单指生态持续，而是生态—经济—社会三维复合系统的可持续。它是以生态可持续为基础、经济可持续为主导、社会可持续为根本的可持续发展。可持续发展应用于现代物流活动中，就是要求从环境保护的角度对现代物流进行研究，形成一种与环境共生的综合物流系统，改变原来经济发展与物流之间的单向作用关系，抑制物流对环境造成危害，同时又要形成一种能促进经济和消费生活健康发展的现代物流系统。

2．生态经济学理论

生态经济学是研究再生产过程中，经济系统与生态系统之间的物流循环、能量循环和价值增值规律及其应用的科学。物流是社会再生产过程中的重要一环，物流过程中不仅有物质循环利用、能源转化，而且有价值的实现。因此，物流涉及经济与生态环境两大系统。经济效益和环境效益是对立统一的，后者是前者的自然基础和物质源泉，而前者是后者的经济表现形式。绿色物流以经济学的一般原理为指导，以生态学为基础，对物流中的经济行为、经济关系及规律与生态系统之间的相互关系进行研究，以谋求在生态平衡、经济合理、技术先进条件下的生态与经济的最佳结合及协调发展。

3．生态伦理学理论

生态伦理学是从道德角度研究人与自然关系的交叉学科，根据生态学提示的自然与人相互作用的规律，以道德为手段，从整体上协调人与自然环境的关系。生态伦理学理论迫使人们对物流中的环境问题进行深刻反思，从而产生了一种强烈的责任心和义务感。为了子孙后代的切身利益，为了人类更健康和安全地生存与发展，人类应当维护生态平衡。

13.1.4 绿色物流的特征

绿色物流除了具有物流本身具有的特征以外，还有其独特之处，主要表现在以下几个方面。

1. 交叉性

绿色物流是物流管理与环境科学、生态经济学的交叉。因此,必须结合环境科学和生态经济学的理论与方法进行物流系统的管理、控制和决策,这也正是绿色物流的研究方法。交叉性使得绿色物流的研究方法非常复杂,研究的内容也十分广泛。

2. 开放性

绿色物流系统由多个要素构成,其内部各要素之间、系统与外部大环境之间不断地进行着物质、能量和信息的交换,并且以"流"的形态贯穿于其间,从而形成一个动态的、系列的、层次的、具有自我调节和反馈能力的相对独立体系。开放性的另一个体现就是绿色物流系统内部要素之间存在着协同与竞争的复杂关系。

3. 区域性

绿色物流系统总是有一定的空间范围,也就是说,当我们讨论物流业发展或物流业的绿色化发展时,总是将其放在特定的空间上去考察。区域作为某种特定范围的地域综合体,有其特定的自然、社会、经济、生态环境等要素,亦有其固有的形成、发展和演化机制,一个区域的社会经济活动必须遵循其固有的基本规律。因此,绿色物流系统也必须考虑区域这一基本特征。按照区域范围的大小,绿色物流系统可以划分为社会绿色物流系统和城市绿色物流系统,而企业物流是社会物流系统和城市物流系统的基本组成。

4. 多样性

绿色物流系统的行为主体包括广大的公众消费者、各行业的生产企业、分销企业、物流企业、批发/零售业等。这些行为主体的环境意识和坏境战略对他们所在的供应链物流的绿色化将产生重要的推动作用或制约作用。因此,与绿色物流系统相关的政策法规、消费者督导、企业自律等也是实施绿色物流战略的宏观管理策略。

13.1.5 发展绿色物流的意义

绿色物流不仅对环境保护和经济的可持续发展具有重要意义,还会给企业带来巨大的经济效益。实践证明,绿色物流是有价值的,这种价值不仅体现在概念层次上,更体现在社会价值和经济价值上。

1. 绿色物流的社会价值

绿色物流首先表现为一种节约资源、保护环境的理念。因此,实施绿色物流管理是一项有利于社会经济可持续发展的战略措施。

对企业而言,实施绿色物流,也将给企业带来明显的社会价值,包括良好的企业形象、企业信誉、企业责任等。绿色物流管理给企业带来的社会价值具体表现在两个方面：首先，实施绿色物流管理将企业推向了可持续发展的前沿，这有助于企业树立良好的企业形象，赢得公众信任；其次，实施绿色物流管理的企业更容易获得一些环境标准的认证，如 ISO 14000 环境管理体系，从而在激烈的市场竞争中占据优势。

2．绿色物流的经济价值

严格的环境标准，一方面将迫使企业选择更加环保的物流方式；另一方面，也将迫使企业更加有效地利用资源，从而降低成本，增强了竞争力。因此，应该认识到，环境方面的改善会给企业带来更多的经济机遇和参与国际竞争的机会，带来巨大的实实在在的经济效益。西方国家的最新研究及实践表明，一个在环境绩效方面表现良好的企业通常也具有良好的盈利表现。

13.2 绿色物流系统的构成与模式

13.2.1 绿色物流系统的构成

与物流系统一样，绿色物流系统也是由若干子系统组成的，每个子系统都会涉及环保、回收、废弃物处理等问题，如图 13-1 所示。

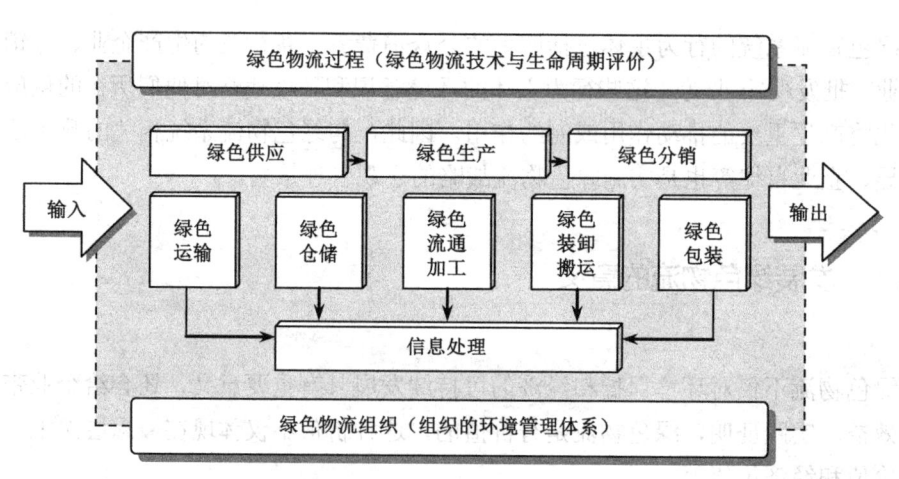

图 13-1 绿色物流系统的构成

1．绿色供应

供应商的原材料及半成品质量的好坏直接决定着最终产成品的性能，所以要实施绿色物流还需从源头上加以控制。因此有必要增加供应商选择和评价的环境指标，即要对供应商的环境绩效进行考察。例如，潜在供应商是否因为环境污染问题而被政府罚款；潜在供应商是否因为违反环境规章而有被关闭的危险；供应商供应的零部件是否采用绿色包装；供应商是否通过了 ISO 14000 环境管理体系的认证等。

2．绿色生产

绿色生产包括绿色原材料的供应、绿色设计与制造及绿色包装三个方面。绿色产品的生产，首先要求构成产品的原材料具有绿色特性。绿色原材料应符合以下要求：环境友好性；废弃后能自然分解并能为自然界吸收；易加工且加工中无污染或污染最小；易回收、易处理、可重复使用的材料，并尽量减少材料的种类，这样有利于原材料的循环使用。

绿色设计要求面向产品的整个生命周期，即在概念设计阶段，就要充分考虑产品在制造、销售、使用及报废后对环境的影响，使得在产品再制造和使用过程中可拆卸、易收回，不产生毒副作用及保证产生最少的废弃物。

绿色制造则追求两个目标：一是通过可再生资源、二次能源的利用及节能降耗措施缓解资源枯竭，实施持续利用；二是减少废料和污染物的生成与排放，提高工业品在生产过程和消费过程中与环境的相容程度，降低整个生产活动给人类和环境带来的风险，最终实现经济和环境效益的最优化。

3．绿色分销

在产品的销售阶段，会产生大量的废物，如功能完好，但因过时而被丢弃的产品；功能部分或完全丧失而被丢弃的产品；大量的包装材料也会在销售阶段流向社会。如果不对销售阶段的废弃物进行回收并做无公害处理，会对环境产生极大影响。另外，合理的规划分销网络及优化运输路线，也有利于减少能源的消耗。

4．绿色运输

运输会产生大量能源消耗，运输过程中会排放大量的有害气体，产生噪声污染；运输易燃、易爆化学品等危险原材料或产品可能引起的爆炸、泄漏等事故都会对环境造成很恶劣的影响，因此构建企业绿色物流运输体系就显得至关重要。绿色运输可以从以下几个方面进行。

（1）合理的配送管理。开展共同配送，减少污染。共同配送是以城市一定区域内的配送需求为对象，人为地进行有目的、集约化的配送。它是由同一行业或同一区域的中小企业协同进行配送。共同配送统一集货、统一送货可以明显地减少货流，有效地消除交错运输，缓解交通拥堵状况，提高市内货物运输效率，减少空载率；有利于提高配送服务水平，使企业库存水平大大降低，甚至实现"零"库存，降低物流成本。

（2）实施联合一贯制运输。联合一贯制运输是指以单元装载系统为媒介，有效、巧妙地组合各种运输工具，从发货方到收货方始终保持单元货物状态而进行的系统化运输方式。通过运输方式的转换可削减总行车量，包括转向铁路、海上和航空运输。联合一贯制运输是物流现代化的支柱之一。

（3）建立绿色运输的监管与考核体系。建立绿色运输的绩效考核体系，评价运输者的环境绩效，如危险品应由专门的运输企业使用专门的运输工具进行运送运输，并制定应急保护措施。现在政府部门对运输污染采取极为严格的管理措施，如北京对机动车制定了严格的尾气排放标准，同时政府交通部门充分发挥经济杠杆的作用，根据机动车的排污量来收取排污费。由此，企业如果没有绿色运输，将会加大经济成本和社会环境成本，影响企业经济运行和社会形象。

5．绿色仓储

绿色仓储要求仓库布局合理，以节约运输成本。仓库的布局过于密集，会增加运输的次数，从而增加资源消耗；布局过于松散，则会降低运输的效率，增加空载率。仓库建设前还应当进行相应的环境影响评价，充分考虑仓库建设对所在地的环境影响。例如，易燃易爆商品仓库不应设置在居民区，有害物质仓库不应设置在重要水源地附近。采用现代储存保养技术是实现绿色储存的重要方面，如气幕隔潮、气调储存和塑料薄膜封闭等技术。

6．绿色流通加工

绿色流通加工的途径主要分两个方面：一方面变消费品分散加工为专业集中加工，以规模作业方式提高资源利用率，减少环境污染；另一方面是集中处理消费品加工中产生的边角废料，减少分散加工所造成的废弃物污染。

7．绿色装卸搬运

实施绿色装卸搬运要求企业在装卸搬运作业中进行适当装卸，避免商品的损坏，从而避免资源浪费及废弃物对环境造成的污染。另外，绿色装卸搬运还要求企业消除无效搬运，提高搬运的活性指数，合理利用现代化机械，保持物流的均衡顺畅。

8．绿色包装

绿色包装是指采用节约资源、保护环境的包装。绿色包装的途径主要有：促进生产部门采用尽量简化的、由可降解材料制成的包装。在流通过程中，可采取以下措施实现包装的合理化与现代化。

（1）包装模数化。确定包装基础尺寸的标准，即包装模数化。包装模数标准确定以后，各种进入流通领域的产品便需要按模数规定的尺寸包装。模数化包装利于小包装的集合，利用集装箱及托盘装箱、装盘。包装模数如能和仓库设施、运输设施尺寸模数统一化，也利于运输和保管，从而实现物流系统的合理化。

（2）包装的大型化和集装化。有利于物流系统在装卸、搬迁、保管、运输等过程的机械化，加快这些环节的作业速度，有利于减少单位包装，节约包装材料和包装费用，有利于保护商品。

(3) 包装多次、反复使用和废弃包装的处理。采用通用包装，不用专门安排回返使用；采用周转包装，可多次反复使用，如饮料杯、啤酒瓶等；梯级利用，一次使用后的包装物，用毕转化成其他用途或简单处理后转做他用；对废弃包装物经再生处理，转化为其他用途或制作新材料。

(4) 开发新的包装材料和包装器具。包装物的高功能化，用较少的材料实现多种包装功能。

9. 与绿色物流有关的信息处理

随着绿色物流系统中实物的移动，必然还有信息伴随其中。例如，如何对危险品进行跟踪，如何对已卖给客户的产品进行跟踪回收，如何获得已进入社会的产品的回收信息，这些都会涉及信息处理问题。绿色物流要求收集、整理、储存各种绿色信息，并及时运用于绿色物流中。

13.2.2 绿色物流系统的模式

绿色物流的活动范围涵盖产品的整个生命周期。产品在从原料获取到使用消费直至报废的整个生命周期都会对环境产生影响。而绿色物流既包括对从原材料的获取、产品生产、包装、运输、分销，直至送达最终客户手中的前向物流过程的绿色化，也包括对退货品和废物回收逆向物流过程的生态管理与规划。因此，其活动范围包括产品从产生到报废处置的整个生命周期，如图 13-2 所示。

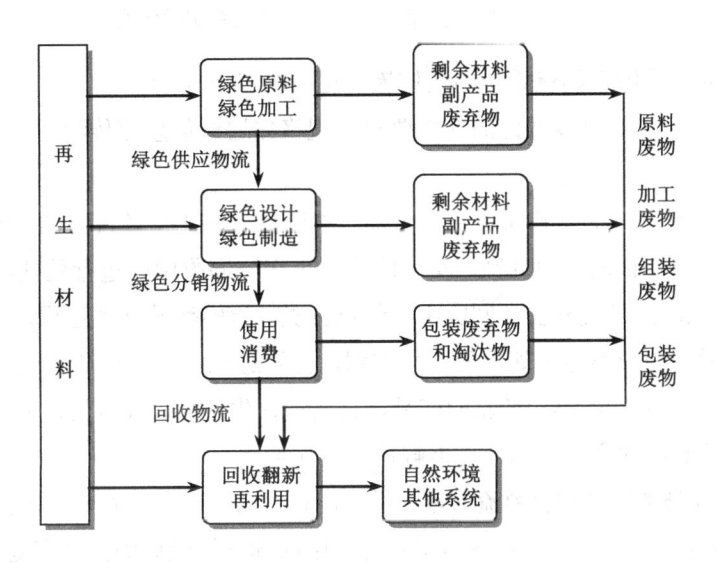

图 13-2 基于产品生命周期的绿色物流系统运作流程

基于产品生命周期的绿色物流系统的运作流程可分为以下几步。

（1）生产商按照环保标准对供应商进行评估，选出合格的供应商。

（2）经过绿色设计、绿色制造、绿色包装，最终生产出达到环保标准的产品。

（3）生产过程中的剩余材料、副产品、废弃物等进入内部回收系统，尽量实现再利用。

（4）产成品通过优化后的分销渠道，进行运输和配送。

（5）最后还要考虑产品的退回、召回及报废后的回收和处理。

以上系统是基于产品生命周期的绿色物流系统。由于绿色物流系统涉及的成员较多，范围比较广泛，也可以从供应链角度构建基于供应链的绿色物流系统，其运作模式与以上系统虽然结构上略有不同，但运作流程基本类似，如图 13-3 所示。

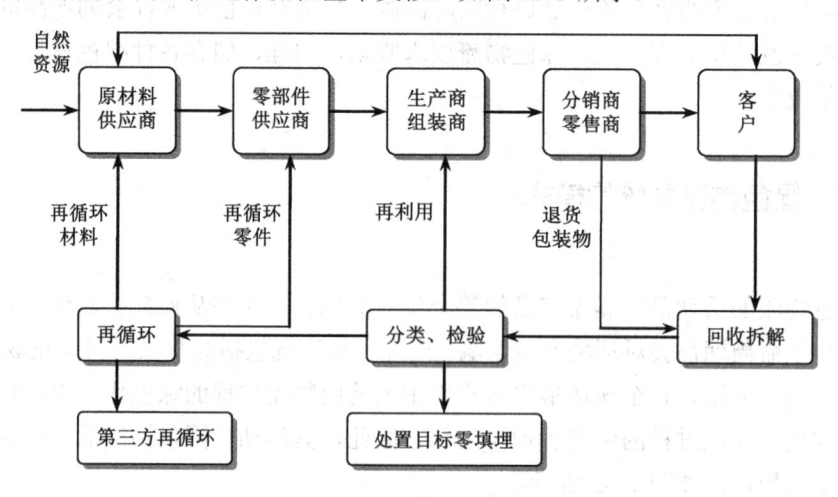

图 13-3　基于供应链的绿色物流系统运作流程

基于供应链的绿色物流系统的运作流程可分为以下几步。

（1）生产商对产品零部件的性能要求和规格先通过信息流传给供应商，然后才是供应商的实物流。

（2）产品售出后，客户可以将退货品、报废品送到生产商设立的回收中心，也可将缺陷品、包装退给分销商，由分销商集中回收，再运到回收中心进行处理。

（3）缺陷产品和废弃物在回收中心经过分类、检验等预处理过程，划分出能维修再利用的、能再循环的及不能再处理的三种类别，分别进入不同的循环渠道。

（4）适于维修、改制、翻新的产品，直接送往生产厂，经过处理后，再次进入分销渠道；不能整体利用的产品，则经过拆解进入再循环。

（5）再循环的零件和材料流向零件供应商和材料供应商，也有可能进入其他供应链中。

（6）经过上述过程后，剩下的无法再利用的部分做最后的无公害处理。

本章小结

绿色物流是以降低环境污染、减少物资消耗为目的而进行的物流活动，它和环保运动、政府倡导和经济全球化密切相关。绿色物流的理论基础主要有可持续发展理论、生态经济学理论、生态伦理学理论等。绿色物流具有交叉性、开放性、区域性、多样性等特征。绿色物流系统主要是由绿色供应、绿色生产、绿色分销、绿色运输、绿色仓储、绿色流通加工、绿色装卸搬运、绿色包装及信息处理几部分组成。绿色物流系统的模式也是基于以上各个部分组建而成的。

复习思考题

一、名词解释

1．绿色物流　　　　　　　　　　　2．绿色包装

二、选择题

1．绿色物流的理论基础包括（　　）。

A．可持续发展理论　　　　　　　　B．生态经济学理论
C．生态伦理学理论　　　　　　　　D．效益背反理论

2．以下（　　）属于绿色物流的特征。

A．交叉性　　　B．开放性　　　C．风险性　　　D．区域性
E．多样性　　　F．分散性

三、判断题

1．开展绿色物流可以给企业带来良好的社会效益，但不能带来经济效益。（　　）
2．构成绿色物流系统的组成部分中包括了信息的处理。（　　）

四、简答题

1．绿色物流的含义是什么？它是怎样产生的？
2．绿色物流的理论基础有哪些？
3．绿色物流的特征有哪些？
4．绿色物流系统的构成要素有哪些？
5．如何构建有效的绿色物流模式？

📝 课后案例

三个绿色物流案例

案例 1：贝克啤酒厂毗邻不来梅港，船舶运输是贝克啤酒出口业务的最重要运输方式。凭借全自动化设备，标准集装箱可在 8 分钟内装满啤酒，15 分钟内完成一切发运手续。每年，贝克啤酒通过海运方式发往美国的啤酒就达 9000TEU。贝克啤酒之所以选择海运方式，是因为环保的原因。欧洲乃至世界范围陆运运输的堵塞和污染日益严重，贝克啤酒选择环保的方式不仅节约了运输成本，还为自己贴上了环保的金色印记。

案例 2：地下物流技术在人口相对集中、国土狭小的日本得到了广泛的关注。2000年，日本将地下物流技术列为未来 10 年政府重点研发的高新技术之一，主要致力于研究开通物流专用隧道并实现网络化，建立集散中心，形成地下物流系统。日本建设厅的公共设施研究院对东京的地下物流系统进行了 20 多年的研究，研究内容涉及东京地区地下物流系统的交通模拟、经济环境因素的作用分析及地下物流系统的构建方式等诸多方面。拟建系统地下通道总长度达到 201 公里，设有 106 个仓储设施。通过这些设施可以将地下物流系统与地上物流系统连接起来。系统建成之后能承担整个东京地区将近 36%的货运，地面车辆运行速度提高 30%左右。运输网络分析结果显示每天将会有超过 32 万辆的车辆使用该系统，成本效益分析预计系统每年的总收益能达到 12 亿日元，其中包括降低车辆运行成本、行驶时间和事故发生率及减少二氧化碳和氮化物的排放量带来的综合效益。该系统规模大，涵盖范围广。其优点在于综合运用各学科知识，并与 GIS 系统紧密结合，前期研究深入、透彻，保证了地下物流系统的高效率、高质量、高经济效益及高社会效益。

案例 3：建立专业的地下物流系统是荷兰发展城市地下物流系统的显著特点。在荷兰首都阿姆斯特丹有着世界上最大的花卉供应市场，往返于机场和花卉市场的货物供应与配送完全依靠公路，对于一些时间性很高的货物（如空运货物、鲜花、水果等），拥挤的公路交通将是巨大的威胁，供应和配送的滞期会严重影响货物的质量。据计算，鲜花耽搁 1 天将贬值 15%，所以，人们计划在机场和花卉市场之间建立一个专业的地下物流系统，整个花卉的运输过程全部在地下进行，只在目的地才露出地面，以期达到快捷、安全的运输效果。

参考文献

[1] 唐纳德·鲍尔索克斯，戴维·克劳斯. 物流管理——供应链过程的一体化[M]. 林国龙等，译. 北京：机械工业出版社，1998.

[2] 詹姆斯·约翰逊，唐纳德·伍德，等. 现代物流学（第七版）[M]. 张敏，译. 北京：社会科学文献出版社，2003.

[3] 大卫·辛奇·利维，菲利普·凯明斯基. 供应链设计与管理概念、战略与案例研究[M]. 季建华，邵晓峰，译. 上海：上海远东出版社，2000.

[4] 黄培. 现代物流管理导论[M]. 北京：机械工业出版社，2005.

[5] 王健. 现代物流概论[M]. 北京：北京大学出版社，2005.

[6] 董千里. 高级物流学[M]. 北京：人民交通出版社，2001.

[7] 张理，孙春华. 现代物流学概论[M]. 北京：中国水利水电出版社，2009.

[8] 汝宜红. 物流学[M]. 北京：中国铁道出版社，2003.

[9] 蒋长兵. 现代物流学导论[M]. 北京：中国物资出版社，2007.

[10] 张庆. 物流管理[M]. 北京：科学出版社，2006.

[11] 王长琼. 物流系统工程[M]. 北京：中国物资出版社，2001.

[12] 张念. 现代物流学[M]. 长沙：湖南人民出版社，2006.

[13] 何明珂. 物流系统论[M]. 北京：高等教育出版社，2004.

[14] 戢守峰. 物流管理新论[M]. 北京：科学出版社，2004.

[15] 杨晓雁. 供应链管理[M]. 上海：复旦大学出版社，2005.

[16] 丁立言. 物流系统工程[M]. 北京：清华大学出版社，2000.

[17] 孙宏岭. 高效配送中心的设计与运营[M]. 北京：中国物资出版社，2001.

[18] 刘华. 现代物流管理与实务[M]. 北京：清华大学出版社，2004.

[19] 朱道立，龚国华，罗齐. 物流和供应链管理[M]. 上海：复旦大学出版社，2001.

[20] 霍红，马常红. 物流管理学[M]. 北京：中国物资出版社，2004.

[21] 冯耕中. 现代物流与供应链管理[M]. 西安：西安交通大学出版社，2003.

[22] 徐杰，田源. 采购与仓储管理[M]. 北京：清华大学出版社，2007.

[23] 王之泰. 新编现代物流学[M]. 北京：首都经济贸易大学出版社，2005.

[24] 朱金玉. 现代物流基础[M]. 北京：中国物资出版社，2003.

[25] 叶怀珍. 现代物流学[M]. 北京：高等教育出版社，2003.
[26] 马士华，林勇. 供应链管理[M]. 北京：机械工业出版社，2005.
[27] 迈克尔·波特. 竞争优势[M]. 陈小悦，译. 北京：华夏出版社，2001.
[28] 宋华. 现代物流与供应链管理[M]. 北京：经济管理出版社，2000.
[29] 崔介何. 企业物流[M]. 北京：中国物资出版社，2002.
[30] 刘志学. 现代物流手册[M]. 北京：中国物资出版社，2001.
[31] 齐二石. 物流工程[M]. 天津：天津大学出版社，2001.
[32] 王槐林，刘明菲. 现代物流学[M]. 武汉：武汉大学出版社，2002.
[33] 郭成. 现代物流管理[M]. 郑州：郑州大学出版社，2004.
[34] 濮小金，司志刚. 现代物流[M]. 北京：机械工业出版社，2005.
[35] 张毅. 现代物流管理[M]. 上海：上海人民出版社，2002.
[36] 王方华. 物流企业战略管理[M]. 上海：复旦大学出版社，1997.
[37] 黄福华，邓胜前. 企业物流管理[M]. 长沙：湖南人民出版社，2005.
[38] 唐渊. 国际物流学[M]. 北京：中国物资出版社，2004.
[39] 夏春玉. 绿色物流[M]. 北京：中国物资出版社，2003.
[40] 严建援. 物流信息管理[M]. 北京：高等教育出版社，2003.
[41] 吴清一. 物流学[M]. 北京：中国建材工业出版社，1996.
[42] 吴清一. 物流管理[M]. 北京：中国物资出版社，2003.
[43] 吴清一. 设施规划与设计[M]. 北京：机械工业出版社，1998.
[44] 王成. 现代物流管理实务与案例[M]. 北京：企业管理出版社，2001.
[45] 林立千. 设施规划与物流中心设计[M]. 北京：清华大学出版社，2003.
[46] 上海物流人才培训中心. 现代物流管理[M]. 上海：上海人民出版社，2002.

反侵权盗版声明

  电子工业出版社依法对本作品享有专有出版权。任何未经权利人书面许可，复制、销售或通过信息网络传播本作品的行为；歪曲、篡改、剽窃本作品的行为，均违反《中华人民共和国著作权法》，其行为人应承担相应的民事责任和行政责任，构成犯罪的，将被依法追究刑事责任。

  为了维护市场秩序，保护权利人的合法权益，我社将依法查处和打击侵权盗版的单位和个人。欢迎社会各界人士积极举报侵权盗版行为，本社将奖励举报有功人员，并保证举报人的信息不被泄露。

举报电话：（010）88254396；（010）88258888
传　　真：（010）88254397
E-mail：　dbqq@phei.com.cn
通信地址：北京市万寿路173信箱
　　　　　电子工业出版社总编办公室
邮　　编：100036